U0001271

為何政治包裝讓
民主國家無法正確理解世界？

How
Propaganda
Works

傑森・史丹利
Jason Stanley
著

修辭的陷阱

劉維人 譯
賴天恆 審 訂

民主最好笑的笑話之一，
就是它把毀滅自己的武器送到敵人手裡。

——約瑟夫・戈培爾（Joseph Goebbels），第三帝國（1933至1945
　　年）宣傳部長。

# 目次

# 看見語言的惡之後，
# 我們如何自處？

朱家安（哲學雞蛋糕腦闆）

擁有複雜的語言是人類獨特之處，然而語言的複雜往往出乎人類意料，這讓很多壞東西能藉由語言偷溜到這個世界。

當然，人類會把關語言，並不是所有能說出來的話都合理，得看這話是否符合事實。我們不是笨蛋，我們會盡力區分真假，抓出騙子。

不過，一句話符合事實，就夠好了嗎？在人類歷史上有不短的時間，話語如「在美國，平均而言，黑人學歷不如白人」、「在台灣，平均而言，有原住民血統的人學歷不如沒有原住民血統的人」都符合事實，而且或許現在也依舊如此。但這些話依然有問題。它們不適合當作簡單客觀的判斷來公開宣稱，也不該在篩選人類能力時被當成理據，因為這些話即便符合事實，該事實卻是誕生於不正義的歷史過往。

這些關於學歷的話語，告訴我們的應該是它們指涉的事實需要改變，而不是它們指涉的事實可以做為理據，讓我們進一步去評價不同族群的能力。在人類歷史中，語言的發展超過十萬年，而上述這些能協助我們察覺部分不正義的細微區分技術，則到了近年才逐漸普及。然而，這只是語言帶來壞東西的滄海一粟。

　　十萬年來，語言讓人類共同合作發展出前所未有的文明，但也讓人類彼此誤解發展出前所未有的憎恨、戰爭和屠殺。語言要在你身上產生這些效果，甚至不需要你是個心胸狹窄的壞人，只需要你是個知識有限的正常人，生活在有既定價值觀和敵我意識的群體中，並和其他正常人一樣受到種種偏誤和直覺影響。

　　只要符合這些條件，照《修辭的陷阱》作者傑森·史丹利的說法，你就跟大家一樣容易接受特定的「有問題的意識形態」，因此不容易認出看似中立、其實偏頗的「惑眾妖言」，最後成為更「不通情理」，難以理解別人和進行有效溝通的人。更糟的是，這樣的人對於自身理性客觀的信心往往還相當高，畢竟當一個人沒能力看到自己的缺點，並因此認為自己沒有缺點，也是很合理的。（若想快速初步掌握這些詞彙的意思，可以先去讀賴天恆為這本書寫的導讀。）

　　《修辭的陷阱》這本書很有可能是你讀過最實用的哲學書之一。而且不幸的是，只要人類的認知能力沒有重大進展，只要民主社會裡的溝通效果依然受到背景價值觀、社會氛圍、刻板印象和種種人類心理機制影響，這本書的「實用程度」恐怕不會下降。

　　如同我們受惠於語言良多，我們也有理由時刻警覺語言潛在的威脅。這不但是我們身為人類的日常，也是本書為你打開的眼

界：讓你了解自己是個怎樣的人，持有怎樣的認知配備，會受到環境怎樣的影響，能夠用再平凡不過的話語「做」哪些事情、傷害哪些人。二十一世紀哲學家史丹利的研究反映古希臘德爾斐神廟銘文「了解你自己」（know thyself），但發揮的影響則擴及全人類。

要發揮此書的威能，在了解史丹利的分析之後，你基本上可以用這些分析來重新閱讀任何文本，像是社群網站動態、專欄文章、書，甚至學術論文。這些分析會讓你看出更多東西，包括隱藏的價值預設和刻板印象；此外，考慮到人不見得會意識到自己有哪些意識形態，也不見得察覺自己正在發表惑眾妖言，這可能讓你在某些地方比文字的作者本人更了解他自己。

本書的分析可能讓你更警覺明辨，也可能讓你更灰心沮喪、認為有效又無害的溝通真的很難進行，或者討論根本沒有意義。考慮到這些，我想給你一些建議：

**看見說明的價值**：良好掌握本書提供的概念，代表你可以熟練使用「有問題的意識形態」、「惑眾妖言」這些詞彙，但這不代表它們對你的溝通對象來說有任何意義。回想一下那些只會說「不要為政治正確而政治正確」和「台灣就是女權太高了」的人，就會知道揮舞詞彙跟做出有效的說明是兩回事。本書能讓你從世界看出更多東西，但要把這些新增的理解跟其他人分享，則有賴你在說明方面進行的努力。

**注意自己犯錯的可能性**：當你學會用鐵鎚，看什麼東西都像釘子。當你學到一套關於「有問題的意識形態」和「惑眾妖言」

的分析，類似的事情也可能發生在你身上。從本書行文，可以看出史丹利相當小心避免自己的偏誤影響判斷，並且誠實對讀者揭露此可能性。身為讀者，我們對此態度表達敬意的最好方式就是沿用它。此外，我們可以注意自己秉持的主張有哪些細節，以及這些細節和自己的發言是否真的一致，避免在不經意之下，反而成為用惑眾妖言打擊自己認同的價值的人。

**避免妖魔化別人**：有些人真的是壞人，但也有些人真的不是，尤其值得注意的是：一個人是好人，不代表他的政治意見會跟你相同。作為群體動物，人類內建敵我心理，我們容易把與自己的政治意見相似者看成好人、政治意見相異者看成壞人，這兩件事都對討論沒幫助，而且都會威脅你的生活品質。上面這些話聽起來很有道理，因為妖魔化別人聽起來很糟，但是，考量到人類既有的心理和處境，不妖魔化別人其實很難。如同史丹利所說，有時候我們得修正自己賴以過活的信念，才能不把某些人當成壞人。這有時候不只關於別人是怎樣的人，也關於你想成為怎樣的人。

**最後，保持心情和建設性**：這世界充滿惑眾妖言，「我們這些好人」難以跟有問題的意識形態抗衡，我們的聲音傳不出去，那些自以為客觀的人總是處於準備好充耳不聞的狀態。或許吧，但倡議和公共溝通很少有輕鬆的，而且往往是比氣長。如果你能找到夥伴，彼此開開玩笑、維持心情、想想點子，然後一次做一些、看見進展，你會更有機會撐下去，讓世界變得更好。

# 言論如何侵蝕民主？

賴天恆（澳洲國立大學哲學博士）

語言的功用是什麼？如果我們心地善良，而且活在一個相對受保護的生活圈裡面，或許會覺得語言的主要功用是溝通，是促進人與人之間的合作，是傳遞知識，是讓我們一同追求真理。然而，哲學家蕾・藍騰（Rae Langton）多次指出，對許多人來說，語言的重要功能，是分化族群，是貶低異己，是煽動仇恨，是爭權奪利。語言是一把兩面刃。

《修辭的陷阱》這本書主要處理的核心問題，是民主社會的內部張力。民主社會的核心價值，是自由與平等。然而，就跟許多人所擔心的一樣，自由有機會被有心人士利用；甚至不只是有心人，出於善意的公民，往往會因為無知，而做出傷害民主的事情。民主社會保障自由，保障個人的**言論與表述**自由，但這也同時讓語言的負面功用有空間充分發揮。從古希臘的哲學家柏拉

圖，到邪惡納粹帝國的宣傳部長戈培爾（而我們可以再加上從歐美的極右翼民粹，到中華人民共和國），都清楚知道這個民主社會的弱點：民主自由社會把足以摧毀民主自由的武器，奉送給民主自由的敵人。這個武器，就是惡性政治宣傳。

進入本書的主要論證之前，我先介紹兩個核心定義，以下皆為引用或者使用書中出現的案例。

**顛覆型惑眾妖言**（Undermining Demagoguery）：以某種值得支持的政治、經濟、理性理念為號召，真正的目的卻會妨礙那些理念實現的公共言論。（頁107）

這是本書作者傑森‧史丹利的論述中，最核心的討論對象。惑眾妖言往往乍看之下合情合理，但看似正當且重要的政治言論，實際上卻妨礙民主審議。舉例來說，史丹利認為在美國針對選舉舞弊的說詞，就是一種惑眾妖言。要求訂定嚴苛的法律，規定選民必須出示身分證件才能註冊投票，表面上看似相當合理；畢竟，如果出現重複投票、冒名投票等行徑，選舉的公正性就會受到質疑，進而傷害民主的正當性。然而，在美國實際的社會體制底下（記得不像我國，美國沒有所謂的國民身分證，有照片的身分證件也非人人都有），該舉的實際結果是防止了極少數的選舉舞弊，卻「造成大量選民無法投票，光是賓州沒有適當身分證件的選民就高達七十五萬八千人」。說保障「一人一票」，卻讓許多人無法投票，就是高舉民主理念來侵蝕民主正當性的惡性政治宣傳。

本書另一個重要的核心概念是「**有問題的意識形態信念**」（flawed ideological belief），指的是一種具有以下兩種特性的錯誤信念：一、即使面對合乎理性的證據也難以捨棄；二、妨礙我

們更進一步獲取相關知識，包括足以修正這些信念的證據。史丹利舉例說明，如果我們相信「法國人不可靠」，多半就會因此拒絕與法國人來往；但拒絕與法國人來往，就會妨礙我們認識法國人，難以獲得證據來推翻這個錯誤信念。

（當然，我們有時候必須去懷疑有問題的意識形態信念是不是必然為假。舉例來說，有些人相信「女性就是溫順、臣屬於男性」。這可能目前為真，但是成真的原因，是擁抱這個信念的人強迫女性溫順，強迫女性臣屬於男性。）

有了上述兩個核心概念，我們便可以去進一步理解史丹利的核心論證。簡單地說，史丹利認為不平等的社會催生有問題的意識形態信念，而這些信念妨礙我們去獲取相關證據，以致於難以察覺惑眾妖言的錯誤之處。如此一來，惑眾妖言便有發揮的空間，去分化人、貶低人、傷害人，去合理化不公平、不正義的政策，去妨礙民主審議。

民主社會的核心價值是自由與平等。如果有任何政策影響到這兩個價值，就必須有好的理由支持。這些好的理由必須具有一個特性：「講道理」（reasonableness），也就是說，任何受到政策影響的人，都不能在合理的基礎上反對這些政策。這是一種人與人之間的基本尊重：如果我要妨礙你、限制你，就必須有充分的理由讓你心服口服，而這就必須先充分考量到你的觀點。

有些政策表面上看似明理，實際上卻沒有考量到受影響的人。支持這類政策的言論就是惑眾妖言。舉例來說，美國從創國以來，白人就以各種不同的方式貶低黑人。以前，白人宣稱種族之間有生理上的差異，但找不到科學證據；現在，白人宣稱是文化上的差異，卻往往沒有考量到歷史不正義的影響，也沒有考量

到黑人在教育、治安、就業等各方面獲得的資源就是比白人少，更沒有考量到黑人所受到的各種刻板印象傷害。此外，他們宣稱政策上採取差別待遇，是因為考量到了黑人，是**正確反映**黑人跟白人之間的差異，這種說法就是一種惑眾妖言。宣稱黑人低劣，所以政策**不需要**考量他們的觀點，也是一種惑眾妖言。

　　或許有人會問，不是明明有各種科學、社會學證據，讓人理性上應能辨識出這種惑眾妖言嗎？為什麼白人仍無視明顯證據，仍然相信黑人劣等？史丹利認為，就是各種**有問題的意識形態信念**，妨礙白人去面對這些證據。史丹利引用大量心理學上的證據，指出人們不願意承認自己的功成名就多半取決於運氣。此外，人們更是不願意承認自己的身分認同與不公不義緊密相關。人們因此傾向相信一個有問題的意識形態信念，相信社會實際上依照一個人的功成名就、公平地分配資源，也就是所謂的「功績主義」（meritocracy）。於是，人們進一步拒絕接觸、接受與功績主義牴觸的證據。美國白人不願意聆聽證據，去理解自己獲得的各種資源遠比自己的黑人同胞多，更不願意承認自己受惠於奴役制度——畢竟不少人的祖先就是奴隸主，但誰願意承認自己的祖先罪大惡極？史丹利指出，越是不平等的社會，人們越容易接受這類合理化自己不義優勢的有問題意識形態信念，進而不願意考量到抵觸這些信念的證據。除此之外，優勢團體更會透過教育、媒體等制度與機構，強迫受壓迫的族群接受有問題的意識形態信念。

　　讓我們回到一開始的問題：要怎樣防止自由回過頭來侵害民主？史丹利主張，不平等催生意識形態，意識形態讓惑眾妖言有發揮的空間，所以捍衛民主的一個重要方式，就是消弭嚴重的經

濟與社會不平等。

　　我相信說到這邊便已足夠。但如果身為讀者的你還未對我的言論感到厭煩，我想多說兩點：一點跟當代分析哲學的發展有關，另一點則牽涉到我國台灣的政局。

　　我一開始接觸到《修辭的陷阱》這本書，是因為我想要撰寫（並後來成功發表）一篇探討毀損老蔣銅像的學術論文。（當時，系上的博士後Renee Bolinger推薦這本書給我。我後來將這本書推薦給劉維人，希望他藉由翻譯將本書引入台灣。）這本書完全反映當代政治哲學的一個重要走向。過去，分析哲學探討如何理解「當今法國國王頭是禿的」這一語句，「知識是有充分證據的真信念」的概念分析，以至如何以語言行事、語句的預設又如何成為共同基礎的一部分等看似無聊的問題。有些人甚至進一步懷疑分析哲學的價值，主張說若把這些學術論文全部扔進垃圾桶，也不會對世界有任何影響。然而，這些看似瑣碎無用的分析哲學研究，在政治哲學上的重要性逐漸彰顯。我們看到哲學家探討色情作品如何貶低、甚至噤聲女性，而這建立在如何以語言行事、語句的預設如何成為共同信念的一部分等重要語言哲學基礎之上。哲學家點出知識的不正義，探討刻板印象如何傷害一個人說詞的可信度、探討缺乏足夠認知資源的人為何難以闡述自身所受壓迫等現象，更是建立在傳統分析哲學知識論的各種瑣碎探討之上。

　　當然，讓前述這些東西跟政治哲學扯上邊，女性主義哲學家、研究種族問題的哲學家功不可沒。史丹利在撰寫這本書時，也不斷強調以上這點。我認為史丹利這本書，以及近期大量興起的**語言政治與社會哲學**（social and political philosophy of language），正是分析哲學百年發展下的重要成果。

　　我國正不斷面臨來自外部與內部的各種政治宣傳。舉例來說，中華人民共和國不斷對外宣稱自己多民主，但宣稱的方式是扭曲民主的定義，再來說自己民主。這是典型的惑眾妖言。同樣地，我國也有部分人士不斷高舉重要的民主理念。舉例來說，一談到轉型正義，便有反對者主張要「和解共生」，主張面對過去的不義是在「撕裂族群」。然而，正是這些強迫被害族群及其家屬要不斷犧牲、不斷「原諒」、不斷接受、不斷單方面承受歷史傷痛的言論，在妨礙「和解共生」的願景。打著這個政治理念，迴避歷史不義，並要求繼續動用國家資源來稱頌歷史元兇的言論，就是惑眾妖言。類似惡性政治宣傳不勝枚舉。

　　我們需要思考如何防範惡性政治宣傳對民主的傷害。如果我們不願意採取言論管制這類很可能同樣傷害民主的措施，就必須認真處理讓惡性政治宣傳得以成功的意識形態。此時我們就得去追究，台灣有哪些社會結構讓有問題的意識形態有發展的空間。

# 前言

　　住在紐約市的公寓裡，並在羅格斯大學教書接近十年之後，我在二〇一三年八月，跟妻子潔莉・桑德（Njeri Thande）一起搬到康乃狄克州，入住位於紐黑文的大房子，準備開始在耶魯大學任教。搬來這裡之後，我認識了學術上的新同事，也獲得更大的生活空間。沒過多久，我的繼母瑪莉・史丹利（Mary Stanley）打電話問我，能不能寄幾箱父親的藏書到我家。這句話讓我既期待又害怕受傷害。小時候，我有一半的時間跟她和父親住在一起，屋子裡每面牆上都排滿了書，而且書架都有兩層，每一排書的背後都是另一排書。書的排列方式有如一套複雜的系統，只有我父親知道箇中之秘，但他已於二〇〇四年去世。瑪莉說她想把一兩個房間的東西寄給我，讓家裡騰出一些空間。但我們會收到什麼呢？沒人知道。於是我們惴惴不安地同意了。

我父親曼佛雷德・史丹利（Manfred Stanley）是雪城大學（Syracuse University）的社會學教授，也在該校麥斯威爾公民及公共事務學院（Maxwell School for Citizenship and Public Affairs）底下的公民研究中心（Center for the Study of Citizenship）當了多年的主任。瑪莉同樣是該校教授，也是父親在公民研究中心的同事。父親一開始做的是東非研究，發表過相關的人類學論文，後來在一九六〇年代剛升上教授時轉而研究社會學，經常開設理論課程。在學術生涯中，他寫了一本書。[①]

我的父親與我的母親莎拉・史丹利（Sara Stanley）一樣，都是大屠殺的倖存者，毫無疑問地，這使他花了畢生研究時間去批判各種面貌下的威權主義。他在著作中指出，所有剝奪個人自主性的制度都是不可接受的，即使以提高社會效率或促進公共利益為名亦然。歷史告訴我們，人類太容易混淆自己的利益與公眾的利益，太容易混淆自己的主觀解釋框架與客觀事實。

父親和繼母瑪莉在知識上給我很大的幫助，他們對民主公民的研究更讓我著手研究相同主題。我們可以說，我父親的著作是在解釋為什麼那些真誠良善的人會因為被自身利益所騙，而在無意間製造宣傳。而我寫這本書也正是為了解釋，那些有問題的意識形態是如何蠱惑真誠良善的人，讓他們不知不覺地製造並接受宣傳。為了感謝他們給我的影響，我將用父親著作的核心主題，以及父親與繼母的研究結果來當成這本書的前言。

父親的論文探究的是英國殖民主義對肯亞的基庫尤人（Gikuyu）造成的傷害，重點放在基庫尤人的土地所有權制度。管理土地的方式是基庫尤人身分認同的核心；尤莫・甘耶達（Jomo Kenyatta）[1]就說過，「要研究基庫尤的部落組織，就得知

道土地所有權對部落的社會、政治、宗教、經濟生活來說，都是最關鍵的要素」。基庫尤人的土地所有權制度，與奠定英國社會的私有財產制基礎截然不同，「基庫尤人以擁有土地為傲，並以讓大家一起使用自己的土地為樂」。②父親的論文指出，英國殖民者誤以為全球各地都像英國那樣實施私有財產制，因而明明抱持著善意，卻與基庫尤人產生無法彌合的裂痕。這件事提醒我們，即使你抱持著善意想幫助別人，也很難真的幫別人做出「客觀」決定。即使是真誠良善的英國殖民者，也無法分辨到底什麼時候真的是在體現自由價值，什麼時候是在強加英國的文化習俗，什麼時候根本就是在為自己牟利。

我父親認為，自主性不只是意味不受他人支配。他認為社會應該讓每個人接受通識教育（liberal education），讓每個人都能為自己的人生做決定，其中包括學會如何反思，因為能夠反思的人才能真正自主。父親著作的另一部分，正是描述教育在民主中扮演什麼角色。

父親寫的書則針對他常說的「技術主義」（technicism），就是那種認為無論什麼問題都能用科學知識與科技進展來解決的思維。父親認為技術主義有兩個主要危險，首先，它讓人們試圖用專業的技術課程取代通識教育，讓我們沒有能力自己做決定。其次，它會讓人用專家的知識權威（epistemic authority）來代替自己做決定。父親這麼寫道：

---

1　譯注：尤莫・甘耶達（Jomo Kenyatta，1891至1978年）在一九六六年成為肯亞史上首位總統。甘耶達是當地原住民族基庫尤族，而他在一九二四年開始從政時便積極為族人爭取土地權。

某些社會，會刻意只讓特定的統治菁英去做重要的決定。另外一些社會則會把每個正常的成員都當成「負責任的自由個體」。但即便如此，後者還是會認為其中的某些人比其他人更適合承擔責任。[2]為什麼呢？因為這些人掌握了某些特定知識，能夠說出某些話，做出某些事，於是社會喜歡他們，便讓他們在某些狀況下去干涉其他人的自由。這些享有特權的人，就是我們通常所謂的「專家」。[3]

　　不過現代社會當然需要信任專家，畢竟我們得去看醫生。此外在很多事件中，**人民對專家的不信任**是宣傳得以成功的關鍵，譬如很多人就是因為不信任專家而否認氣候變遷（此外在該事件中，宣傳全球暖化並未發生的一方也動員了一大票的偽專家來幫腔，本書也會討論這種「垃圾科學」〔junk science〕名嘴的現象）。但儘管如此，歷史也告訴我們，即使是善意的人也經常搞不清楚哪些是科學研究的結果，哪些是自己的主觀價值。英國人就是因為這樣，才誤以為自己的私有財產制度放諸四海皆準，屬於自由主義應當宣揚的普世價值，因而把這種觀念強加給殖民地的基庫尤人。我的父親也發現，美國的教育系統與大眾媒體也在做類似的事。

　　我的父親沒有解決哪些時候仰賴專家是正當的、哪些時候則

---

2　譯注：此處原文為「certain people are designated as more equal than others」，典故出自二十世紀作家喬治・歐威爾（George Orwell）一九四五年出版的小說《動物農莊》裡的一句話：「所有動物一律平等，但有些動物比其他動物更平等。」（All animals are equal but some animals are more equal than others.）

並不正當的難題，此外也沒有解決如何使用知識而不受其宰制的問題。但他清楚說明了技術主義文化的危險。[3]技術主義是自由民主國家宰制人民的核心機制。美國史學者卡利勒‧穆罕默德（Khalil Muhammad）認為，社會科學在二十世紀前半葉就是用這種方式宰制了非裔美國人，[④]那些自以為客觀的社會科學家，用統計方法掩蓋了自己的種族偏見。派翠夏‧希爾‧柯林斯（Patricia Hill Collins）也指出，「知識驗證的過程」重視量化研究方法，會讓我們看不見社會的現實：「量化研究經常讓非裔美國女性的真實生命故事完全消失，讓我們看不見個案間的差異，誤以為領取社會福利者都在濫用福利。」[⑤]即使是真實的統計數字，也可能變成統治者的宣傳工具，讓人看不見實際發生的統治與壓迫。人們經常用這種方法，以客觀科學與公共利益之名實施社會控制。

————

我在本書把宣傳定義成**一種運用政治理念**（political ideal）**來阻礙該理念實現的行為**。那些用客觀的科學理念來呈現自己主觀價值或為己牟利的說法，就是宣傳的典型範例。在這部分，我父親的學術研究給我很大的影響。

一九八〇年代中期，偉大的德國政治學者尤根‧哈伯瑪斯（Jürgen Habermas）推動了社會學與民主理論的普遍語用學（universal pragmatics）轉向。哈伯瑪斯試圖描述民主審議的理想

---

3　原注：我父親也是在米爾格蘭實驗之後開始寫這個主題的，本書第六章會提到這個一九六〇年代在耶魯大學做的實驗。

言說情境（ideal speech situation），進而求助於分析哲學。我在一九八六年秋天進入賓漢頓大學（State University of New York at Binghamton）時知道自己想學哲學，也隱約感覺到民主研究的核心應該會包括語言哲學與康德。最後我繞了一個大圈，去麻省理工學院深入研究了語言哲學、邏輯、語言學，在一九九五年取得博士學位。

在我沉浸於語言學與語用學艱澀細節的十年當中，美國吹起了大規模監禁的歪風，而且不合理地被關的人大部分都是少數族群，都是奴隸的後裔。作家希維婭・溫德（Sylvia Wynter）在某篇文章的開頭寫道：「洛杉磯的司法人員侵犯市中心貧民窟失業年輕黑人男性的人權時，都會在案件標上『N.H.I.』這個縮寫，意思是『不涉及任何人類』（no humans involved）。」[6]溫德認為這種不把非裔美國人當人的做法，跟土耳其泛民族主義者（Turkish pan-nationalists）在一戰期間不把亞美尼亞人（Armenians）當成人來對待的做法，以及德國民族主義者在二戰期間對猶太人的作為是一樣的──首先不把人當成人，接著就是大屠殺。

如果只有黑人哲學家和黑人知識分子在呼籲人們注意美國大規模監禁的問題，而其他人都不發聲，那問題可能就不太一樣。但當時除了黑人民權運動領袖安琪拉・戴維斯（Angela Davis）、希維婭・溫德，以及其他常春藤名校出身的人以外，還有很多人也在擔心美國貧窮黑人的處境急遽惡化。吐派克・夏庫爾（Tupac Shakur）在一九九〇年代的某次採訪中表示：「當我唱著『我過著小混混的生活，寶貝，這種日子看不到希望』的時候，人們可能以為我只是說說。可是你知道嗎？我是想讓那些真的過著小混混生活，真的覺得**沒有希望**的人聽到。他們聽到**人生沒有任何希**

望，會知道就是在說自己，懂嗎？更糟的是，雖然我在歌詞裡把過著小混混生活唱得好像很瀟灑，但現實中過著那樣生活的人卻是真的毫無希望，這部分我啥都幫不上。所以我至少把它唱出來，這樣他們就聽得到，之後我就可以再去聽聽他們到底過得怎樣。」[7]我們很難想像為什麼有人會想要把「杳無希望的人生」唱成一件「很炫」的事。但像吐派克和冰塊酷巴（Ice Cube）這些歌手會試圖用第一人稱的方式，唱出那些住在貧民窟、不被當人看且了無希望者的生命，可惜社會卻只把這些歌當成「幫派饒舌」（Gangsta rap）風格，認為這些歌手是在「美化」絕望的處境。

一九九〇年代，有人不斷以客觀科學為幌子販賣種族歧視，造成美國的州立監獄與聯邦監獄持續大規模擴張，種族主義者在這段時間中提出了許多惡名昭彰的技術主義話術。神經科學家卡爾·哈特（Carl Hart）解釋種族歧視如何讓科學家誇大了某些非法藥品的風險，合理化那些過於嚴苛的量刑政策，其中許多量刑標準甚至嚴重扭曲，把貧窮黑人使用廉價古柯鹼的罪判得比較重，有錢白人吸高純度古柯鹼的罪反而比較輕。[8]他同時指出，這些扭曲判決背後的依據，正是二十世紀早期那些帶著種族歧視去討論毒品與黑人病理學的科學研究。

在我成年之後，美國各界的「科學專家」，從醫生到「專業」警方審訊員，都不斷把種族偏見包裝成科學事實。相關例子多不勝數，譬如孕婦吸食古柯鹼造成胎兒嚴重殘疾（即「古柯嬰」〔crack baby〕）的謠言、中央公園慢跑者事件，以及本書之後會提到的「頂級掠食者理論」（super-predator theory）。「頂級掠食者」源自普林斯頓政治科學教授約翰·狄琉爾（John Dilulio）在一九九五年提出的理論，它成功地讓成人監獄開始監

禁青少年黑人罪犯。當時狄琉爾預測，美國暴力犯罪在一九九五至二〇〇〇年間會增長五倍，實際上暴力犯罪卻從一九九一年開始不斷下降，並在一九九五至二〇〇〇年間一路下滑。這種趨勢到了一九九〇年代末變得非常糟糕，一方面人們宣稱已經達到了民主平等，也有人真心如此確信；另一方面種族不平等與經濟不平等在某些地方卻繼續存在，繼續傷害到某些人，而許多人對此仍渾然不覺。我大概也是在這段時間開始系統性地思考這本書的主題，只是還不知道自己最後會把它寫成一本書。

二〇〇三年，伊拉克戰爭再次讓哲學人開始思考宣傳的威力為何那麼大。《華盛頓郵報》（*The Washington Post*）二〇〇三年九月的民調顯示，近百分之七十的美國人認為海珊與九一一恐怖攻擊有關。但美國前國防部長唐納德‧倫斯斐（Donald Rumsfeld）十年後卻聲稱，當時的政府從沒說過伊拉克涉入了美國恐攻事件。宣傳究竟如何讓大部分美國人相信當時應該顯然為假的事情呢？宣傳與意識形態為何有這麼大的威力，是一個哲學問題。

也許最讓我不安的是，當我回頭看看自己投身的哲學，發現它竟然也深受宣傳與意識形態影響。哲學自詡追求客觀真理，但打從亞里斯多德至今，許多哲學家都在幫奴隸制與種族主義辯護，其中最讓我忍不住研究這個領域的莫過於戈特洛布‧弗雷格（Gottlob Frege）——他不但充滿仇恨地反猶太人，還衷心相信雅利安人至上。

其實自古以來，哲學界一直都有難以否認的性別歧視與厭女傾向。但我在當哲學家的學術生涯中，卻沒有注意到同業裡的女性相當少。過去二十五年來，許多最重要的哲學著作都是女性哲學家寫的，而且這本書的理論基礎也來自女性主義哲學家。然而

研究證實，整個哲學界的結構性性別歧視的確阻礙了當代的女性哲學家發聲。社會學家基蘭・希利（Kieran Healy）研究指出，過去二十年來最常被引用的哲學著作中，只有一小部分來自女性作者。即使哲學致力於追求客觀與真理，經驗證據卻顯示哲學界的性別歧視是不爭的事實，而且我明明身處其中，大部分時間卻都沒注意到。在這本書中，我將以理論論證指出，我之所以看不見哲學界的厭女傾向，正是因為我因此受益。[4]

————

為什麼我們經常把那些真實客觀的理性主張，與事後證明是心理偏誤或自私的觀點混為一談？為什麼許多看似客觀的言論，都帶著心理偏誤與刻板印象？更重要的是，為什麼幾百年來，各地許多被壓迫或剝削的群體提出的主張，事後看來明明都顯然為真，當時的人卻視為無稽之談？這些問題都是本書的核心。

政治抗爭中有兩個神秘的現象。首先，權利被剝奪的團體所提出的政治主張經常會被駁回，甚至是被**真正用意良善的**菁英駁回。其次，缺乏資源以及權利被剝奪的團體很難開啟政治行動，他們除了缺乏政治行動所需的資源，通常也同時缺乏必要的知識或自信，無法站出來設法減輕自己所受的壓迫。幸好哲學家蒂莫西・威廉森（Timothy Williamson）曾指出，知識既是判斷的準則，也是行動的準則。[9]這正是我需要的連結。如果有人能證明

---

4　原注：至於哲學界的種族歧視，則是嚴重到我不知道該不該把它跟厭女問題放在同一段討論，因為提到其中一個好像就同時提到了另一個。

**缺乏資源會讓你所知的知識有漏洞**，那麼威廉森提出的知識、判斷、行動之間的關係，就能解釋受壓迫族群的認知為何會有某些明顯的漏洞，這些漏洞又為何會阻礙他們**付諸行動**。

　　後來我轉而研究知識論，並在二〇〇五年出版了第一本書，一本知識論著作。⑩我在書中試圖連結實踐與認知的關係，主張當人在決策中有著更多利害關係，他就越難獲得相關知識。譬如有些時候，對富人適度增稅並拿這些錢幫助窮人，會讓窮人獲益匪淺，但這時候這些窮人與其支持者獲得相關知識的門檻卻非常高，說法因而更難獲得重視。此外由於採取行動需要知識，窮人採取政治行動的知識門檻也比其他人高。

　　上述論點引發了許多困惑。知識論學者不懂為什麼我要這麼用力地討論自身利益與知識之間的關係。此外，雖然我當時也想找出政治利益的實踐與認知之間的關係，卻對其尚不夠了解。[5]不過，差不多在同一時間，傑瑞米・凡透（Jeremy Fantl）、馬修・麥葛拉斯（Matthew McGrath）、約翰・霍桑（John Hawthorne）等哲學家，也都跟我一樣討論到了某些明顯與政治無關的知識與

---

5　原注：基蓮・羅素（Gillian Russell）和約翰・多里斯（John Doris）指出，我在那本著作中的觀點會產生明顯的政治問題。我在該書中將自己的觀點稱為「利益不變論」（Interest-Relative Invariantism），而他們指出：「可是有錢人對世俗事務的知識顯然比別人多出很多，譬如他們知道銀行在週六有沒有上班。如果利益不變論這類說法為真，這些知識大概對有錢人的利益並不重要吧。」此外他們也有點諷刺地說，根據利益不變論，那些住在又昂貴又優質社區的人，大概是被處境所困而欠缺了知識，才會在找房子時變成冤大頭。他們把這些問題當成反對利益不變論的理由，但我把它當成利益不變論可以接受的結果，只是需要在政治上額外解釋。見Russell and Doris, "Knowledge by Indifference," p. 434。

實踐之間的關係。看來條條大路通羅馬。

　　本書第六章將提到，自身利益與知識之間的關係如何威脅民主，因為每個人在決策中的利害關係程度，跟他能夠利用的知識資源有關。而且除了資源匱乏以外，**偏見**也會阻礙我們獲得正確的知識。米蘭達・弗里克（Miranda Fricker）在她二〇〇七年的著作中獨闢蹊徑，提出了「知識的不正義」（epistemic injustice）這個概念。她所提出的兩種知識不正義的形式，是解釋那些處於劣勢的群體為何經常在政治辯論中比對方更難證明自己所言屬實，或至少乍看之下更難證明自己所言屬實時的關鍵。此外，泰瑪・甘德勒（Tamar Gendler）在研究「引念」（Alief）[6]的作品中提醒我們，如果你身處的社會違反你相信的規範性理念，「你的認知會被影響」。[⑪]這符合目前許多女性主義與種族問題的哲學研究結果。我大量引用了這項著作，以及其他引用該著作的作品，它與許多討論自身利益與知識之間關係的分析哲學知識論著作彼此呼應，且彼此作用。

　　歷史告訴我們，人類社會很喜歡把一整群人貶低成體力勞動者。這類主張的立論，通常都是不同人的理論反思能力有差異，所以某些群體比較適合思考理論，某些群體比較適合實作。人類自古以來都用這種說法為奴隸制度辯護，而且每個社會無論有沒

---

6　譯注：在心理學與哲學的討論中，「引念」指的是人因內在或周遭環境的特質，而在心中產生各種與其相關的內容。此外，引念通常與一個明確信念相伴出現，並與之衝突。譬如，甘德勒以美國大峽谷的天空步道為例，說明來到此地的遊客雖然相信在步道上行走很安全，但步道的透明玻璃地板及其建於懸崖邊緣的特質，都讓遊客產生與前述信念相衝突的引念，即「走在步道上並不安全」。

有奴隸制，幾乎都會相信這種意識形態的某個版本。過去十五年來我一直在研究的另一個計畫，即我二〇一一年出版的《技術知識的秘密》（*Know How*）的內容，就是指出這種意識形態在科學與哲學上都毫無基礎。本書在最後一章也會提到這件事，藉此指出美國教育制度出了什麼問題。

大規模監禁壓抑了許多人的潛能，令我感到憤怒，促使我把這本書的版稅，除了一筆小額的預付款，其他全數捐給位於麻州、由彼得・魏格納（Peter Wagner）帶領的「監獄政策倡議組織」（Prison Policy Initiative）。本書中有很多不同的資訊都來自該組織在網站上免費釋出的研究結果。他們在反對美國擴張監獄方面成就斐然，尤其是成功對抗獄中的高額電話費，以及反對利用獄中人數來改變選區大小（即所謂的「監獄傑利蠑螈」〔prison gerrymandering〕）。

本書處理的核心問題在社會理論、政治理論、「歐陸」哲學中相當常見，但我引用的資料大都來自分析哲學家。綜觀來看，歷史上的分析哲學似乎都接受德國哲學刻意把「理論」哲學與「實踐」或規範哲學分開的做法；但研究女性主義與種族問題的分析哲學家，在分析權力、壓迫等核心政治概念時，卻證明了所謂「理論」哲學工具很有價值，也顯示哲學不能這樣二分。蕾・藍騰（Rae Langton）、珍妮佛・洪斯比（Jennifer Hornsby）、莎莉・哈斯藍爾（Sally Haslanger）、泰瑪・甘德勒、珍妮佛・索爾（Jennifer Saul）、克莉絲蒂・達森（Kristie Dotson）、伊夏妮・麥特拉（Ishani Maitra）、琳恩・泰瑞歐（Lynne Tirrell）、蕾貝卡・庫克拉（Rebecca Kukla）、荷西・梅帝納（José Medina）、大衛・李文斯頓・史密斯（David Livingstone Smith）以及許多哲學家，都

用顯然不屬於規範領域的分析哲學來研究不正義的運作機制，並且用分析哲學的精確工具來解決傳統的哲學問題，尤其是社會與政治哲學問題。讀者可以從本書中看出，這類大部分由研究女性主義與種族問題的分析哲學家所做的研究結果，對我影響良多。他們開創了這條研究之路，並在我踏上之前就已經走了很久。[7]

當然，我不可能完全只用分析哲學來寫這本書。寫書的過程中，我開始發現瑪莉不是沒系統地把某個房間裡的所有藏書寄過來，而是有特意選過。裡面有很多我年輕時熟悉的古典社會理論，如今需要重溫；有幾箱討論自由主義遭到扭曲的書；還有很多箱討論美國教育制度的書。經過了一段時間之後，我開始瞭解她為何要挑這些書寄給我，而且瑪莉知道我開始寫一本關於宣傳的書之後，又寄來了許多社會理論的書作為工具，以及幾個案例研究的材料。我在這一年中重新研讀了古典社會理論，以及馬克斯・韋伯（Max Weber）、埃米爾・涂爾幹（Emile Durkheim）、W・E・B・杜博依斯（W. E. B. Du Bois）、賴特・米爾斯（Wright Mills）、卡爾・曼海姆（Karl Mannheim）等社會學最佳名作。哲學將許多重要問題拱手讓給社會學與社會理論，令我深感遺憾，因此我希望這本書可以證明，哲學一旦像過去幾百年那樣與社會理論結合起來，將變得多麼豐富。

---

7　原注：蕾・藍騰也曾討論過本書主題在現實生活中造成的狀況，也就是宣傳言論會傷害自由民主。她在二〇一二年七月十九日寫給英國列文森調查委員會（UK Leveson Inquiry commission）的信上，解釋了為什麼傷害政治平等的言論會給民主帶來危險。

# 宣傳造成的麻煩

維多・克蘭普勒（Victor Klemperer）是一位在德勒斯登
（Dresden）研究羅曼語系的教授，但更重要的是，他是德國的猶
太人，當時納粹當權，他的運氣卻好到可以一直安全地在家鄉生
活。他之所以可以活下來，是因為他參加過第一次世界大戰，並
在戰場上表現傑出。至於他的妻子則不是猶太人，在納粹掌權之
後依然不願與他分手。這讓克蘭普勒的處境變得相當特別；在德
勒斯登大轟炸之後，所有可以驅逐克萊普勒出境的蓋世太保紀錄
都付之一炬，結果他就這麼成了少數因為那次轟炸反而保住小命
的人之一。

克蘭普勒寫了一本很厚的納粹時期日記，並且在一九四七年
出版了《第三帝國的語言》（*Language of the Third Reich*），是二十
世紀最偉大的宣傳案例研究之一。[①]我這本書的重點，就是克蘭普

勒想用那些案例來闡述的概念。克蘭普勒筆下的「第三帝國的語言」（*Lingua Tertii Imperii*）是這樣的：

> 第三帝國的語言都是為了驅動人民而說的。它唯一的目的就是剝奪每個人的個性，讓人們無法發揮個人特質，成為乖乖聽話、不會思考的牛，只要驅趕一下就會前往特定方向。它讓人們變成大石頭裡的小原子，只要推一下就會滾下山坡。

該書的第一章〈略去引言，談談英雄主義〉全都在講那些與「英雄主義」（heroism）相關的符碼。他將這些符碼稱為三種不同的「制服」（uniform）：第一種是納粹衝鋒隊在一九二〇年代最初的形象，即「沾滿強敵鮮血的征服者」；第二種則與德國在國民喜愛的賽車運動上的成就有關，是「賽車選手頭戴安全帽的形象」；最後一種則是戰時坦克駕駛的制服。一說到「英雄主義」，人們就會想起這些「被用來凝聚情感的符碼」，而這三種符碼「都與日耳曼人是天選之民的說法緊密相連，都讓人覺得只有日耳曼人才能成為英雄」。最重要的是，當時的猶太人既不是賽車選手，也不是衝鋒隊員，更不是坦克駕駛。最後，克蘭普勒說「英雄主義」這個詞讓那些在納粹德國長大的人變成了這樣：

> 這樣的詞彙，毒害腐蝕了多少觀念和感情！我在晚上於德勒斯登成人教育中心舉辦的那些所謂的文法學校裡，以及在文化協會（*Kulturbund*）和自由德國青年（*Freie deutsche Jugend*）舉辦的討論中，都一次又一次地看見，無論有多少撥亂反正的呼籲，多少明辨黑白的闢謠，那些天真的年輕人依然緊緊

抱住納粹思潮不放。他們被上一個世代遺留下來的語言用法所迷惑，不知道自己在做些什麼。當我們說起文化、人道主義、民主的意義，他們的眼睛就亮了起來，開始思考每件東西真正的意思。但沒過多久，馬上就會有人開始岔題，開始扯一些偉大壯舉、英勇抵抗的事蹟之類，甚至直接聊起英雄主義。英雄主義這個詞一旦出現，事情就開始講不清了，大家立刻再次飄浮在納粹主義的迷霧之中。除了那些剛從戰場或敵營回來，覺得社會沒有給自己夠多關注與喝采的年輕人很容易中招以外，就連那些從沒當過兵的年輕女性也會如癡如醉地相信那些可疑至極的英雄故事。而在這之中唯一不須質疑的是，人們只要擁抱了這種版本的英雄主義，或者更精確地說，擁抱了這種對英雄主義的誤解，他就再也無法正確理解人道、文化、民主的本質。[2]

克蘭普勒指出，在第三帝國時期只要說起「英雄主義」，一切就會變得「模糊不清」，人民就會無法進行理性思辨。然後不知何故，人們就會因為語言與符號之間的關聯而無法理解自由民主是什麼意思。我希望在這本書的最後，能夠完整解釋克蘭普勒所說的現象到底為什麼會發生。

納粹的意識形態內含一種種族階級制度，它把某一群人當菁英，其他族群則都不是人。我將這種東西稱為**有問題的意識形態**（flawed ideology）。每當社會開始偏斜，譬如財富分配不義的時候，這些有問題的意識形態就會跑出來，讓宣傳變得相當有效。當一個不義的社會以不合理的方式將人們分為不同群體，那些維護不義特權的藉口就會變成鐵打不動的信念。這些信念阻礙了理

性思考、同理心，也讓宣傳趁虛而入。

團體認同（group identity）是認知活動打造出來的珊瑚礁，人類有很多美麗文化都仰賴它的存在才能出現。但某些團體認同，譬如納粹建構的日耳曼人民族認同，卻會危害民主。這種認同會將理性與情感導向特定方向，讓人難以認識自我，難以自由思辨，讓社會失去健康的民主。

這本書的主題是政治修辭學，而我將其稱之為宣傳（propaganda）。修辭學是哲學最早關注的主題之一，而且如果哲學有什麼「核心」主題，修辭學肯定是其中之一。柏拉圖與亞里斯多德都跟本書一樣寫過文章討論政治修辭學，而且它是傳統哲學的基本領域之一。表面上，二十世紀至二十一世紀的哲學似乎擱置了這個主題，但背後的真相並非如此。譬如我將論證指出，分析哲學中有很多知識論討論其實都在琢磨政治修辭的核心議題，只是它們用去政治化或虛構的例子來寫而已。

柏拉圖的《高吉亞斯》（Gorgias）對話錄就是在講政治修辭。蘇格拉底認為修辭學不是科學，而是一種基於「猜測」的「技巧」。也就是說，蘇格拉底認為，沒有任何一套原理能夠用來判斷我們能不能成功地用非理性的方法影響別人，所以沒有人能夠教別人如何操弄他人。操弄他人的成敗取決於社會上的某些特定事實，而修辭學並不包含這些事實。舉例來說，厲害的廣告人並不是從學校學到撰寫廣告的技巧，也不會從某套通用原理學到這種技巧，而是從大量了解流行文化的細節，才知道廣告要怎麼寫最有效。至少這部分的能力無法整理成一套原則，因此不可能以科學化的方法習得。

這本書不會教你如何用宣傳操弄他人，而是會解釋宣傳是什

麼、為什麼很重要，以及它為什麼會有效。我認為宣傳之所以能造成傷害，是因為社會中存在某些有問題的意識形態。不同的社會各自具備一些不同的有問題意識形態，而宣傳會利用並強化這些意識形態。這本書的目的不是教你如何在他人心中植入有問題的意識形態，因為我認為這種事情是數十年積沙成塔，是長期掌權，並利用媒體與學校控制資訊流通所帶來的結果。但一本討論宣傳的書，即使不教你該奠定哪些基礎才能用詭計操弄他人，也不提供指南教你如何以瞞天大謊奪取政治利益，依然可以很有料。因為了解宣傳是什麼，以及它為何能夠有效運作，是了解政治現實的關鍵之一。

本書大部分討論的主題，是根據對於有問題的意識形態的理論，去分析那些有害的宣傳。我在過程中會大量引用分析哲學的知識論、認知心理學、社會心理學的研究成果。首先，我會分析宣傳是什麼，然後解釋它為何有效。基本上光是做這種分析，就能解釋宣傳會多麼有效地利用並強化有問題的意識形態。然後，我會在本書的後半部論證指出，有問題的意識形態如何藉由系統性地讓一整群人因為看不見自己的利益，以致於不知道自己的心智陷入了怎樣的狀態。此外，有問題的意識形態也會嚴重阻礙民主審議。宣傳可以分為兩種：第一種叫做「惑眾妖言」（demagogic speech），它會利用並且傳播有問題的意識形態，因而威脅到民主討論；第二種宣傳則叫做「公共修辭」（civic rhetoric），它有力量讓我們重新認識自己，重新建立民主審議。

在我的解釋過程中，每個階段都會碰到獨特的挑戰。在建構宣傳的理論時，我得解釋它的本質為何、為什麼有效。在建構意識形態的理論時，我則得回答艾蒂安・德・拉・波埃西（Etienne de la Boétie）在一五四八年提出的「自願為奴」（voluntary servitude）問題：為什麼利益被奪走的大眾，似乎願意接受菁英階級的有問題的意識形態？

惑眾妖言不是納粹的專利。即使我們所在的國家信奉自由民主理念，生活中依然到處都能看到宣傳的負面影響。喬納森・柴特（Jonathan Chait）最近在一篇大眾媒體的文章中，討論了美國政治言論的這種現象。他說，共和黨近年經常採用「狗哨政治」（dog whistle），把保守派的用詞與理念連接到隱含種族歧視的意涵上，而最終造成的結果就是，保守派只要在日常生活中提到他們的信念，自由派就會說他們有種族歧視。我們可以想像為什麼柴特在寫這段時會覺得很困惑：

> 雖然自由派的種族言論分析適用範圍很廣，分析力道很強，但這時候卻變成了自己挖出的墳墓。在選戰中，散播保守派言論跟散播白人種族仇恨的言論有時候會產生完全一樣的效果。這樣一來，所有保守派的論述就全都變成了在支持白人至上主義……也許歷史、社會學、心理學都會給你一大堆證據支持這種現象，但它依然極為荒謬……畢竟主張減稅無論如何都不可能跟種族歧視有關係吧。

柴特指出，這些搞宣傳戰的人把貧窮與援助等用語，與非裔美國人所謂的劣根性綁在一起。這樣一來，我們就完全無法用民主的方式討論貧窮問題。他不懂這究竟是怎麼發生的，也無法理解為什麼只要開始討論這類問題，就一定會被批評在搞種族歧視。他提醒我們宣傳可能會明顯傷害民主審議，但他缺乏理論工

具去解釋傷害如何發生。因此，我如果想要解釋宣傳如何傷害民主審議，就必須提出理論工具，去幫助人們了解像前述例子那樣的各個相關事件究竟如何發生。

───────

哲學家湯瑪斯・史坎倫（T. M. Scanlon）在〈反對不平等的各種理由〉（The Diversity of Objections to Inequality）中列出「進一步推動平等的五個理由」，③但這些理由都沒有提到不平等會催生出**有問題的意識形態**。我在本書將以民主的角度提出一個反對不平等的強大理由：不平等很容易創造出壁壘，讓人難以獲得知識，因而威脅到民主。史坎倫沒有提到這個理由，至少沒有明確提到。但我認為這一直都是以民主的角度反對不平等的理由之一，最早可以追溯到古希臘。我想用各種不同哲學與人文科學工具去發展這種理由。[1]

支持民主的政治哲學家在討論中經常會提到，不平等的環境會催生出有問題的意識形態，這種意識形態是民主最嚴重的威脅之一。詹姆士・麥迪遜（James Madison）在《聯邦論》第十篇（Federalist No. 10）中，就提到不平等會給民主治理帶來哪些問

───────

1　原注：約書亞・柯恩（Joshua Cohen）和喬爾・羅傑斯（Joel Rogers）認為，其實這是審議民主面臨的最嚴重問題，而且他們也抱怨幾乎沒人把它跟其他沒那麼嚴重的問題分開來看。他們兩人寫道：「只要參與者在現實中的地位並不平等，審議其實就只是一種騙局。或者反過來說，只要參與者的實質權力並不平等，就很難藉由要求發言者提出理由，去限制或削弱人們的權力。」見Cohen and Rogers, "Power and Reason"。

題，甚至清楚指出物質條件的不平等，乃是有問題的意識形態的主要來源。[2]麥迪遜在該文中指出，由於有問題的意識形態（我在這邊用自己的術語來詮釋他的看法）無可避免會存在，「純粹的民主」永遠不可能成真。因此他認為必須用**代議民主**來當防火牆，防止有問題的意識形態造成民主倒退。

照理來說，由公正的代議士來討論事情的代議民主，應該可以防止有問題的意識形態造成民主倒退；只可惜現實世界中，代議士經常並不公正。至少許多案例都顯示，麥迪遜所擔心的問題，也就是「純粹的民主會釀出有問題的意識形態」，在代議民主中也全都發生了。實際上，代議民主不但同樣會被有問題的意識形態所影響，還會利用有問題的意識形態來做宣傳。此外我們還更常在美國看見，由於競選財務法無法順利改革，代議士往往明顯地偏袒某些勢力。如今企業可以正大光明地捐款、贊助競選，許多議員都在競選連任的巨大資金壓力下，被迫保護大企業與富豪的利益。因此，雖然本書有許多篇幅都是在證實有問題的意識形態的確會像麥迪遜說的那樣造成民主倒退與反民主，我並不像他那樣，認為代議民主可以解決純粹民主的問題，而且這在

---

2　原注：正如麥迪遜所說：「人們對宗教、政府、及許多其他問題的看法往往有歧見，無論這些問題是現實中還是想像中的，都會讓人產生強烈情緒。此外，人們也會依附那些對野心勃勃、沽名釣譽、爭權奪利的領袖人物，甚至還會因為看上別人的財富而巴結形形色色的人。這些現象都讓社會分裂為各種派系，讓派系之間彼此仇視，把心力花在彼此惡鬥，不為共同利益攜手合作。人類這種彼此仇視的傾向極為強烈，即使現實世界毫無問題，只要有人想像出一些微不足道的差異，就足以讓人們彼此敵對，爆發極為激烈的衝突。但自古以來，最容易催生出派系的因素其實都是各種財富分配的不平等。」見Madison, "Federalist 10"。

防火牆已拆除的當下更不可能。

　　有問題的意識形態會妨礙人們實現自己的目標。首先，那些在物質條件的嚴重不平等中獲益的人，很容易用有問題的意識形態來幫自己的成功找藉口，結果就對社會上的不公不義視而不見，無法成為自己心中真正的好人。另一方面，那些因物質條件的嚴重不平等而受害，譬如沒有土地、不可能獲得權力地位、機會比別人更少或更難實現自我的人，則是很容易被有問題的意識形態影響，認為自己注定低人一等，因而更難爭取自己的**實質**利益。

　　在《理想國》中，柏拉圖把理想的政體描述為由哲學家統治的貴族政體，不過這乃是基於各種社會與心理事實，深入分析各種政體的穩定性所推論出來的結果。他的討論核心之一，就是解釋為什麼某些政治體制乍看之下會非常吸引人。《理想國》關於民主的討論主要集中於第八卷，不過無論是在第八卷還是在整部《理想國》中，柏拉圖都經常來回批判實施各種政體的城邦，以及具備那些政體的素養的人。[3]

　　以民主為例，他說民主的城邦一定得具備民主的**特質**，也就

---

3　原注：哲學家伯納・威廉斯（Bernard Williams）認為，柏拉圖假設如果某城邦擁有屬性F（譬如公正、寡頭、民主），就表示該城邦的人民擁有屬性F，反之亦然。威廉斯認為這通常都不為真，碰上民主更是錯得更離譜，即使柏拉圖自己也知道民主的特質會不斷變化，而民主社會的特徵就是「包含各式各樣的特質」。見Williams, "The Analogy of City and Soul."。費拉里（G. R. F. Ferrari）有力的論證則指出，柏拉圖並不真心相信他說的「由優勢者支配」。見Ferrari, *City and Soul in Plato's Republic*, chap.2。但我倒是沒有在後文中假設柏拉圖認為民主文化裡的公民全都得具備民主特質。

是必須具備民主的人民。對柏拉圖而言，一個城邦是否民主，主要取決於它是否具備民主的**文化**，而非它是否採取某些選舉程序。柏拉圖批判民主的方法，很適合讓我們開始討論民主的文化究竟是什麼。

柏拉圖把政體分為五種：貴族政體（aristocracy）、勛閥政體（timocracy）、寡頭政體（oligarchy）、民主政體、僭主政體（tyranny）[4]。其中，貴族政體是由優秀傑出的人統治的政體，他稱為「最好的政體」，④次好的勛閥政體，則是像斯巴達那樣崇尚榮譽與勝利，偉大的將領最受人敬重的政體。更次之的寡頭政體，則是「憲法根據財產差異來區分參政權的政體，富人統治國家，窮人無權參與統治」，⑤因為它最重視的價值是財富。至於民主政體，則被柏拉圖當成寡頭政體的對手。⑥

柏拉圖批評民主的炮火非常猛烈。他相當了解民主城邦的主要特徵就是具有德行，但他認為這種德行最多也不過只是幻影。

民主社會最重視的價值是**自由**。柏拉圖寫道：「在民主的城邦，人們一定會說自由是世上最棒的事，說對天生愛自由的人來說，不民主的城邦不值得活」。⑦民主的城邦「充滿自由與言論自由」，而且「裡面每個人都有權想做什麼就做什麼」。⑧但柏拉圖對民主有許多尖銳的批評，主要的批評之一就是民主會導致**平**

---

4　譯注：tyranny一詞常譯為「暴政」，但跟中文慣用的「暴政」意思有差別。這邊指的是不透過傳統的選舉、世襲等方法，而使用篡奪、個人崇拜等方法獲得政治權力的體制。藉此得權的人很容易施行獨裁，也很容易用暴力、恐怖等手法鞏固權力，施行中文慣用用法中的「暴政」。不過為求閱讀上的方便，本書提到「僭主」（tyrant）而非「僭主政體」時，會以慣用的「暴君」來指稱「僭主」。

等——讓奴隸與自由人平等、男人與女人平等：

> 它讓外國居民或遊客跟城邦裡的公民一樣平等……讓被買來
> 的奴隸，無論男女，都和買奴隸的人一樣自由，如此一來大
> 部分的人就獲得了最大的自由。而且我差點忘了提到它的法
> 律讓男女多麼平等，讓男女之間的關係多麼自由。⑨

　　柏拉圖在此所說的「平等」顯然是指我們所謂的**政治平等**
（political equality），也就是每個人都有相同的權力去決定城邦的
政策。柏拉圖認為，民主城邦的問題之一，就是讓奴隸跟自由人
在政治上平等，讓男人和女人在政治上平等。

　　柏拉圖口中的這些民主弊病，其實就是民主社會的特徵。民
主社會重視自由，而且重視一種獨特的平等，我稱之為政治平
等。此外，民主社會不斷容忍各種差異。打從柏拉圖時代起，民
主政治理論中就一直有一些核心問題是在討論這些東西的本質，
譬如自由的本質是否與民主有關，以及政治平等的本質是否與民
主有關。

　　柏拉圖有討論到民主文化的本質，但哲學家伊莉莎白・安德
森（Elizabeth Anderson）也提醒我們，民主還有另外兩個層次：

> 民主可以分析成三個層次：一種由成員所構成的組織、一種
> 公民社會的文化型態，以及一種政治治理的模式。民主的組
> 織，必須讓國內的每個永久居民都擁有相同且平等的公民
> 權。民主的文化，源自各行各業成員的自由互動與合作。民
> 主的政治治理模式則包括許多制度，譬如定期選舉重要公

職、全民普選權、透明的政府、法治、法律之下的平等之
類。[10]

　　本書將把那些具備柏拉圖所說的民主城邦特徵，而且擁有民
主的政治治理模式與成員標準的社會，稱為「自由民主」（liberal
democracy）的社會。[5]這種說法也符合我們對「自由」以及「政治
平等」兩個概念的理解。只有那些把自由當成最高價值，並讓人
人政治平等的制度，才算是民主制度。

　　「自由」（liberty）一詞有許多不同的意思，但本書不需要選
定任何一個來用。正如接下來所言，所有人都同意某些概念並不
算是自由，本書只需要確定這點就夠了。無論你認為怎樣才算是
自由，哪一種民主方式才是正確的，你都會同意宣傳會讓民主碰
到一個問題。那麼這究竟是什麼問題呢？

―――――

　　宣傳對民主造成的最基本問題，就是可能有人會用「自由民
主」這個詞，來包裝並不民主的真相。如此一來，某些**乍看之下**
自由民主的國家，其實就並不民主。這些國家的公民可能**相信國**
**家**是自由民主的，但其實那都是假象。該國既不自由也不民主，
譬如威權政權完全不受任何人的威脅。這時候如果我們把該政權

---

5　原注：同樣地，我也沒有假設只要某城邦擁有民主文化，就表示城邦裡
　　的公民擁有民主文化的屬性，因此我的說法與伯納・威廉斯對這項原則
　　的批判沒有牴觸。

稱為革命政權或社會主義政權，並不會有什麼問題，畢竟這些詞彙都不會威脅到該政權的威權本質。但是，如果我們反過來用民主的詞彙來稱呼那些其實並不民主的國家，那麼真正民主的政權就危險了。可惜宣傳就是這樣，而且它還對各種不同的民主都造成了其他更具體的威脅。

每一種自由民主的意思，都各自對應到某種對自由的看法。如果自由是指可以自由追求自己的利益，那麼政治平等的制度就是指讓每個人都能用政治途徑，自由地追求自己的利益。這就是**民主政治的經濟理論**（economic theory of democracy）所謂的民主，其他的民主理論則認為自由不僅止於此，而且門檻更高。

根據民主政治的經濟理論，只要某項政策獲得大多數完全理性、完全利己的人投票支持，那它就是真正的民主政策。[11]這大概就是民主正當性最被廣為接受的概念。這種思維預設每個人都能有效地追求自己的利益，但宣傳會讓人們無法知道哪種方法最能實現自己的目標，因而看不見自己的最佳利益。[12]宣傳阻斷了我們的理性，讓我們的選擇一點也不「經濟」。

除了民主政治的經濟理論以外，宣傳也會威脅到其它更有說服力的民主理論。民主政治的經濟理論假設每個人都知道哪些東西符合自己的利益。這時可能有人會說，即使追求利益真的是自由民主的核心，「也沒有人知道到底哪種追求方法最正確。我們只能用社會過程讓每個人自由嘗試自己能做的方法，藉此讓每個人實現自己的利益」。[13]這種讓每個人自由追求自我利益的民主概念的確更合理，可惜依然逃不過宣傳的危害。因為社會一旦受到宣傳的影響，就會關閉某些探索的道路，阻止人們追尋自己的人生。因此即使用這種個人主義的觀點來看自由民主，認為人們可

以在逐漸探索的過程中越來越了解自己的利益，依然免不了意識形態與宣傳的威脅。

哲學家大衛‧艾斯倫（David Estlund）與政治科學家伊蓮‧蘭德摩爾（Hélène Landemore）倡導的**與認知過程有關的民主概念**（epistemic conception of democracy）[6]，也同樣會明顯受到宣傳所威脅。[14]與認知過程有關的民主概念指出，集體決策比個人決策更優秀，所以民主除了具有人民自治的優點以外，也有**認知過程上的優點**。根據這種觀點，民主是最好的政府形式，因為在多數決原則下的集體審議，是最可靠的決策方式。可惜，宣傳顯然也會威脅與認知過程有關的民主概念，因為宣傳完全繞過了理性審議。

我在引言的開頭介紹本書的核心任務時，用了「民主審議」這個字眼。但民主審議究竟是什麼呢？民主審議是一種共同審議，是政治哲學中另一種民主方法概念的核心。根據審議民主的概念（deliberative conception of democracy），只有共同審議出來的政策才是民主的。[7]審議民主對自由的看法是，所謂真正的自由，就是藉由與同儕一同協商共同利益，來決定每個人的自身利益。

---

6　譯註：epistemic過去通常譯為「知識論的」，但在本書使用的脈絡中，其實更接近「我們如何認知到一件事情、相信它為真、並以此做出行動」。經審訂者賴天恆建議，本書除了學科名仍照舊譯為「知識論」以外，其他均視脈絡譯為「認知過程中的」、「影響到認知過程的」。

7　原注：我把「集體審議」（collective deliberation）當成共同審議（joint deliberation）的同義詞。也就是說，當我使用「集體審議」時，並不表示我認為該審議中有一個集體能動者存在。這點感謝丹尼爾‧帕南與我討論。

照此看來，宣傳就會對自由民主造成另一種傷害：它會破壞或簡化這種共同審議。

　　柏拉圖認為民主的城邦重視自由與平等。但是，他在論述中沒有提到任何一種投票方式。他認為民主是一種文化特質，一種真實的社會屬性。民主社會是重視自由與平等的社會。

　　真實世界裡的國家，有多大機率成為有名無實的自由民主國家呢？讓我們以世界上最古老的自由民主國家美國為例吧。美國的民主是代議民主而非直接民主，但選舉讓代議士對人民負責，照理來說代議士就代表人民的集體意志。不過，美國真的像是美國人以為的那麼民主嗎？它具備民主的文化，也就是重視自由與政治平等嗎？還是說，它是用民主與自治的詞彙，去掩蓋完全不民主的現實？接下來我將探究一些支持後者為真的理由，雖然我不見得支持這些理由。

　　美國政治哲學家馬丁・德拉尼（Martin Delany）指出，美國在使用民主詞彙時非常虛偽。接下來我們會在本書中逐漸發現，這種虛偽正是當你用自由民主的語詞來做宣傳時的特徵：

> 美國欺騙了人民的信任，背叛了她所宣稱的共和平等原則，並以貶低性的政策對待一大群土生土長的同胞，這群同胞就是有色人種。她不僅剝奪我們平等的政治權利，甚至剝奪我們平等的自然權利，她所制定的每一項貶低性的政策都對我們不利。

　　收錄上述這段話的著作的出版日期是一八五二年，也就是南北戰爭爆發的八年前。當時北方爆發了一場聲勢浩大的廢奴運

動。德拉尼完全相信，這場運動中有很多白人朋友是真心誠意地要解放黑奴，並且認為這些白人都帶著最良善的意圖（至少這是他們所意識到的）。[8]但即便如此，他還是認為即使是在一個完全只由廢奴者組成的公民社會裡，非裔美國人所受的待遇依然明顯違反美國那種保障機會平等的自由民主原則。那麼，他的論證為何？

德拉尼請我們注意一件詭異的事：非裔美國人之所以不滿，是因為「社會禁止我們從事每一種受人尊敬的職位，把我們拒於門外，讓我們去做那些低下卑微的工作」。[15]可以想見，這是因為社會帶有明顯的種族歧視，人們顯然並不真正相信人人政治平等。因此，非裔美國人如果活在主張廢奴的白人之間，雖然比較好受一點，「卻無論走到哪裡，都依然處於不幸的狀態中」。[16]然而，即使身邊的白人全都真心相信種族平等，非裔美國人依然只能擔任「車夫、廚師、服務生」、「保姆、清潔女工、女傭」。[17]因此，非裔美國人遭受的不利，不僅來自明顯的種族歧視，還有其它的成因。光是消滅明顯的種族歧視，幾乎不會改變任何事。

也許有人會說，雖然黑人的社會地位較差，但只要是在沒有奴隸制的州，各種族在政治上是平等的。然而德拉尼認為，「既然社會的規則讓不同種族的人獲得成就的機會並不平等，種族之間就並不平等」。[9]他在書中用很長的篇幅指出，對黑人成就較差的唯一合理解釋，就是社會沒有平等尊重不同種族，白人沒有同

---

8　原注：德拉尼寫道，他們「知道美國高壓對待有色人種的方式違反正義」，而且「真心誠意地說自己毫無一句謊言……真心地說自己過去曾壓迫、踐踏過有色人種，但如今要提高他們的地位」。見Delany, *The Condition, Elevation, Emigration, and Destiny*, p. 24。

等尊重黑人。[10]也許德拉尼的論述中最有力的一點，就在於他說白人阻擋黑人獲得成就的結果，是黑人系統性地**喪失自我價值**（self-worth）。德拉尼在書中花了很長篇幅列出許多黑人為了對抗這種結構性障礙，做出多麼誇張的努力。他在書中指出，沒有平等的機會就代表沒有平等的尊重，機會不平等會讓人喪失自我價值，而自我價值正是自我尊重（self-respect）的社會基礎。

也許有人會說，每個人在政治上明明就平等，非裔美國人表現比較差，是因為他們本來就低人一等。但這顯然是種族歧視；它違反了自由主義崇尚人人平等的信念，而且照德拉尼的說法，也違反了「人人生而平等」的事實。[18]如果以上的推論都為真，那麼非裔美國人過得次人一等的原因，無論如何都是種族歧視。德拉尼的分析重點就在於，雖然北方主張廢奴的白人真心地表示自己反對種族歧視，卻會同時做一些顯然屬於種族歧視的事情。因為反歧視的理念，掩蓋了種族歧視的事實。他認為即使是那些真心善意信奉自由民主的人，也會因為高舉著自由的理念，而看不見現實中的不自由之事。

到了二〇一四年，非裔美國人的資源、生活機會、法律保障都依然比歐裔美國人低一大截，而且兩個族裔之間的經濟落差非

---

9　原注：他又急忙補充道：「我們不希望被認為是在主張每個人都應該擁有相同的成就，而是要說如果白人在提升自己時需要這些成就，有色人種提升自己時也需要這些成就。」見Delany, *The Condition, Elevation, Emigration, and Destiny*, p. 42。

10　原注：德拉尼在其核心論證中，用了很大篇幅列出許多黑人如何跨越巨大的結構性障礙，取得令人印象深刻的成就，藉此論證黑人的德行相當優越。

常誇張。二〇〇九年的一項全國調查發現,白人家庭的淨資產中位數為113,149美元,黑人家庭的淨資產中位數卻只有5,677美元。[19]此外自從一九七〇年代以來,非裔美國人的入獄率,以及其和歐裔美國人入獄率之間的差距,都急遽上升。[11]雖然美國最高法院五十多年前在布朗訴教育局案(Brown v. Board of Education)中宣布「隔離但平等」是一種歧視,美國黑人如今卻仍面對學校隔離的恥辱。

如今,我們都公認一九六三年的美國是種族不平等的社會,但那一年三月的蓋洛普民調卻顯示,有百分之四十六的美國白人認為「黑人跟白人擁有相同的機會去爭取自己能勝任的各種工作」。[20]美國的輿論至今仍與種族不平等的現實明顯脫節,在公共宗教研究所(Public Religion Research Institute)二〇一二年四月十九日對十八至二十四歲的美國人所做的調查中,有百分之五十八的白人認為「歧視白人的問題已經變得跟歧視黑人的問題一樣嚴重」。[21]當白人相信的事物與黑人面對的現實出現巨大差距,民主審議就會非常困難。

————

美國似乎一直以來都有這種系統性的種族歧視,但除此之外的其他問題也讓它的民主變得有名無實。**民主的文化**會讓每個人

————

11 原注:光是從一九八〇年到二〇〇六年,非裔美國人被拘留或監禁的人數的增長率就是白人的四倍。見Tonry and Melewski, "The Malign Effects of Drug and Crime Control"。

對於適用於自己身上的政策與法律有發言權，企業式文化或**管理主義文化**（managerial culture）則不然。但打從工業革命以來，美國的公共文化就一直瀰漫著管理主義的精神特質。教育史學家雷蒙‧柯拉漢（Raymond E. Callahan）在一九〇〇年寫道：「商業思維在當時的美國，普遍到可以說是社會的基本特色之一。」[22]在工業革命時期，大眾媒體非常強調物質上的成功以及「商業意識形態」的管理方式，政客也開始把自己形容成經營企業的商人，而這種思維不僅一直存留到當代的美國，歐盟國家也是如此。

哲學家詹姆斯‧伯納姆（James Burnham）在一九四一年出版的《管理主義革命》（*The Managerial Revolution*）裡預言，共產主義對抗資本主義、史達林主義對抗民主的時代將會結束。[23]他認為未來將變成「管理主義的社會」（managerial society），跨國企業的領袖將能夠實質控制許多不同國家。

伯納姆認為，「管理主義社會的經理人維繫統治地位的唯一方法……就是去控制國家」，但這在「保障少數人自由表達政治意見」的民主社會中「並沒那麼簡單」。他寫道：「管理社會的經濟結構似乎會妨礙民主。民主的社會需要反對派，而反對派不可能光靠當權者的善意就存活下來。」[24]但未來一旦進入管理社會，「大部分的經濟活動就都會落入一個單一的整合機構，也就是管理主義的國家手中」，因此「真正的反對派完全無法獨立存活」。[12]

根據伯納姆的說法，美國與其他所謂的自由民主國家未來都將陷入管理主義，並將以自由民主的詞彙掩蓋並不民主的本質。他的預測顯然有一些問題；伯納姆認為管理主義的國家一定會變成一黨專政，但美國至今都有民主黨與共和黨兩大黨，其他自由

民主國家也差不多。可是這樣就表示伯納姆的預測被推翻了嗎？如果沒有的話，他的預測又跟宣傳欺騙我們的認知有什麼關係呢？

照理來說，民主國家的政策會反映人民的觀點。但根據哈佛法學院教授勞倫斯·雷席格（Lawrence Lessig）團隊在二〇一四年所做的民調，百分之九十以上的美國人認為「降低金錢對政治的影響力很重要，而且無論親共和黨、親民主黨，還是中間選民都這麼認為」。[25]然而美國的最高法院卻分別在二〇一〇年與二〇一四年的判決中讓競選資金改革兩度告吹。雷席格還指出，早在競選資金改革以前，國會政客的時間就有百分之七十不是花在立法上，而是花在籌募競選經費上。因為要參加競選，你得先獲得美國上流社會的支持，雷席格說這群人是全國最有錢的百分之一中的百分之一。這也難怪在許多問題上，美國的國家政策都違反大多數人的意見。

也許有人會說，無論美國的民主有什麼問題，都跟宣傳沒有關係。畢竟無論那些最有錢的美國人花了多少力氣去拔掉競選財務法的獠牙，民意調查都顯示美國人向來支持改革競選財務法。

---

12 原注：有夠多證據顯示，在伯納姆生活的年代，美國是管理主義的社會，而非民主社會。喬爾·斯普林（Joel Spring）寫道：「現代社會仰賴的企業國家思想，是在十九世紀末到二十世紀初的過渡時期形成的。當時快速變遷的都會與工業世界，對美國人而言就像一座橋梁，從獨立自耕農的過去，跨向在大規模工業與巨大城市中彼此合作的未來。不能繼續把美國當成獨立自耕農的國家，而是要希望美國成為一個以企業為主的國家。社會關係的核心必須變成大型機構，在這種企業組織的社會中，每個人都必須和整個社會體系合作，負責某項專門的工作。」見 Spring, *Education and the Rise of the Corporate State*, p. 2.

此外可能也有另一些人會說，美國民主根本就沒有什麼明顯問題，因為美國人民並不覺得改革競選資金門檻是最重要的事。但持這兩種說法的人，其實都不懂老練的宣傳家幹了什麼把戲。

美國人民的確認為競選資金的問題很嚴重，也的確認為氣候變遷的問題很嚴重。但針對美國人民所做的宣傳，卻一直讓他們以為正在推動的相關法律改革都對他們不利。舉例來說，百分之八十的美國人以為競選資金法正在朝腐敗的方向改革，是為了「試圖幫助現任國會議員連任」，而非改良選舉體系。[26]同樣地，小布希的白宮發言人阿里・弗萊舍（Ari Fleisher）在二〇〇一年五月七日「回答總統是否會敦促目前能源消費量全球領先的美國人，去改變能源消費習慣」時表示：

> 兩個字：不會。總統認為這是美國人的生活方式，而決策者應該保障這種生活方式。美國人的生活方式受到祝福……總統認為美國人使用大量能源，表示美國經濟強健，而美國人也享受這種生活。[27]

這種企業式宣傳，讓美國人相信修訂氣候變遷的相關法律都不是為了守護環境，而是為了改變人們的生活方式，逼人們為進步議程服務。這些宣傳，讓人們以看待同性婚姻問題的方式，來看待氣候變遷問題。

當然，宣傳不是實現自由民主理念的唯一障礙。金錢對政治的巨大影響力嚴重限縮了選民的選項。為了募到選戰所需的鉅款，候選人一定得向企業、利益集團、超級大富豪低頭，而這些候選人對選民來講其實沒有差別，只是代表的集團各自不同，譬

如有些代表醫生，有些代表律師。此外，企業與政府之間的職位經常換來換去都是同一群人在當，難怪只要主流的輿論違背企業與富人的利益，就不會被納入政策。金錢的問題雖然和宣傳的運作機制無關，卻似乎是讓民主理想難以實現的原因。

不過某些阻礙自由民主的事物，即使乍看之下與宣傳無關，其實背後也帶著宣傳的機制。我之後將說明，為什麼某些類型的團體認同讓宣傳特別有效。某些團體認同會讓人相信一些很難理性放棄的信念，因為放棄這些信念會讓你覺得自己失去價值。當你把自己的身分跟某個特定群體綁在一起，就可能在相關問題上喪失理性。當團體認同讓我們產生了這類難以撼動的信念，宣傳就更容易影響我們。

美國的兩黨制就是透過人為的方式來製造團體認同，它讓人們產生一種類似於對種族或國家的認同，又或是對球隊的忠誠心。這種團體認同有一部分來自在某些「敏感爭議」上選邊站的結果。許多人一碰到這類問題，就因為自己傾向哪個政黨，而鐵打不動地決定在投票時要贊成還是反對。政黨所營造的團體認同，讓美國人看不見兩黨的政見其實多麼類似，也看不見這些政見有多麼違反公共利益，看不見政客為了籌募競選經費而對大金主多麼卑躬屈膝。很多時候，人們只要自己的陣營「贏了」，似乎就會忘記政客根本沒有提供不同的政策給你選擇。[13]如果兩大黨的功能，變成讓人民看不見兩方的政見基本上多麼相似，變成讓政客用宣傳來掩蓋相似之處，讓人民不理性地倒向其中一邊，那麼美國即使有兩大政黨，伯納姆的預測依然可能成真。

管理主義的社會最重視的價值是**效率**。民主社會最重視的價值則是**自由**或自治。「自由」與「自治」兩詞都有很多不同意

思，但無論如何都不會等於「效率」。

————

在《理想國》中，柏拉圖陳述了他對理想國家的看法，並反對其他的體制。在他的理想國家中，每個人都有一份對社會最有利的職業。「我們不會讓鞋匠同時兼任農夫、織工、建築工，我們會說他必須繼續當鞋匠，才能造出精美的作品。其他人也一樣，每個人都必須一輩子做他天生最適合的職業，完全不要去碰其他東西，這樣才能有最多時間去發揮自己的天職，精益求精。」[13]柏拉圖的理想國家不讓人民自己選擇職業，而且也並不民主。它由專業的都市規劃師，根據正義原則去統治所有具有一技之長的工匠與沒有如此技能的體力勞動者。其中每個人的本性，會決定他適合當哲學家、工匠、還是體力勞動者。至於每個

————

13 原注：也許有人會繼續堅持說，在美國這種選舉制的民主國家，宣傳不是民主面臨的根本問題。二〇一一年，在共和黨的掌握下，北卡羅萊納的州議會重新劃分了該州選區（承認這件事跟承認在政治上「站在同一邊」的人很容易聚在一起沒有關係）。二〇一二年，該州舉行議員選舉，百分之五十一居民投給民主黨，百分之四十九投給共和黨，然而共和黨卻從民主黨手裡搶走三個席位，民主黨則沒增加任何席次。匈牙利右派政黨青年民主黨（Fidesz）也做過選區重劃，但這與宣傳沒有任何關係。無論是青年民主黨的高人氣，還是極右派盟友「更好的匈牙利運動」（Jobbik）在二〇一四年的大選中拿下的百分之二十選票，都不來自於選區重劃的結果，而是來自一種強調種族與宗教純潔性的反民主意識形態，這種意識形態可能跟匈牙利民眾習慣威權統治有關。也就是說，這些政黨的成功也許因為是匈牙利民眾接受了一種反民主的意識形態，結果更容易被那些以民主為幌子的反民主宣傳所影響。

人適合做什麼職業，應該受怎樣的教育，則由了解柏拉圖理型（Platonic Forms）的哲學家們來判斷。[14]

柏拉圖提出好幾個反對民主的理由，其中最主要的就是民主政體最容易淪為僭主暴政。不過柏拉圖也說，民主讓人民自己規劃生涯，但大部分的人根本不知道自己適合做什麼，給大家自己決定每件事情必然降低社會效率。哲學家特倫斯‧厄文（Terence Irwin）這樣描述柏拉圖的論點：

> 他預設民主參與只有工具價值，認為政治治理的優劣完全取決於能不能有效地促進利益。但我們可能會認為，能不能掌控那些影響自己的事，能不能共同承擔其責任，比能不能用最有效的方式促進自己的利益更重要。我們每個人都覺得自己能在某種程度上掌控自己的人生，並且只要我們能夠共同決定自己的人生，就會同等尊重其他人的選擇能力。[29]

柏拉圖拒絕民主制度，因為它著重自由，無法達到最高效率。至於由一群技術官僚幫絕大多數人做決定的管理主義社會，則從柏拉圖時代以降，就一直被視為民主的**對立面**，而非一種**實現民主的方法**。

柏拉圖的理想國家，是讓哲學家作為「守護者」，幫整個社會做決定。他認為只有「具備哲學本質」的人才能做這種工作，[30]

---

14 原注：不過柏拉圖只幫統治者與軍人設計了課程，不清楚他認為社會中其他成員應該受怎樣的教育。感謝維莉蒂‧哈特（Verity Harte）與我討論這點。

因為「只有熱愛學習與智慧的人，才能溫柔地對待自己與他認識的人」，[31]也就是說，只有哲學家才會把公共利益當成首要之務，並且可以確保國家有效增進每個人的效益。這與管理主義的國家不同，管理主義會「有效地」增進**掌握資源者、經理人**或**公司所有權人**的利益，而非**被管理者**的利益。不過，即使國家真的由柏拉圖心中的理想哲學家來管，並且有效地增進了所有人的利益，這樣的國家也不民主。

柏拉圖說的沒錯，每個社會的政治文化都是由它的價值觀決定的。他曾明確地指出，在民主的社會裡，最重要的價值是自由與平等。因此我們會想，在管理主義的社會，甚至是柏拉圖的「理想」社會中，最重要的價值則是認真工作，越能認真工作的人越值得敬重。也因此，在管理主義的社會中，「懶鬼」這樣的指控特別嚴厲。但民主社會則有所不同：效率也許很重要，但它**並不屬於民主價值**。即使是工作做得很差或者懶惰的人，也要給予相同的尊重。

那麼，目前所謂的自由民主國家有沒有刻意混淆民主價值與管理主義價值，藉此推動違背民主的政策呢？以下有兩個例子，第一個在美國，第二個則在歐洲。

二○一一年三月十六日，美國密西根州由共和黨控制的議會，在共和黨籍州長里克·史奈德（Rick Snyder）的支持下通過了《第四號公共法案》（Public Act 4），得以讓政府在陷入財政危機時「任命一位緊急狀態管理人」，取代民選地方官員去決定「地方政府的支出、投資及其所提供的服務」，包括「修改或終止合約」。密西根州的人民在二○一二年十一月投票通過廢除《第四號公共法案》，結果州議會又通過了《第四三六號公共法案》

（Public Act 436）讓《第四號公共法案》借屍還魂，並在二〇一二年十二月由州長簽署正式頒布。

　　二〇一三年三月，州長史奈德任命凱文‧奧爾（Kevyn Orr）為底特律的緊急狀態管理人。奧爾說，底特律的長期債務超過一百八十億美元，但獨立第三方智庫德莫斯（Demos）的調查分析卻認為這不代表底特律的財務陷入緊急狀態，因為這一百八十億「與底特律的破產無關，破產的分析寫得過度誇張，而且大部分都偏離事實」。[32]總之，長期債務跟破產無關，該市破產不是因為長期債務過高，而是因為短期現金流缺了一億九千八百萬美元而周轉不靈。德莫斯的報告認為，「底特律的遺留成本上升的最大因素，是它在二〇〇五與二〇〇六年與銀行之間的一連串複雜交易」。許多人都認為這些交易非常可疑。

　　密西根州的緊急狀態管理人奧爾，既沒有大力質疑讓底特律市與相關公營事業把一大堆錢轉給銀行是否違法，也沒有抨擊州政府要花兩億五千萬美元在底特律打造一座新曲棍球場的事情。他反而選擇以提高財務效率之名大幅縮減公共服務，讓底特律市民承受金融問題帶來的傷害。底特律坐落在五大湖區，這裡擁有全球最大的淡水儲存量，但底特律卻決定停止供水給欠繳水費一百五十美元以上，以及欠繳超過兩個月的民眾。截至二〇一四年七月，底特律大約有百分之二的市民被停水，大約一半瀕臨停水邊緣。與此同時，高爾夫俱樂部與曲棍球場的債務問題卻幾乎無人追究。

　　技術上，欠繳水費就停止供水是合法的。但就公共行政角度而言，快速讓城市中一大群人無水可用實在很詭異。馬丁‧盧卡茲（Martin Lukacs）在《衛報》上主張，奧爾決定停止供水，是

為了想把供水業務「這座大銀山」賣給民間，所以要「在出售前讓資產負債表好看一點」。[33]但供水事業民營化會讓社會更難監督水公司。執行者一旦獨占了裁量權，就可能不顧一切提高財政效率，但財政效率未必代表公共利益。的確，債留子孫會限縮子孫的自由，但讓人民無水可用也會限制人民當下的自由，無論這在財務上有沒有效率。一般來說，如果公共事業開始把賺錢當目標，同時取消公共監督的機制，就會開始用最嚴苛的標準來解釋和執行法規。

柏拉圖認為，大部分的人都無法自己做出正確的、也就是最能增進總體效率的選擇。而密西根州正是用柏拉圖式的思維，去處理選舉造成的問題。無論「自由」與「自治」有多少種意思，它們都不會等於「效率」。譬如，新加坡就最重視效率，但它絕非民主國家。從柏拉圖時代起，那種讓技術官僚幫所有人決定一切的方法，就一直是民主的對立面，而非實現民主的方法。

柏拉圖知道只有無私的人才能統治他心中的理想國。但現實中那些該去確保國家效率的統治者，卻往往不會像柏拉圖筆下的哲學家那樣做事。底特律就是個好例子：緊急狀態管理人的政策是有效增進了利益，但那是誰的利益呢？肯定不是底特律市民的，畢竟他們的孩子在盛夏時期無水可喝、無澡可洗、無水可沖馬桶。同理，也不會是那些因為公共服務大幅縮減而受害的人。沒錯，這些政策的確可能有效增進了某些人的利益，像是銀行就收回了許多有道德爭議的債務，而在水資源越來越稀少的時代，標下全球最大淡水水源之一的民營廠商也可能獲得大量利益。

不過為了論證需要，在此暫時假設緊急狀態管理人像柏拉圖心中的哲人王那樣，真的做出了提高所有人效益的決定。譬如，

密西根州東南部自來水機構民營化之後的利益，不會流向公司的投資者，而會流向它服務的近四百萬名居民。但即便如此，密西根的州長與議員還是一樣違背民主。民主的國家不會為了增進效率而換掉民選的官員。《第四號公共法案》與《第四三六號公共法案》未必有道德錯誤，卻與民主完全不相容。民主國家的效率低於部分非民主國家並不奇怪。那些天生適合當醫生的人，在民主國家可能會自己選擇去當律師，結果當得很差。在民主制度中，效率不是推翻自治的理由。當美國政客輕易地宣稱效率比自治還重要，就表示美國真的已經把民主跟管理主義混為一談了。

至於發生在歐盟的案例，則把這兩種價值更嚴重地混為一談。社會學家沃夫岡・史崔克（Wolfgang Streeck）認為，政府對金融機構大規模紓困時累積了大量債務，之後那些獲得紓困的機構又反過來要求政府償還債務。[34]結果許多歐盟國家的選舉就越來越不重要，這些政府紛紛被迫還債，[15]政策逐漸傾向「市場效率」，開始緊縮財政去償還那些紓困造成的債務。

當代到處都有人濫用民主的詞彙，去包裝那些以市場效率而非自由為核心的反民主觀點。這個問題值得獨立一章來討論，本書的最後一章也正是為此而寫。該章會提到，美國公立學校自從一九一〇至一九二〇年改組之後，就一直用自由民主的語詞來包裝管理主義，扭曲了學生對民主的認知。

---

15 原注：卡特琳娜・凱特蒂（Katerina Kitidi）和艾莉絲・哈茲斯特凡諾（Aris Hatzistefanou）在她們二〇一一年大受歡迎的紀錄片《解放債務》（*Debtocracy*）中認為，歐盟用「債務統治」（debtocracy）取代了民主，把某些國家變成付錢給銀行的機制，藉此盡量保障歐洲菁英族群的整體經濟安全。

最後，還有一個理由讓我們懷疑美國的民主可能有名無實。美國可能是寡頭政體；這種政體並非多數決民主（majoritarian electoral democracy），而且想在寡頭政體中影響政治，你得先有夠多的錢或土地。普林斯頓大學政治系教授馬丁‧季倫斯（Martin Gilens）多年以來不斷檢驗美國是否真是我們在學校裡學到的「多數決民主」國家，最後他與他一本專書的共同著作人班傑明‧佩吉（Benjamin Page）得出結論說，根據一九八一年至二〇〇二年的經驗證據，我們可以「果斷地拋棄」美國是一個純粹的多數決民主國家的說法。[35]美國的有錢人和強大的利益團體（譬如擁槍團體）可以大幅影響政策，「一般百姓則不僅實質上無法決定政策，甚至還幾乎完全無法影響政策方向」。

　　季倫斯的研究結果一直都有爭議。[16]但大部分的人似乎依然同意，既有的經驗證據至少足以顯示，美國大部分的政策，很難被理解為自由民主的產物。因此我們必須小心，即使是乍看之下堅定守護自由民主的國家，依然可能用民主的語彙去包裝不民主的事實。

---

16 原注：的確可以合理懷疑說，他二〇一四年的論文裡面引用的民調數據不夠細緻，可能不足以支持他的結論。

# 第一章

# 政治思想史上的宣傳

　　從柏拉圖以來，一直有一個簡單而有說服力的論證，會讓我們認為自由民主即使乍看之下相當健全，也只是虛有其表。該論證如下：那些由煽動者製造的宣傳，可能會使自由民主無以存續。而自由民主保護言論自由，從本質上就不讓我們禁止宣傳。但人類的理性並不完整，再加上人們喜歡聽奉承話、容易被操弄，如果我們允許宣傳，就很有可能出現暴政，終結自由民主。

　　從遠古以來到二十世紀，這個論證一直是政治哲學的核心。尚－雅克・盧梭（Jean-Jacques Rousseau）在一七六二年的《社會契約論》（*The Social Contract*）就說，這是政治哲學始終對民主抱持懷疑的主因：

　　　我們那些政治理論家之所以會做出錯誤推論，就是因為他們

看到的國家在剛成立時都很糟糕，我說的那種政體不可能在這種國家中維持下去。他們沾沾自喜地自言自語，說只要有個詭計多端的陰謀家或演說大師，就可以讓整個巴黎或倫敦的人都相信假東西。①

宣傳對民主的威脅之所以能在政治哲學的漫長歷史中占有核心地位，其實並非偶然。自古以來，**穩定性**就一直是哲學家評斷政治制度優劣的標準之一。亞里斯多德也正是因為民主不夠穩定，而在《政治學》（*Politics*）中說民主是各種政體中最不糟糕的一種政體。但即使是亞里斯多德也在《政治學》第五卷的第五章中承認，民主的不穩定其實來自於那些「煽動」、「討好」人民的「妖言惑眾者」。他知道讓民主陷入危險的，其實主要是有問題的意識形態與妖言惑眾的宣傳。[1]

從古代到二十世紀，只要哲學去討論民主的穩定性，以及藉此評價民主是不是一個優秀的政治制度時，就一定會回到這個核心問題。奇怪的是，在哲學領域中，完全沒人在討論宣傳對民主造成的問題。為什麼呢？我的猜想如下。在某種意義上，規範性的政治哲學是為了描述一個理想的自由民主國家應該由哪些理念元素組成。但在理想的自由民主國家中，根本就不會有宣傳，所以他們從來不討論這個問題。

---

1  原注：可以想像，大衛・休謨（David Hume）在〈政府的第一原則〉（Of the First Principles of Government）第1.2節的結尾，可能有在擔心言論自由會導致惑眾妖言盛行。他把出版自由說成一種「惡」：「儘管毫無限制的出版自由，是混合形式政體中的一種惡，而且很難找出，甚至不可能找出合適的補救辦法，我們依然要允許這種自由。」

在政治的理想理論（ideal theory）中，一個還沒有完全符合自由民主理念的國家，要如何轉變成理想的自由民主國家的問題，叫做轉型問題（transition problem）。轉型問題通常是討論如何將不公義的資源分配方式，變成公義的分配方式。這個過程的核心，乃是私有財產權與平等這兩種自由主義所珍視的價值之間的拉扯。不過，由於政治哲學家認為自己的使命是研究自由民主國家的性質，他們一直把轉型問題當成「應用」問題。在哲學界，被貼上「應用」的標籤就等於被邊緣化。倫理學是「純粹」的哲學，應用倫理學則是「不純」的哲學，適合那些沒辦法把純粹的哲學學好的人。

我們可以把宣傳的問題，當成民主可以如何轉型的問題。也就是說我們可以把宣傳的問題，當成如何在不侵犯言論自由的狀態下，讓不民主的審議轉型成真正的民主審議。[2]用這種方法，就可以在理想理論的框架下，討論這個也許是民主理論中最核心的問題。不過，**應用政治哲學界**還沒有用這個方法討論這個問題，等到他們解決了如何從不公義的資源分配方式過渡到公義的分配方式之後，某一天應該就會去討論這個問題了。

宣傳對自由民主的威脅，就在於言論自由會不會讓自由民主從根本上就難以穩定，畢竟自由是自由民主聲稱的最核心價值，它以言論自由的形式實現。我前面所說的規範性政治哲學，留了一個邊緣化的空間讓人去討論這個問題，但那種作法會讓我們忽

---

2　原注：有些民主國家為此立了相關的法律。印度這個世界上人口最多的民主國家，就在憲法第一修正案中試圖限制「濫用言論自由」，也就是限制人們散播惑眾妖言。

略這個問題為何自古以來如此重要。盧梭白紙黑字地說，他那個時代的政治哲學家認為「我說的那種政體（也就是民主）不可能在這種國家中維持下去」。但現在的人們可能就很難理解，宣傳為什麼會威脅到自由民主的基本概念。

查爾斯・米爾斯（Charles Mills）認為，這樣的衝突其實意味著理想理論的方法論本身就是錯的：

> 理想理論要嘛都預設現實世界偏離了理念，本身不值得為此建構一套理論；要嘛就說我們至少要先從理念開始討論，才最有可能讓理念化為現實……幾乎光是看看理想理論的定義，就可以知道它完全或幾乎不關注歷史上的各種壓迫、不關注壓迫遺留至今的餘波、不關注目前正在發生的壓迫，它最多只會給出一些模糊不清的承諾，說這些問題未來都有待處理。[2]

米爾斯在他的論文中主張，理想理論都預設了一個「理想的認知環境」，預設「整個社會完全透明，每個人的認知障礙都僅限於自利偏誤或無法正確理解世界。它幾乎或完全不在意那些意識形態霸權以及專屬於某群人的經驗，會如何影響我們對社會秩序的觀察與認知」。換句話說，有問題的意識形態以及宣傳這類主題，本來就不在理想理論的討論範圍之內。

此外，米爾斯在更早的著作中曾提醒我們，其實政治哲學那些經典文本都不那麼「理想」：

> 西方政治理論的經典文本，譬如柏拉圖、霍布斯、洛克、柏

克、馬克思等等，都不僅提供規範性判斷，同時也會用社會的本質與政治知識的認知機制，去解釋為什麼其他人提出的規範性判斷不正確。這些理論家都知道，如果想要實現理想的政體，就得先知道現實世界的政體的構成與運作方式有時候會讓我們看不見社會的真相。③

　　政治哲學討論的是規範性判斷，也就是事情應該長成怎樣。有一種規範性觀點認為，你不能要求一個人去做他做不到的事。如果某人應該遵守某法律，那他一定有辦法遵守該法律，否則法律就只是在強人所難。根據這種觀點，政治哲學的規範性判斷不能主張一些人類社會做不到的事。至於另一種規範性觀點則認為，即使理念不可能完全實現，也可以當成指引。但即使是這種觀點，也不能主張一些人類社會的能力無法遵循的指引；如果你提出的理念過於遙遠，當下就毫無引導作用。如果要知道人類社會能力的合理極限究竟為何，就得去看社會理論。

　　那些認為政治哲學不需要社會理論的人，都預設了社會理論不可能有一天突然冒出來大幅限縮政治的可能性。因此，那些撇開社會理論的政治哲學，其實都用極端理想的方式打造理論模型。哲學家克瓦米・安東尼・阿皮亞（Kwame Anthony Appiah）就曾指出，理想理論在討論政治時脫離現實的程度，就跟決策理論（decision theory）在討論理性時脫離現實的程度差不多。我認為決策理論對理性的看法，與我們人類的有限理性（bounded rationality）之間有嚴重的落差，因而在思考人類理性決策時出現錯誤與扭曲。同樣地，我也認為理想理論因為在建構的時候沒有

注意到社會理論，對國家的看法產生了類似的問題。[3]

———————

　　本書顯然受到米爾斯的影響，而那些誤讀米爾斯的方式，也會讓人誤讀這本書。很多人都認為政治只關乎權力與利益，政治語言則只是戰略工具，而一切高喊政治理念與道德理念的言論，都只不過是用來爭奪權力與社會利益的武器。米爾斯反對理想理論的論述，在某些人眼裡就是這種黑暗思想。

　　維弗雷多・帕雷托（Vilfredo Pareto）在剛進入二十世紀的一九〇一年，就寫了一本書主張政治只是在處理權力與利益：

　　宣揚人人平等的佛教催生了西藏的神權政治，最關心渺小窮人的基督宗教最後長成了羅馬教廷⋯⋯舊時代菁英在宗教改革時期的日益腐敗、傲慢，墮落為強盜式貴族。西金恩（Sickingen）與胡騰（Hutten）兩種不同的騎士這時候便高呼起義，但這些人就像之前的新生菁英一樣，靠著窮人與卑微者得勢，而百姓也像之前的百姓一樣相信他們的承諾，也像祖先一樣被騙，背負更重的軛。到了一七八九年，革命再次演變為雅格賓（Jacobin）寡頭統治，並以帝國專制告終。這

———————

3　原注：很多人誤用約翰・羅爾斯（John Rawls）的說法，去說理想理論是正確的。其實羅爾斯很明白政治制度除了必須追求正義之外，還必須追求穩定。他在討論自由民主的重要著作中，用長達四頁的篇幅講這件事，並指出「我們從一開始就在意穩定」。見Rawls, *Political Liberalism*, pp. 140–44，引文出於 p. 141。

類歷史不斷重演，沒有任何跡象顯示未來將有所改變。④

　　德國政治學家卡爾‧施密特（Carl Schmitt）顯然也這麼認為。他曾寫道：「所有的政治概念、形象、術語都帶有論戰意義。它們都著重某個具體的衝突，發生在某種具體的處境之下，最後讓人們分成敵我兩邊，爆發戰爭或革命。適用的處境一旦消失，它們就淪為抽象的幽靈。」⑤

　　由於施密特的納粹立場太過爭議，他沒有在二十世紀中期成為這種觀點的官方代言人。但政治與社會科學依然很常出現一種觀點，認為行政管理過於複雜，在確實遵循民主規範的社會中無法有效課責，所以民主語彙其實完全無法落實，因而現實中應該讓那些精通經濟與政策的「專家」來施政，並以民主語彙來包裝不自由又不民主的真相。如今，這種反對民主，甚至可說是認同威權的立場，因為以經濟語言高喊追求效率之故，在當代廣為人們接受。

　　如果民主語詞的誤用，只出現在當代社會科學中那些帶有納粹或歐威爾式⁴意識形態的說法中，也許我們還不需要擔心；但如果那些出身被壓迫族群的哲學家也開始討論這類濫用，我們就得注意了。前者只是在描述他們眼中無法動搖的政治現實時，刻意避開規範性語彙；後者卻顯然是用規範性的語彙來批判現實。德拉尼、杜博依斯、Ｃ‧Ｌ‧Ｒ‧詹姆斯（C.L.R. James）⁵、米爾斯

---

4　譯注：歐威爾主義（Orwellism）引申自喬治‧歐威爾的著作《一九八四》，指的是政府透過宣傳、監視或假資訊，操縱並洗腦人民，進而破壞自由社會的作為。

這些人，不可能支持菁英濫用自由民主的語彙去集中權力。他們顯然是在要求哲學重視這種壓迫，而非用哲學去幫壓迫的機制背書。這種要求與理想理論並不衝突，只是要求規範性政治哲學改變架構，把社會理論看得同等重要而已。也正因如此，許多出身被壓迫族群的政治哲學家都說自己是在做「社會與政治哲學」，出身既得利益族群的哲學家則常說自己做的是「政治哲學」。

傳統上，哲學的任務有兩種：**呈現真實**，以及**解釋我們為何會陷入幻象而看不見真實**。照此說來，規範性政治哲學最核心的任務，就是捍衛那些經常被政治幻象所掩蓋的理念，以及解釋政治幻象到底是怎麼回事。可惜，規範性政治哲學沒有把政治幻象跟政治理念看得同等重要，因此讓人可以合理地懷疑說，規範性政治哲學的實踐過程，會不會就是產生政治幻象的部分成因。也就是說，它造成一種幻覺，讓被影響的人以為世上沒有幻覺。

柏拉圖在《理想國》中明確指出，哲學的任務之一就是擺脫幻象。他認為民主城邦的隱憂，就是大部分人都不是哲學家，而且困在哲學家已經掙脫的幻象之中。民主賦予的自由，會讓暴君利用幻象去控制群眾。民主制「過於自由」，「似乎必然讓人民淪為奴隸」。[6]

柏拉圖和第三帝國的宣傳部長約瑟夫・戈培爾（Joseph Goebbels）都是民主之敵，不過柏拉圖反對民主，就是因為擔心民主會被戈培爾這種人利用。柏拉圖認為的民主，與催生出納

---

5　譯注：C・L・R・詹姆斯（1901至1989年），千里達及托巴哥歷史學家，其出版於一九三八年、描寫海地革命的著作《黑色雅各賓派人》（*The Black Jacobins*）對後殖民研究影響甚深。

粹黨的威瑪共和那種民主當然有許多不同，但我們還是可以說，柏拉圖確實是在提醒我們宣傳有多麼可怕。民主保障的自由很容易讓人煽動群眾，集中權力，因而終結民主。在民主制度中，一個「高高在上的暴君」把自己包裝成人民的保護者、藉而成功奪權的風險實在太高了。這是宣傳對民主的經典威脅。民主讓每個人自己統治自己，照理來說要盡可能保障自由。它不可以限制言論，尤其不可以限制公開的政治言論。但毫無限制的宣傳，卻會嚴重威脅民主。

盧梭在《社會契約論》第一卷中提出一個問題：「人們能不能用某種方法團結起來，用集體的力量去捍衛每一個成員的生命與財產，並且讓每個成員既成為群體的一員，又依自己的意志行事，像加入群體之前一樣自由？」盧梭認為這種方法就是**社會契約**。公民社會的成員之間有一種默契，用同樣的規則規範每個人，「讓每個人承受相同的負擔」，藉此產生一個「道德集合體」（collective moral body），也就是盧梭所謂的**主權權力**（Sovereign Power）。擁有主權權力的國家「完全由參與其中的個人構成」，因此「國家的利益不可能牴觸成員的利益，而且根本就不可能會有前者這種利益」。[⑦]

盧梭把人在自然狀態下擁有的自由稱為天賦自由（natural liberty）。在天賦自由的狀態下，每個人都「有權毫無限制地拿任何想拿的東西，做任何想做的事」。盧梭要回答的問題，則是人們失去天賦自由之後，如何在公民社會中保持自由。[⑧]盧梭的解方是激發出一種獨特的自由；他認為天賦自由往往被「純粹的欲望」所驅動，因而不是真正的自由。他將真正的自由稱之公民自由（civil liberty），是人在成為主權國家的公民之後獲得的。盧梭

認為，真正的自由是經由公民集會的審議，讓每個人「服從自己制定的規則」；是接受大多數人在完全自由，也就是政治上完全平等的狀態下做出的決定。

公民集會的目的，是讓每個公民決定主權國家的政策。每個公民「都有投票決定國家的每項行為的基本權利，而且都有權表達意見、提供建議、提出異議、進行討論。這種權利無論如何都不能被剝奪，而且不能像許多國家那樣，煞費苦心地只讓統治成員去做後面那些事」。[9]至於審議的方法，盧梭認為「單純正直的人很難受騙上當」。[10]但盧梭也知道主權國家得面對一些風險：「如果議而不決，如果成員分裂，如果有人提高聲量試圖蓋過其他人，私人利益就可能在未來崛起，國家就可能在未來衰敗。」[11]國家衰敗的跡象，就是「人民在恐嚇或奉承的影響下，開始用高聲喝采來取代投票，開始用崇拜或咒罵來取代審議」。[12]

人民要想自己統治自己，就必須和其他成員一起進行真正的審議。強迫別人投票支持你，並不算是審議。但盧梭所謂的「恐嚇或奉承的影響」，並不是指有人強迫他人支持自己，而是指每個成員乍看之下都出於自己的意志投票，實際上卻並非如此。有些時候人民會用「高聲喝采來取代投票」，盧梭將這種狀況稱為「欺騙」。而對人民進行「恐嚇或奉承」的惑眾妖言式宣傳，就會讓人用高聲喝采來取代投票。這是一則說明宣傳如何威脅民主的經典描述。[6]

---

6　原注：莎朗・克勞斯（Sharon Krause）的說法也許就有點像這樣。她經常把「形成意志」（will formation）的審議和「形成意見」（opinion formation）的審議拿來對比，並主張只有前者才真正能讓政策具備民主正當性。見Krause, *Civil Passion*。

哲學家史蒂芬・達爾沃（Stephen Darwall）提出一種看待尊重的方式，他稱為承認尊重（recognition respect）。承認尊重可以分為兩種，第一種是尊重其他人與自己平等，有權「主張並要求」獲得與自己相同的對待。這表示你尊重其他同胞的尊嚴，認為每個人的觀點應該獲得同等的重視。[7]第二種承認尊重則稱為評價尊重（honor respect），源自你「認可或敬重」某人擁有「原則上不是每個人都拿得到的特定社會角色、社會地位、社會狀態」。[13]評價尊重是君主政體的統治原理，它讓人產生一套態度去服從權威。相較之下，第一種尊重則「平等地對待每個人，不因地位或社會狀態而有差異」，是實現真正民主審議的基礎。[14]我說的**政治平等**就是這種尊重。盧梭認為，投票一旦變成了「喝采」，民主就會淪為君主制或威權。他認為柏拉圖《理想國》第八卷中民主制墮落為僭主制的過程就是這樣。

　　盧梭認為，自由是「遵守自己訂定的規則」。經常有人批評盧梭沒有騰出空間去保障個人自由，因此也有人說他在捍衛一種允許專制的制度。啟蒙時期的法國政治哲學家班雅明・康斯坦（Benjamin Constant）就說，盧梭忘了「公民擁有獨立於一切政治與社會權威的個人權利，這些權利包括個人自由、宗教自由、意見自由（包含公開表達意見的自由）、擁有財產的自由，以及

---

7　原注：至少從西塞羅（Cicero）開始，就有人注意到對話者必須平等尊重，否則就變成只是一方在演講。這正是他《論責任》（*On Duties*）第一卷第三十七與三十八章的主題。他在三十八章中寫道：「此外也必須特別注意，要尊敬並尊重與我們對話的人。」

不受任何專斷權力支配的自由。一切侵犯這類權利的權威都不正當」。⑮

　　如果你對自由的概念是來自盧梭，通常你會願意用法律去對抗宣傳，畢竟盧梭沒有直接把毫無限制的言論自由視為自由的核心。但如果我們把盧梭的自由概念換成**防止被別人專斷支配**，我們就有了另一個基礎去討論要不要讓人濫用宣傳。[8]我們可以用**消極自由**的概念去限制某些言論，而正如洪斯比與藍騰所言，某些類型的言論會壓制其他人的自由發言。為了保障大家的消極自由，讓大家擁有**個人自由**，可以說出自己想說的話，我們必須限制這些壓制性言論。這類言論會限制我們的言論自由，這也正是為什麼像是美國和加拿大這些比較接近自由民主的國家，公共領域的仇恨言論會遠遠少於匈牙利這類不那麼自由民主的國家。之後我們會看到，壓制性言論都具有宣傳的特質，如果要限制這類言論，就需要徹底討論宣傳的本質。這正是本書的目的。

　　一九五四年九月十二日，馬丁・路德・金恩牧師（Martin Luther King）在德克斯特大道浸信會教堂（Dexter Avenue Church）對信眾宣講〈宣傳基督教〉（Propagandizing Christianity）：

> 對一般人來說，「宣傳」這個詞帶著邪惡與惡意，是煽動者用來傳播邪惡意識形態的方法。由於極權國家的宣傳發展得相當成熟，我們很容易譴責宣傳，把它當成不該去做的事。

---

8　原註：亞歷山大・米克爾約翰（Alexander Meiklejohn）在《政治自由》（*Political Freedom*）中解釋言論自由的概念時，巧妙而深刻地探討了這種說法能不能成立。參見Scanlon, "Freedom of Expression and Categories of Expression"。

但宣傳本身未必是邪惡的，它也可以用來做神聖的事情。別忘了，這個詞源自天主教會。[16]

　　金恩在這裡遵循了政治哲學長久以來的一種傳統，也就是把「宣傳」視為奉行自由民主理念的國家在特定條件下可以接受的事物。杜博依斯在一九二六年的〈黑人藝術的判準〉（Criteria of Negro Art）中，呼籲非裔美國人藝術家去做他所謂的「宣傳」，也就是以情感訴求獲得白人的尊重、同理、理解。杜博依斯口中的「宣傳」顯然是中性而非貶意的，而且他希望宣傳成為解放黑人的武器。這種追求平等的宣傳並不是為了讓受眾了解事實，但我們似乎還是可以接受，有時候它甚至是在自由民主國家中實現平等的必要手段。討論宣傳之所以相當困難，不只是因為必須描述它的本質與效果，也是因為必須說明它什麼時候會削弱自由平等，什麼時候鞏固自由平等。

　　「宣傳」（propaganda）這個詞在當代的英語世界顯然帶有貶意，在二十世紀初的美國作品中卻沒有。這樣的轉變無疑有歷史原因。我們可以想像，其他語言中相當於「propaganda」的詞由於產生了妨礙民主的效果，而讓那些詞與英語的「propaganda」都染上了貶意。我之後也會提到，無論目的為何，凡是在自由民主國家進行宣傳，乍看之下就會有點道德問題。但儘管如此，某些類型的宣傳在道德上與政治上的問題還是特別嚴重，本書把這類無論怎麼看都很壞的宣傳稱為「惑眾妖言」（demagoguery）。

　　規範性的政治哲學研究的是理想的民主實踐。某些版本的民主制度把對於政策的公共辯論當成核心，因此認同這類概念的人，都同意描述理想的民主實踐就是在描述理想的公共討論。可

惜，宣傳的許多特質都會妨礙民主實踐，但人們在描述理想的民主實踐時卻不會描述到宣傳的特質。宣傳的問題因此超出了規範性政治哲學的任務範圍。

第二章

# 宣傳的定義

　　一九七五年，米歇爾・克羅齊耶（Michel Crozier）、塞繆爾・杭廷頓（Samuel P. Huntington）、綿貫讓治這三位相關領域「專家」，寫了一本關於民主制度治理能力的報告給三邊委員會（Trilateral Commission）[1]，題目（當然是）《民主的危機》（*The Crisis of Democracy*）。[①]克羅齊耶是法國國家科學研究中心（CNRS）的社會學教授與研究主任；杭廷頓是哈佛大學政治系教授；綿貫讓治則是東京上智大學的社會學教授。克羅齊耶在報告中說，歐洲的教師「比其他知識分子更直接面對那些擾亂傳統社

---

1　譯注：三邊委員會於一九七三年成立，為一國際性的非政府組織，成員為學者及政經領袖，組織宗旨在於促進世界各地實質性的經濟與政治對話。

會控制模式的人際關係革命」。他警告「文化的漂移使社會失去了必要的道德指引」，導致「社會、政治、文化規範的傳播因而受到嚴重干擾」。[2]

杭廷頓在該報告中用「民主的活力」來對比「民主的治理能力」，質疑「六〇年代的民主浪潮」是否「把方向帶得太偏」。[2]他擔心「民主浪潮」可能會「削弱權威性」，因而引發許多問題，譬如讓「沒有專業知識」的大學生來參與學校的決策。[3]杭廷頓認為，要有效地領導民主國家，人民就得適當地服從權威，但民主言論過剩，人民就不願服從權威。[3]他擔心全國性媒體的力量日益增長，以及這些媒體不斷挑戰政治權威，可能會造成問題。[4]他主張美國在一九七〇年代的問題就是「太過民主」造成的，並建議「用專業知識、資歷、經驗、特殊才能」來「取代民主主張，藉此建立權威性」。[4]

杭廷頓建議美國，試著重新讓人民在某種程度上服從權威，把那些應該用民主方式治理的領域變成專家的領域，讓民眾覺得自己沒有資格替自己的生活做出最重要的決定。杭廷頓建議那些處境特別不利的群體去服從權威，讓他們在那些自稱為「專家」的人面前，覺得自己沒有資格用民主的方式決定自己的人生。他建議讓人民把「專家」當成知識權威（epistemic authority），藉此

---

2　原注：見《民主的危機》（*The Crisis of Democracy*），p. 34。此外，克羅齊耶認為自由民主的基本準則可能會威脅「基督教精神」（見p. 47）。

3　原注：杭廷頓沒注意到，服從權威其實是君主制或獨裁制的政治理念。

4　原注：見《民主的危機》（*The Crisis of Democracy*），p. 113。此外，杭廷頓還擔心「像黑人這些邊緣族群，如今逐漸全面進入政治」，可能會讓「政治體系超載」（見p. 114）。

服從於實踐權威（practical authority）。杭廷頓處理一九六〇年代「太過民主」的方法，是把科學知識當成政治工具，利用人們對知識與專家威望的遵從來控制人民。這種做法是在混淆知識權威與實踐權威，是試圖在民主的自主決策中，利用知識權威來獲取實踐權威。這會讓人民不再景仰知識，不再信任那些自稱為「科學專家」的人，即使他們提醒大家要打疫苗，要阻止氣候變遷，人民也不聽。本章的目標，就是解釋言論什麼時候會帶有上述這些或類似的宣傳性質。

————

　　在這一章，我將描述宣傳的特徵。由於每一種政治體系都可能出現政治宣傳，我將只描述宣傳的普遍特徵，藉此捕捉各種政治體系中政治宣傳的共通特質。本章的核心，是要駁斥兩種關於宣傳的本質、但卻似是而非的說法。第一種主張認為，宣傳所說的東西一定是假的。第二種主張則認為，宣傳一定是違心之論。

　　本書將反駁這兩種主張。要說起來，即使是我稱之為**惑眾妖言**的那種宣傳，內容依然可能是真的，而且說話者依然可能出自本意。本章將開始論證反駁「宣傳所說之事一定為假」這種主張，然後在第四章完成該論證。同時，我也會在本章提出完整的論證去反駁「宣傳必然是違心之論」這種主張，證明宣傳者可能完全出自本意。人們之所以可以真心誠意地說出宣傳，甚至說出惑眾妖言，是因為宣傳與有問題的意識形態有關，而只要我們繼續相信「宣傳都是違心之論」，就無法完整說明這兩者之間的關係。而且，由於**宣傳**與**意識形態**緊密相關，要判斷某段政治言論

是不是宣傳經常會碰到困難。凡是指控某段言論是宣傳或者是惑眾妖言，都必然涉及政治。我會在本章結尾說明這種結論是怎麼來的。

把「惑眾妖言」跟試圖蠱惑人心的「人」區分開來，會讓討論更清楚。那些喜歡煽動群眾的政客特別喜歡使用某種宣傳，也就是惑眾妖言。這種煽動型政客就是柏拉圖在《理想國》第八卷最後提到的暴君，他們會在人民心中散播恐懼，然後以「人民的守護者」之姿出現，⑤藉此剝削人民。也許所謂的煽動型政客的確像柏拉圖說的那樣，是嘴巴說一套、心裡想另一套，以違心之論式的宣傳來蠱惑民眾的人。但本書對這個問題沒有興趣；煽動型政客對自由民主的威脅，不需要用一整本書的篇幅去談。本書要討論的威脅並非煽動型政客本身，而是**惑眾妖言式的宣傳**，那才是這些人在自由民主國家中奪取並維持權力的**方法**。

關於宣傳的特質，有兩種似是而非的說法。第一種說法認為宣傳所說的東西一定為假，我稱之為**所言為假論**（the falsity condition）。第二種則認為宣傳一定是違心之論，我稱之為**言不由衷論**（the insincerity condition）。在辯護我認為宣傳所具備的特質之前，我會先反駁這兩種似是而非的主張，說明為什麼即使是發自內心所說出來的真話，依然可能是宣傳，甚至可能是惑眾妖言。

我先來簡單說一下「所言為假論」的問題，相關論證細節就留待第四章再說。有很多惑眾妖言，其內容本身都顯然為真。譬如，假設某位非穆斯林的政客對美國民眾說「我們當中有穆斯林」，這句話本身當然為真，畢竟美國有很多人是穆斯林。但這句話同時也是一種警告；演講者讓聽眾注意到穆斯林的存在，藉

此散播對穆斯林的恐懼。這個例子告訴我們，內容為真的敘述可能也是惑眾妖言。

　　一定會有人說我太快跳到結論了。譬如可能會有人說，「我們當中有穆斯林」這句話在**字面上**是事實。但這句話之所以是宣傳，就是因為它背後要傳達的訊息是假的。它要傳達的是，穆斯林注定會對其他人帶來危險，而這個訊息是假的，所以「我們當中有穆斯林」就是一句宣傳。「所言為假論」的正確解釋應該是，因為某句話用直接或間接的方式**傳達**錯誤的訊息，所以它是一句宣傳。

　　這邊有兩點要釐清，本書之後也會在其他地方分別進一步闡述。首先，我會舉一些宣傳言論當反例，這些言論的字面都為真，而且都沒有間接傳達假的資訊，但都在**誤導**聽眾。有些時候，說話的人可以說出完全為真的命題，並利用聽眾本身相信的假信念來傳達自己想要的目標。[5]這種時候，宣傳的確利用了假的命題，但它既沒有直接也沒有間接說出假的命題。我認為一則言論是不是宣傳，取決於該言論的效力是否仰賴有問題的意識形態，但這並不代表宣傳一定會直接或間接地傳播有問題的意識形態信念。[6]其次，之後的章節將進一步解釋，我們可以用一種非常自然的方式去思考宣傳的效果：宣傳可以用**字面上**為真的言論去**激發**聽眾的情緒。如果你同意情緒沒有真假值可言，你就得同意宣傳所說之事未必為假。「我們當中有穆斯林」這句話就是個好例子，它試圖引發聽眾對穆斯林的恐懼。[7]最後，除了宣傳之外，

---

5　原注：第三章的開頭會提到，柏南奇使用「財政懸崖」這個詞的方式就是這樣。

還有很多種言論都會間接、甚至直接傳達假的資訊，因此「所言為假論」並沒有真正說出宣傳的關鍵特質為何。

接下來，我們來談談「言不由衷論」。我們必須知道說話者有時候真的會相信自己說出的宣傳，才能了解宣傳與意識形態的關係。

克蘭普勒說，很多德國老百姓一開始都認為，希特勒把猶太人當成人民之敵的言論，只不過是譁眾取寵的**無害**宣傳手段。譬如，有一名在他家住了多年，和他交上朋友的年輕學生，就是這樣愛上納粹黨的：

> 我開始認真懷疑他的常識是不是又少又淺薄。為了激發他的思考，我換了一種問法。「你在我家住了這麼多年，對我的想法都很熟悉，還常說經常從我們這邊學到東西，說你的道德觀跟我們一樣。這樣的你，怎麼會去支持一個要剝奪我所有權利，甚至不把我當人看的政黨？」但他卻說：「唉呦，老爹你太認真了。那些猶太人什麼的鬼扯都只是宣傳手法而已啦！你等著看，等到希特勒掌權了，他就沒空去侮辱猶太

---

6　原注：也許有人會認為這還不足以完全推翻「所言為假論」的精神。哲學家珍妮佛・索爾（Jennifer Saul）最近就提出一個很有力的論證，說明誤導的道德問題起碼跟說謊一樣嚴重。見Saul, *Lying, Misleading, and What Is Said*, chap.4。也許有人會認為，惑眾妖言的內容未必要為假，但只要是刻意誤導的言論就算是宣傳。但這其實只是在把「所言為假論」的條件換成類似「言不由衷論」的東西，而本章之後會反駁「言不由衷論」。

7　原注：參見第四章提到的「宣傳的表達論」。

人了。」⑥

　　這位支持納粹黨的年輕學生捍衛己見的理由是，希特勒對猶太人的各種惡意抹黑「都只是宣傳手法而已」。克蘭普勒發現，希特勒描述猶太人的方式一直都只有兩種，一種是透過「鄙視的訕笑」，一種則是把他們講成「恐怖的怪物」。⑦第一種方式把猶太人說成比人類更低劣的生物（譬如「腐屍上的蛆」），第二種則把猶太人說成威脅安全與穩定的大魔王。在這位年輕學生眼中，這些抹黑都只是為了騙選票的「宣傳手法」，也就是說所謂的「宣傳」，或至少我們想討論的那種宣傳，在他眼中都只是「利益團體為了欺騙民眾而使出的伎倆」。⑧如此一來，無論是特定意義還是一般意義下的宣傳，都一定是違心之論。當希特勒宣傳猶太人是「腐屍上的蛆」，就表示希特勒其實內心相信這是個爛類比，說出來只是為了騙人。

　　我們當然可以用一些經典的反例，證明有些時候宣傳者真的相信自己所說的宣傳。但更重要的是，我們必須直接點出「言不由衷論」的錯誤，藉此更了解宣傳的本質。凡是試圖描述宣傳的人，都得解釋意識形態與宣傳之間的重要關係究竟為何。而這兩者之間最表層的關係就是，人們一旦相信有問題的意識形態，就經常會在宣傳中表達出那種意識形態。許多經典的惑眾妖言或意象都符合這種描述，反而不像「言不由衷論」說的那樣，認為發言者一定不會相信宣傳的內容。這表示「言不由衷論」並沒有注意到意識形態與宣傳之間的深層關聯。

　　我們先來看看某些經典的宣傳案例如何違反「言不由衷論」。克萊普勒指出，希特勒蠱惑人民的反猶言論就不符合這種

定義：

> 希特勒的反猶言論不僅符合他那與生俱來的思維所產生的原
> 始情緒，元首似乎也打從一開始就花了很大功夫，用乍看之
> 下與這種思維模式反差很大，卻經常可以相輔相成的方式去
> 設計陰謀詭計。他很清楚只有那些思維模式跟他一樣的人才
> 會對他忠心不二，為了讓這些人繼續保持這樣的思維模式，
> 就得培養、合理化、美化他們對猶太人的本能仇恨。於是他
> 在過程中，利用了這個民族在文化思維上的弱點。[9]

　　簡單來說，希特勒是反猶主義者，他真的相信自己的那些反
猶抹黑字字屬實。當然，這不表示希特勒照字面意思相信猶太人
是「腐屍裡的蛆」，這只是一種譬喻，用來述說猶太人對公共健
康造成致命威脅。要判斷希特勒是否心口如一，得去看他認為自
己使用的譬喻恰不恰當。而既然希特勒的確完全相信猶太人對公
共健康造成致命威脅，他顯然相信這種譬喻恰當。此外，他不僅
知道反猶言論可以讓他吸到票，也同時刻意根據許多他提出的反
猶言論去制定政治訴求。希特勒的反猶言論都是宣傳的典型範
例，而我們應該搞清楚這些言論各自屬於哪種宣傳。我們可以合
理判定，克萊普勒的著作主要討論的對象就是宣傳，這也就是為
什麼他認為宣傳未必都是違心之論。希特勒既想用抹黑猶太人的
譬喻拉票，也真心地相信那些譬喻。
　　我們除了可以舉出許多經典例子，證明宣傳者有時候真心相
信自己說出的宣傳，還可以提出理論來解釋為什麼很多經典的宣
傳言論都出自真心。這會涉及到宣傳與**意識形態**之間的關係，而

「言不由衷論」的最大錯誤就是忽視了這種關係。有問題的意識形態通常會讓人真心誠意地相信錯誤的信念，並因為錯誤的信念而無法理性評估相關政策。麥可·羅森（Michael Rosen）在討論大衛·休謨（David Hume）關於非理性信念的論述時就指出，有問題的意識形態會讓人「不願意根據理性去修正當下的判斷」。[⑩]許多經典的惑眾妖言，都是人們因為有問題的意識形態而相信了假的信念之後，真心誠意地說出來的。譬如納粹的大部分宣傳應該就都是這樣。我在本書中主張，只要想描述宣傳是什麼，就得解釋宣傳與意識形態之間的關係。

許多宣傳，甚至是那些最具宣傳特質的言論，都是由相信有問題的意識形態的人說出來的。「言不由衷論」無法解釋這個現象，所以它錯了。所有看待宣傳的方式，都得解釋為什麼人們一旦相信了有問題的意識形態，就容易去傳播宣傳；但「言不由衷論」會讓我們無法解釋這件事，因此我們不可以接受「言不由衷論」。[8]

————

克蘭普勒對第三帝國樣貌的描寫，揭露出極權主義社會獨有

---

8　原注：無論脈絡為何，發言者的真誠程度經常都與宣傳的效力無關。克蘭普勒在著名的日記中引用了一位朋友的話說，即使納粹政府知道打仗並不會直接讓它獲利，「也已經散播了太多民族主義言論。如今它騎虎難下，**非得做點什麼不可。**」即使我們只把刻意欺騙的言論叫做宣傳，成功的宣傳依然會讓人們找到理由支持它呼籲的行動，這跟宣傳是否言不由衷無關。

的宣傳的危險。由於極權主義社會的政府都有宣傳部門，人民很容易不把宣傳當一回事。但宣傳有可能出自真心，所以當社會**不認為宣傳危險**，宣傳就變得更危險。宣傳在民主社會造成的危險則完全不同。那些自恃自由民主的國家，都用宣傳的方式自稱該國不允許宣傳活動。因此在這些自由民主的國家，人們看到宣傳時也**未必認得出來**。當某些實際上就是宣傳的言論變成了惑眾妖言，它想達成的訴求就會流失一部分民主正當性。[9]

在極權國家，認出哪些東西是宣傳非常簡單。凡是宣傳部所說的就是宣傳，人們只需要思考哪些宣傳必須認真看待。[10]只有在自由民主社會中，人們才會把新聞媒體報出來的東西信以為真。因此民主社會要面對的問題是，有哪些表面上並非宣傳的東西其實就是宣傳。

我在前文列出了幾個宣傳的案例，也初步列出了宣傳所具備的幾項特徵。這些說明告訴我們，那些惑眾妖言無論是有意還是無意，都會利用有問題的意識形態，去阻斷人們的理性討論。在許多經典的案例中，這些言論都用有問題的意識形態去壓制人們的情感。但除此之外，我們還可以深入討論哪些屬性會讓言論成

---

9　原註：「那些官僚體系掌握了權力槓桿的國家，可以完全控制媒體，而且經常會對媒體進行審查，藉此把媒體變成當權菁英的傳聲筒。只要沒有正式審查制度，要把私人媒體變成傳聲筒就困難很多。尤其是在媒體彼此激烈競爭、不斷踢爆企業與政府的不當行為、大力宣稱自己捍衛言論自由與公共利益時，更是困難。」見Chomsky and Herman, *Manufacturing Consent*, p. 1。

10　原註：同事丹・葛里科（Dan Greco）提醒我，極權社會裡的宣傳就像民主社會裡的廣告一樣，人們不會認真看待。但廣告是有效的，即使我們不認真看它，它還是影響了我們。

為宣傳，哪些機制又會讓宣傳達成效果。本章接下來的部分正是為此而寫。

我們很容易把許多資訊的呈現方式本身當成宣傳。但我要討論的重點只有那些**主張**、**論證**，以及具有主張或論證效果的呈現方式。譬如把海珊畫成犯了錯需要打屁股的小男孩，就是用宣傳的方式產生論證效果，去主張美國應該入侵伊拉克。我的任務，是去解釋哪些論證透過宣傳的方式去支持訴求或理論。解釋的過程中一定會討論到資訊的呈現方式，但我只會去討論那些以宣傳的方式產生論證效果的案例。

著名記者沃特·李普曼（Walter Lippmann）在《幻影公眾》（*The Phantom Public*）裡寫道：

> 群眾人數一多，意見就幾乎注定變得模糊不清、一團混亂，只有在拆解、分析、壓縮、統合各種意見之後，人們才知道要怎麼行動。許多社會哲學家都被黑格爾誤導，以為把眾人的願望集結為普遍意志（general will）的過程神秘難解，但它其實是一種領導者、政治人物、指導委員會都懂的技藝。它的核心就是讓那些承載情緒的符號脫離原本的理念，然後拿來操弄。[11]

克蘭普勒在《第三帝國的語言》中說，納粹「用促發行動的意志，去支配所有詞彙」，[12]而確實「第三帝國所有修辭背後的原理都是要人採取行動」。[13]它希望人民不要思考太久，而是直接訴諸行動。

宣傳未必是利用情緒去終結理性討論，畢竟很多時候情緒其

實都以理性為基礎。真要說起來，宣傳其實是用「脫離原本理念的情緒」來終結理性討論。這些反思兩次世界大戰中各種經典宣傳案例的文獻告訴我們，宣傳其實是用繞過理性意志（rational will）的方式讓人們不再討論。它引發強烈的激情，讓整個國家即使在證據不足的情況下，也像單一個體那樣付諸行動。所有的宣傳都用這種方法團結人民，它**操弄理性意志，讓人民不再討論**。[11]我認為這就是**古典意義下的宣傳**。

說謊也會背叛理性意志，但方法和宣傳不同。人在說謊的時候，至少得提出偽證；宣傳則是根本連舉證都不舉證。它試圖讓每個人都不去使用理性意志，然後在這種狀態下統合我們的意見。它繞過了所有的自主決策。

宣傳的古典概念有另一種更細緻的版本稱為**偏見言論**（biased speech），引發諾姆·喬姆斯基（Noam Chomsky）著書論述的就是這種宣傳。[14]這種版本認為，宣傳言論讓人不理性地無視一些應該思考的選項。它與宣傳的古典概念有關，但未必要求受眾立刻採取行動，行動可以是屢次宣傳之後的結果。我稱這種版本為把**宣傳當成偏見言論**。

我並不反對前述這兩種版本，也許我自己的版本就是它們的

---

11 原注：藍道·馬林（Randal Marlin）的看法和李普曼與克蘭普勒類似。參見Marlin, *Propaganda and the Ethics of Persuasion*, p. 22。他認為宣傳的定義是：一種試圖以有組織的溝通方式，影響大量受眾的信念、行動、態度，藉而妨礙受眾在充分知情、理性、深思熟慮下做出判斷。雪柔·塔特·羅斯（Sheryl Tuttle Ross）在"Understanding Propaganda: The Epistemic Merit Model and Its Application to Art"一文中則提出了一種新觀點，她認為宣傳必須是為了特定目的而刻意放出的，但內容可以是真的。

變體。但這兩種版本無法幫助我們解釋宣傳的吸引力，也無法解釋宣傳與意識形態之間的關係。接下來，我將宣傳分為兩種類型，但不會去處理它們的本質與前述兩種概念之間的關係。

本書的重點在於自由民主國家，而不是克蘭普勒討論的極端威權國家，也不是激發李普曼寫書的一戰時期那些不夠民主的歷史過往。威權國家就像克蘭普勒說的那樣，會毫不掩飾地散播宣傳。自由民主國家表面上則沒有宣傳，政客和電視節目主持人即使公然散播宣傳，也不承認那是宣傳。在自由民主國家，宣傳通常都戴著面具出現。

假設我們所在的國家表面上宣稱自己遵循自由民主的理念，實際上卻相去甚遠好了。譬如我們的公民似乎並沒有彼此平等相待，沒有平等對話或以平等的方式自由進行市場貿易。想在這種情況下保持國家穩定，防止公民引發異議，就得設法掩蓋民主理念與不民主現實之間的落差。譬如用「自由民主」四個字，去指稱一個容忍大規模政治不平等的政治制度（某些人認為把新自由主義〔neoliberalism〕當成一種自由主義就是在做這件事）。這種脈絡下的宣傳比專制環境更複雜，因為自由主義的概念本身變成了宣傳工具。

施密特在一九二七年就說：「所有的政治概念、形象、術語都帶有論戰意義。它們都著重某個具體的衝突，發生在某種具體的處境之下，最後讓人們分成敵我兩邊，爆發戰爭或革命。適用的處境一旦消失，它們就淪為抽象的幽靈。」施密特認為「法治國家」（constitutional state）、「經濟計畫」（economic planning）這類概念都只是為了掀起論戰而設計的，都只是為了用典型的宣傳語言讓人民起而行動。譬如，二〇〇三年以「伊拉克自由行

動」（Operation Iraqi Freedom）之名發動的伊拉克戰爭就是這樣。以施密特的角度來看，自由民主語彙就跟其他政治語言一樣，都是宣傳工具。

　　施密特認為，所有的政治語彙都是宣傳工具，都是要繞過理性意志去引發「戰爭或革命」。我們未必要接受這部分的觀點，但還是可以承認自由民主的語彙就像他說的那樣，**經常**被實際上離民主理念甚遠的國家當成宣傳工具。人們經常重新定義「民主」這個詞，把裡面的平等尊重換成市場效率，也經常把那些完全不是為了爭取自由而打的戰爭稱為「為自由而戰」。本書要討論的宣傳就是這種宣傳。有時候人們會用自由民主的語彙指涉真正的民主，有時候則會把它當成宣傳工具；我推測很多時候我們之所以看不見現實狀況與民主理念之間的落差，就是後者造成的。

　　古典的宣傳概念以及把宣傳當成偏見言論的概念，這兩者都過於粗糙，無法幫助我們了解究竟怎樣的行為是把政治語彙當成宣傳工具。本章一開始提到杭廷頓呼籲用「專業知識、資歷、經驗」來取代民主，即是我們用李普曼對宣傳的描述無法順利解釋的行為。杭廷頓呼籲把客觀的科學語言當成策略工具，尤其是呼籲某些人成為價值問題上的專家，並要人民把判斷交給那些所謂的專家。他用並不客觀的方法，使用那些誘人而美妙的客觀理念，反而可能會使人們不再相信客觀。我們需要用更精確的方式來描述宣傳，才能順利討論這類事情。

———

那些嚴重違反自由民主的國家，究竟如何把人從小一路騙到大，讓他們長大之後還以為自己的國家奉行自由民主理念？為了維持穩定，這些國家必須用自由民主的語彙，去掩蓋理念與現實之間的明顯落差。本書的關注重點就是這種宣傳。一旦成功宣傳本國有多麼民主，人民就可能看不見該國有很多地方並不民主。

可能會有人把這種宣傳稱為掩人耳目型的宣傳（masking propaganda），但除此之外，還有其他類型的宣傳。譬如讚揚雅利安人至上的那種宣傳，就不是我想討論的重點。不過，去思考究竟什麼是理念，可以讓我們知道最有趣、最重要、最常見的宣傳究竟是什麼，藉此獲得宣傳的基本概念。本書所談的宣傳，本質上就是利用**理念**，包括美學理念、健康理念、經濟理念、政治理念，來達成其他目的的行為。譬如，**廣告**就是一種利用美學理念或健康理念來販賣東西的典型宣傳。本書的重點是政治理念。我會用政治理念來討論宣傳究竟是什麼，不過請記住，其他領域的宣傳也具備相同的特質。

每一種政治制度都有自己的政治理念。譬如君主制重視服從權威，這個權威通常是國王、女王、法老等君主。至於自由民主制的政治理念，則正如之前所見，是自由和平等。

大多數研究政治宣傳的文獻，都著眼於它在**公共政治言論**（public political discourse）中的應用。不同的政治制度會決定什麼才算是公共政治言論。譬如君主制中的公共政治言論，就是國王、女王、法老發布的聲明。民主制的公共政治言論，則是議員在議會中（譬如美國的參議院與眾議院）的政策辯論攻防，以及他們在媒體上的政治辯論。我們最好把公共政治言論跟民眾在家中的言論分開來看。公共政治言論具有一定程度的官方色彩，而

且都是出現在正式的公共政治場合；至於怎樣的場合才算正式公共政治場合，則會因政治制度而有所不同。

接下來，我要說明各種不同的宣傳分別有何特徵。一開始我會把我認為的所有宣傳分成兩大類，這兩類在結構上彼此不同。我在本書想專心討論政治宣傳，所以之後只會處理這一類。

根據我的分析，政治宣傳的本質就是一種用政治、經濟、美學、理性理念來動員人民，達成政治目的的言論。宣傳必定會**促進**理念實現或者**妨礙**理念實現，而不同宣傳之間的第一項區別，就是它究竟是會促進，還是會妨礙它所呈現的理念。前者我稱為**強化型**宣傳，後者則稱為**顛覆型**宣傳。

> **強化型宣傳**（Supporting Propaganda）：以某種理念為號召，並且利用情緒或其他非理性方式，讓該理念更容易實現的公共言論。
>
> **顛覆型宣傳**（Undermining Propaganda）：以某種理念為號召，實際上的目的卻會妨礙該理念實現的公共言論。⑮

顛覆型宣傳的目標與它所聲稱的理念彼此矛盾。它高舉理念爭取人們支持，所呼籲的行動目標卻往往會妨礙理念實現。

接下來，我將暫時專注於討論怎樣的宣傳有助於落實（廣義的）**政治**理念，怎樣的宣傳則會妨礙政治理念。無論是有益的目標、中性的目標、還是有害的目標，都可以使用強化型宣傳。強化型宣傳的任務是協助落實政治理念，但不是藉由提出理由去支持那個政治理念的真實性或優點，而是藉由扔出強烈的情緒，譬如懷舊、感傷、恐懼，讓受眾無法負荷。這些情緒會讓受眾去注

意到支持那個理念的理由，然後用典型的理性方式去支持那個政治理念。不過康德提出了所謂的**理性意志**，也就是理性個體根據理性法則行事的能力。由於強化型宣傳並不是訴諸理性意志，如果某個完全訴諸理性意志的信念，承載了某個理念所要實現的目標，那麼那個目標就無法透過強化型宣傳來達成。[12]強化型宣傳只能讓受眾在情緒之中，忘記考慮某些原本會想到的可能性，集中精力下執行目標，推動某個他們原本就知道的政治理念。

我對顛覆型宣傳的定義要求非常嚴謹。顛覆型宣傳所呼籲的行動，必須與它拿來當號召的政治理念背道而馳。丹尼爾・帕南（Daniel Putnam）在私人通信中向我提出一種更廣義的宣傳定義：只要是利用政治理念來削弱同一政治體系中其他政治理念的言論，就算是宣傳。譬如在美國，**自由**是一種政治理念，**機會平等**也是一種政治理念。根據帕南的定義，那些守護自由，而且會降低機會平等的言論，譬如那些以減少窮人機會為代價，以守護經濟自由為由呼籲減稅的言論，可能就屬於宣傳。根據我的定義，這並不算是顛覆型宣傳。不過如果用下面這個更廣義的方式來定義顛覆型宣傳，那麼這種言論就算是顛覆型宣傳了：

**顛覆型宣傳**（定義2）：以某種政治理念為號召，實際上卻會讓該政治理念家族中的任何政治理念都更難實現的公共言論。

---

12 原注：「所謂的意志，是決定自己要根據某些規則的概念來做事的能力。」（Die Wille wird als ein Vermögen gedacht, der Vorstellung gewisser Gesetze gemä $\beta$ sich selbst zum Handeln zu bestimmen.）見Immanuel Kant, *Metaphysik der Sitten*, BA64。

我擔心後面這種定義可能會過於籠統。不同的政治理念的確時常彼此衝突，事實上很多人就認為自由與平等彼此衝突。我擔心帕南提出的定義，會把其實是政治理念彼此衝突的狀況，誤當成顛覆型宣傳。

在我的定義中，宣傳之所以為宣傳，是因為它帶有某些特定屬性，而且通常以語言或意象的形式出現。但平常我們也會說報紙和學校是**宣傳工具**，這種說法似乎把宣傳工具定義成：

**製造宣傳的工具**（Vehicle for the Production of Propaganda）：製造宣傳的場所或機制。

不過有時候，媒體與學校即使從來都沒製作過任何宣傳，依然是宣傳工具。譬如，它可以**隱瞞**某些原本應該提供的資訊，藉此達成宣傳效果。如果一個新聞機構說自己的任務是報導所有相關的政治決策，卻經常不報導某些政治決策新聞，直覺上它就是宣傳工具。如果一所學校說自己的任務是提供所有相關的重要資訊，讓學生成為有知識的公民，但卻經常對學生隱瞞某些重要資訊，那它就是宣傳工具。在自由民主國家中，應該有不少上述這種宣傳工具。因此清楚界定怎樣才算是這種宣傳工具，對本書的目標非常重要。

在討論自由民主國家的宣傳時，下面這種宣傳工具的定義也許更為有用：

**宣傳工具**（Vehicle of Propaganda）：聲稱自己服膺於某種政治理念，所作所為卻會妨礙該理念實現的機構。

在自由民主國家，學校的任務是讓學生成為有知識的公民，讓他們擁有參與政治討論的必要資訊。如果學校刻意隱瞞某些資訊，譬如不讓學生知道該國用系統性不正義的方式對待某些群體，那麼學生就會把不完整的資訊當成是完整的。因此，學校其實是破壞了讓學生成為有充分知識公民的理念。如果學校讓學生明明只知道一部分的資訊，卻相信自己知道所有資訊，那麼學校**即使從來沒有說過任何宣傳性言論**，它依然是宣傳工具。同理，如果電視台或報紙說自己要報導該國政治決策的所有相關新聞，卻刻意隱瞞與決策相關的某些重要資訊，那麼它即使從來沒有說過任何宣傳性言論，依然是宣傳工具。它阻礙了自己代表的政治理念，沒有向受眾傳達所有資訊。[13]

我已在前文描述了宣傳的兩種類型，以及機構成為宣傳工具的兩種方式。本書的主題是政治宣傳，所以只會討論那些利用政治理念，而非其他理念的宣傳。不過除此之外，許多形式的廣告顯然也都符合我在前述下的定義，因此都屬於宣傳。舉例來說，當廣告以健康為名銷售不健康的產品，或者用健康攀岩者的照片來宣傳不健康的飲料或食物，它就是在利用健康理念來促進一個顯而易見會阻礙健康的目標，而根據我的定義，這就屬於宣傳。很多廣告都符合這樣的敘述。

然而，也有很多廣告會試圖用某種理念，去銷售與該理念**完全無關**的目標。廣告通常都會用某種審美觀，去促銷某些與該審美觀實現與否完全無關的商品，譬如暗示購買某一種汽車會讓你

---

13 原注：感謝凱特·曼恩（Kate Manne）提醒我，不僅言論會產生宣傳效果，有時候沉默也會。

更有吸引力。如果我們知道，很多我們所謂的「廣告」擺明了都是宣傳，我們就依然值得把這種宣傳獨立分成一類：

廣告（Advertising）：以某種理念來吸引人，真正目的卻與該理念完全無關的公共言論。

商業廣告都會試圖讓你以為擁有廣告商品就會擁有吸引力，但其實兩者通常無關。有效的商業廣告都利用了有問題的意識形態，譬如把物質財富與美學價值連在一起。

———————

顛覆型宣傳會用某種政治理念，去傳播與其衝突的訊息，因而本質上就會妨礙該理念實現。接下來我要說，它會在這段過程中利用既有的**有問題意識形態信念**，甚至幫忙形塑那種信念。**這些有問題的意識形態信念，正是讓人看不出顛覆型宣傳自我矛盾的原因。**

有問題的意識形態信念之所以會讓人看不出顛覆型宣傳自我矛盾，是因為它豎立了認知障礙，讓你看不出宣傳的目標與它呈現的理念不符。譬如，它會讓你難以了解某些自由民主的概念究竟是什麼意思，而這些概念又會導出哪些結果。在討論意識形態的第五章與第六章中，我們將找出這種認知障礙的本質，並解釋它們為何難以克服。

**顛覆型宣傳比強化型宣傳複雜很多。**正因如此，如何判斷什麼時候可以在政治中接受顛覆型宣傳，是一個棘手而複雜的難

題。而且在評估什麼時候可以接受顛覆型宣傳時，還得同時考量許多其他因素。畢竟我們可以分別從道德與政治的角度，評估該不該接受某種**手段**。有時候，即使顛覆型宣傳可以傳遞有價值的資訊、達成有價值的目標，或者可以讓那些不應該實現的政治理念難以實現，這種手段也許在民主上還是無法被接受。

康德論述過：「說謊是最違背自身責任的行為。」[16]他用規範式的判斷主張，凡是說謊，就是在人際關係中傳播不實，即使是善意的謊言也依然是錯的。我之前曾說，宣傳者可能真心相信宣傳，而宣傳的內容也可能是真的。但只要宣傳試圖繞過他人的理性意志去完成目的，無論是否發自內心或內容是否為真，康德都會說它違反道德。根據康德的觀點，宣傳無論目的為何，在道德上都不可接受。康德的倫理學基礎無可否認地符合我們直覺上的道德判斷，宣傳無論目的為何，我們肯定都無法接受。對康德來說，理性意志是我們根據理性原則，獨立於外來力量判斷事物的最低門檻。但宣傳徹底違背了理性原則。所有的宣傳都在操控理性個體，讓人們在完全不使用理性意志的狀態下服務於宣傳目的，這是一種欺騙。[17]

我在這裡不預設康德的倫理學。但即使不去管宣傳在倫理上有沒有問題，我們也該擔心大部分使用顛覆型宣傳的論述在民主上可能都很有問題。

現在，我們來看一些強化型與顛覆型宣傳的例子。強化型宣傳很好找，譬如祭出國旗，或者利用人民對該國歷史的思古幽情來強化愛國情操，就是強化型宣傳。散布危言聳聽的威脅，引發人們對吸菸等行為的過度恐懼，進而增進人民的健康，也是強化型宣傳。此外，用某個群體過去犯下的錯誤，讓他們加強民族自

豪感與自我認同感也是。塞爾維亞前總統斯洛波丹・米洛塞維奇（Slobodan Milosevic）屢次利用塞爾維亞人在科索沃戰役（Battle of Kosovo）中無法成功抵禦鄂圖曼入侵一事，讓塞爾維亞人對過去的錯誤感到不滿，藉此強化人們的民族認同，就是一個例子。

我之前說，宣傳在民主上一定有問題。不過下一章會提到，有一種宣傳不但沒有任何問題，甚至還是必要的。因為當國家出現某類必須解決的不民主問題，只有這種宣傳可以處理。正確說來，這種宣傳本身並非民主審議的一部分。但除此之外，還有一些強化型宣傳在民主國家中也完全可以被接受；譬如，許多民主國家都會在香菸包裝上加註「吸菸會導致癌症」之類的恐怖警語，這類言論顯然是要用強大的情緒來落實某些理念，像是促進人民的健康。民主國家似乎都可以接受香菸包裝上的警語，卻不能接受米洛塞維奇的宣傳，這兩者之間究竟有何差異？

如果民主國家的公民沒有時間自己做研究，有時候衛生福利部就得去負責照顧公民的健康。因此在某種意義上，公民把提供健康資訊、提出相關警告的工作，全都委託給了衛福部。以香菸包裝上的警語為例，我們可以說這種時候是公民默許了衛福部去散播這種警告；但如果公民沒有默許，那麼香菸警語在民主上也會有問題。[14]

接下來，我們來看幾個顛覆型宣傳的簡單例子。第一個例子出自卡爾・哈特所討論的，二十世紀早期的種族歧視意識形態。當時常常有人認為黑人離不開古柯鹼，譬如一九一四年就有一位醫生在《紐約時報》上說黑人特別容易重回這種毒品的懷抱：

大部分的黑人（negro）都既窮、沒讀書、又遊手好閒……一

旦養成吸毒習慣就沒救了。想讓黑人遠離毒品就只能把他們關起來，但這也只是治標而已。他們一旦被放出來，就會再次回到毒品的懷抱。[18]

城市的富有菁英吸食古柯鹼，其他沒錢的人則只能吸食廉價古柯鹼。但在一九八〇與一九九〇年代的「反毒戰爭」（drug war）中，下城黑人吸廉價古柯鹼而被判刑的人數，明明高達富有白人因吸高純度古柯鹼而被判刑的一百倍，政客卻能成功地讓人們認為這是合理的，而且並沒有什麼好奇怪的。哈特用有力的論證指出，政客之所以可以在「反毒戰爭」中，讓人民相信這麼誇張的判刑人數差距與社會強調「法律與秩序」（law and order）的理念之間沒有矛盾，就是因為二十世紀早期那些有問題的意識形態，至今都默默讓人們覺得黑人特別容易吸毒，不會注意到這麼大的判刑人數差距顯然違反正義。這種宣傳宣稱自己要讓社會守法循序，卻讓人們接受了不正義的定罪結果，反而使守法循序的理念難以實現。

第二個例子來自詹姆斯・霍根（James Hoggan）的《掩蓋氣候真相》（*Climate Cover-Up*）。霍根在書中提到，美國石油協會

---

14 原注：馬帝亞斯・庫姆（Mattias Kumm）提出思考香菸包裝上的警告標語的另一種方式。抽菸的衝動通常來自上癮，而非理性意志。在菸盒上用恐怖的警語嚇人，也許是為了讓人們停下來想想自己的反射性壞習慣，然後自主做出決定。這種時候，香菸包裝上的警語就是利用引人不安的本能反應來幫助人審慎思考。而且無論如何，在我所描述的警語中，總會有一些是民主上可以接受的：當我們認為某些人值得信賴，實際上把自主權讓渡給他們來掌控，就並不違反民主。

（American Petroleum Institute）組了一個團隊推動〈全球氣候變遷溝通行動方案〉（Global Climate Change Communication Action Plan），而且「這份文件直接寫明自己的目的，就是藉由媒體傳播，讓民眾相信氣候變遷論述中有很多說法並不可靠」。[19]他指出，該團隊的創始成員之一史蒂芬‧米洛伊（Stephen Milloy）是《福斯新聞》（Fox News）裡的「垃圾科學專家」，「這個人一輩子都在搞公共關係與遊說。埃克森美孚（Exxon）、菲利普莫里斯（Philip Morris）、愛迪生電力協會（The Edison Electric Institute）、國際食品添加物委員會（International Food Additives Council）、孟山都（Monsanto）等公司都付過他錢，讓他把環保研究抹黑成帶有其他目的的『垃圾科學』」。[20]米洛伊要求科學必須保持客觀，但他的言論卻違反了這項理念，只有那些相信了企業贊助的氣候變遷否定論意識形態的人，才看不出來。[15]

第三個例子是中國文化大革命的標語：「毛主席的無產階級革命勝利萬歲！」這句話中有問題的地方在於「萬歲」。數千年來，這個詞在中國通常都出現在百姓對皇帝的呼號「吾皇萬歲萬歲萬萬歲」裡面，字面上的意思就是希望皇帝能一直統治下去。問題就出在這：君主制的政治理念是服從權威，「革命」卻是反對服從權威的。但這句話裡面的意識形態，會讓人民以為所謂的

---

15 原注：這類脈絡裡還有另一個例子。包含美國這類西方民主國家在內，許多政府都把宣傳當成政戰工具。他們放出的假訊息，譬如汙衊敵國領導人的資訊，經常被稱為「反宣傳」（counter-information）。但正如蘇珊‧斯特賓所言，「『反宣傳』這個詞本身就不合理。把已知為假的陳述稱為『反宣傳』，就是在用一層模仿理性言論的面紗，包裹那些違反理性言論標準的話語」。見 Stebbing, *Thinking to Some Purpose*, p. 63。

「革命」就是讓國家幫每個人做所有決定。一旦相信了這種有問題的意識形態，人民就看不出「革命」與服從權威根本水火不容。

第四個例子來自美國最高法院，它在二〇一〇年「聯合公民訴聯邦選舉委員會案」（Citizens United v. Federal Election Commission）中裁定，企業也擁有美國憲法中賦予公民的權利。最高法院的判決文，把言論自由等權利延伸到企業身上這件事，寫得像是《民權法案》（Civil Rights Act）把公民權利延伸到當時法律還沒認可的族群一樣，看起來就像是在宣揚民主精神。但「聯合公民」（Citizens United）這類組織的政治獻金本身，卻是對民主的威脅，一旦撤除組織資助候選人的金額上限，政府就會逐漸落入大金主的手中。㉑

第五個例子是美國的「成功神學」（the Prosperity Gospel），這是某些傳道者用電視來傳播的福音，它認為耶穌用施予財富來呈現祂的愛。接受基督會讓你獲得財富，想要發財就要信基督，錢越多表示信得越深。但耶穌早就盡力澄清過這種謬論，甚至在《馬太福音》中直接明文表示，福是賜在飢渴慕義的人以及為義受逼迫的人身上，而不是富人身上。只有那些相信了有問題的意識形態，把資本主義的唯物價值當成基督教教義的人，才看不出耶穌宣揚的學說跟發財是矛盾的。

第六個例子是納粹黨的官方言論，它們把猶太人說成對大眾健康的威脅，譬如希特勒說「猶太人是黑死病」的主張。這句話是公共健康警訊，而說這句話的人聲稱自己所言為真，希望凡是理性的人都認真思考猶太人有多危險。那些深陷反猶意識形態的人，會真心誠意地散播這類言論。但實際上，當時有很多德國人

都是猶太人。去傷害這群德國人，就違反了促進公共健康的理念，因此這類言論的目標，顯然與自己高舉的理念背道而馳。[22]

第七個例子來自杜博依斯在一九三五年出版的《美國的黑人重建》（*Black Reconstruction in America: 1860–1880*）。當時的主流看法，譬如「哥倫比亞學派」歷史學家約翰・伯吉斯（John Burgess）與威廉・鄧寧（William Dunning）都認為，美國內戰之後的重建之所以失敗，就是因為獲得自由的黑人無法好好自己治理自己。杜博依斯認為事實不然。他說戰後重建之所以失敗，其實是因為白人經濟菁英利用貧窮白人心中的種族歧視，去阻止他們和獲得自由的黑人攜手組織勞工運動，增進整個勞工階級的利益。但當時他的說法幾乎沒有人理會，大部分人都選擇了帶有明顯種族歧視的詮釋，經過了幾十年後，人們才終於承認杜博依斯的解釋才正確。杜博依斯在該書最後一章〈歷史中的宣傳〉指出，伯吉斯與鄧寧的詮釋傷害了歷史，扭曲了歷史應該準確地陳述真理的理念，使其淪為統治與權力的工具：

> 如果歷史必須講究科學，如果精確忠實的人類行為細節紀錄可以成為後人的量尺、成為國家的道標，那麼歷史的研究與詮釋方法就必須符合一定的道德標準。但如果我們是要把歷史當成自嗨的工具、當成國家自我吹捧的素材，讓歷史帶給我們虛幻的滿足感，我們就既不能用科學的方式研究歷史，也不能把科學的研究結果寫進歷史之中，而必須直接承認自己在使用某種版本的歷史事實，並讓我們的下一代長成我們想要的樣子。[23]

杜博依斯認為，伯吉斯與鄧寧，以至於整個白人對於美國戰後重建的歷史詮釋，全都是宣傳。因為這種論述號稱忠於歷史，卻違背了歷史應該符合科學記錄真實的理念，讓歷史去為強權與利益服務。

———

　　前述的七個例子都是負面的，但顛覆型宣傳未必只會傷害正面的理念，它有時候也會反過來傷害那些有問題的意識形態。杜博依斯在一九二六年的論文〈黑人藝術的判準〉中，呼籲黑人藝術家用宣傳的方式呈現出黑人的樣貌與價值。但他認為直接去描繪黑人的樣貌是沒有用的：

> 如果你把故事中的黑人寫得跟你認識或喜歡的黑人一樣，你的故事可能會被刊出，也可能不會，而且大部分的狀況都是「不會」。那些迎合白人讀者的白人出版商會說「這不好看啊」，然後就退稿了。是啊，白人讀者當然覺得不好看嘛，因為他們心中的黑人角色都像湯姆叔叔、托普西、善良「黑鬼」，或者小丑那樣。[24]

　　杜博依斯發現，他們不太可能直接讓白人喜歡上黑人的視角，而是必須用間接的方法引起白人的興趣，如此既能讓「白人」覺得很有趣，又能讓他們注意到黑人的視角與他們不同。這種方法就是顛覆型宣傳。
　　音樂學家英格麗・蒙森（Ingrid Monson）認為，爵士樂手

約翰・柯川（John Coltrane）版本的〈我的最愛〉（My Favorite Things）就是把白人的美學理念偷換成黑人視角與經驗的典型例子。這首歌出自一部非常具有白人色彩的影史名片《真善美》（ *The Sound of Music* ），後來成為著名的耶誕歌曲。[25]但到了柯川的手裡，這首歌卻變成：

> 柯川轉化〈我的最愛〉的方法，或者蓋茲（Gates）所謂該曲的曲調意涵，使這首曲子幾乎每個層次上的意義都被完全翻轉。它把表現的重點從歌詞轉移到間奏；把華爾滋的部分演奏出複節奏六拍的質地；並把原本文青式的樂觀抒情詩表現成一種深沉的即興探索。鑑於原曲是印在音樂行銷人向四重奏推銷演奏的樂譜上，柯川應該很清楚原本的歌詞有多「白」：穿著白色洋裝的白人女孩、落在睫毛上的雪花、銀白色的冬季、奶油色的小馬。他在一九六〇年錄製這張專輯，當時黑人民權運動急遽升溫，爵士社群也日益政治化，這些歌詞在柯川眼中很可能都充滿了諷刺。[26]

根據蒙森的分析，柯川演奏的〈我的最愛〉正是杜博依斯呼籲的呈現手法。他吹奏白人的歌，但完全顛覆了歌曲原本的意義，把白人相信的美學理念整個演奏成黑人的樣子，展現出黑人的經驗與身分認同。[16]

---

16 原注：賈斯汀・科博－萊克（Justin Cober-Lake）指出，柯川反對別人這樣詮釋他的意圖（見http://www.popmatters.com/chapter/04Autumn/coberlake.html）。但根據我對宣傳的定義，柯川本人的意圖顯然並不影響這是否為成功的顛覆型宣傳。

二〇一四年密蘇里州佛格森市（Ferguson）發生麥可・布朗（Michael Brown）命案之後，歌手勞倫・希爾（Lauryn Hill）在演唱會上發表了一首〈黑人之怒〉（Black Rage）。她採用了〈我的最愛〉的曲調，但把原本歌詞中的「奶油色的小馬、酥脆的蘋果餡餅」換成「強姦、毆打、越來越糟的處境」。無論柯川是否真的刻意要把〈我的最愛〉吹奏成杜博依斯在〈黑人藝術的判準〉呼籲的顛覆型宣傳，勞倫・希爾都肯定有這意思。她讓我們看見，當我們把這種白人寫出來的白人文化當成普世皆然的美學價值，我們所接受的種族歧視意識形態會讓黑人受到怎樣的傷害。

　　杜博依斯並沒有說他呼籲用宣傳手法讓白人接受黑人視角的言論僅適用於藝術創作，而且〈黑人藝術的判準〉所提到的修辭結構其實也影響了許多不同的知識界。哲學界的好例子是湯米・謝爾比（Tommie Shelby）在二〇〇七年的〈正義、偏差、與黑暗貧民窟〉（Justice, Deviance, and the Dark Ghetto）一文中，探討下城區「貧民窟」黑人青少年的道德問題，並解釋「犯罪、拒絕從事合法工作、蔑視權威」這些「偏差行為」的構成原因。[27]簡而言之，這篇論文認為「服從權威，去找個合法工作」這種理念已經管了太多不該管的事。謝爾比在文中把重點放在討論哪些偏差行為試圖背離這種理念，但在探討的過程中，他證明了只要這種理念被毫無限制地使用在各種情境之下，我們就不該接受。

　　這篇論文乍看之下是在證成白人的意識形態，說明只要我們身處的環境是正義的，每個人就都毫無例外地應該服從權威，並去找份合法的工作。但論文事實上要說的是，黑暗貧民窟的環境並不正義，「不滿足互惠原則」，因此白人的理念並不適用。譬如，黑人拒絕做卑微的工作，並不表示他們「懶惰」，反而是一

種拒絕不義社會秩序的方式。這篇論文的寫法，就是杜博依斯呼籲的顛覆型宣傳。它一開始似乎都在支持白人的理念，並討論如何將該理念運用到現實之中，最後卻以「黑暗貧民窟」為反例，證明白人的這種理念預設了一項違反現實的前提，我們根本就不該接受。

　　杜博依斯之所以呼籲這種顛覆型宣傳，是因為統治族群某些時候會被有問題的意識形態所影響，因而擁抱了錯誤的理念，或者把正常的理念理解成錯誤的樣子。這時候直接指出這些理念錯在哪裡，通常不會有什麼效果。所以杜博依斯建議，不如用支持這些理念的方式顯露出理念的荒謬之處。這種新穎的修辭技法相當有用。[17]

————

　　有些案例比較難完全符合前述所概述的模型。譬如，政治哲學裡有一種觀點叫自由主義（liberalism），它主張自治與平等優先於其他一切。但某些聲稱打著自由主義旗號的政治觀，卻用狹隘到很不合理的方式來解釋自由主義的某些理念；譬如，所謂的

————

17 原注：一定會有人擔心，如果沒有充分理解這些理念，譬如杜博依斯所敘述的美國人抱持的理念哪裡有問題，用杜博依斯的方法來宣傳可能就會適得其反。因為人們通常都是因為被有問題的意識形態影響，譬如相信了權威在當下的環境有正當性，才會擁抱服從權威這類有問題的理念。杜博依斯這種用顛覆型宣傳來攻擊有問題理念的做法，預設了參與者能夠用理性無私的方式來評估理念。感謝克莉絲蒂‧達森與我討論這點。

新自由主義（neoliberalism）就認為，所有的資源都應該用競爭性市場來分配（我對這些立場的描述有些簡略）。這時候也許有人會在沒有理論論證的狀態下，說新自由主義為自己辯護的言論是一種顛覆性宣傳。譬如，新自由主義者會援引美國開國元勳對自由主義的看法，主張若要在保障自由的狀態下正當分配資源，就只能用市場去分配；但這種言論扭曲了自由主義中的某些概念，所以是顛覆型宣傳。不過麻煩的是，市場交易**的確符合**自由主義對自治的看法。用市場來分配某些資源是正當的，而且無論是哪種版本的自由主義，都允許用這種方法來分配某些資源。因此可能有人會說，有鑑於市場並不違反自由主義的自由觀，以古典自由主義為理由去辯護新自由主義，也許並不能算是宣傳。

不過在此我們暫且假設，沒有任何有力的論證可以支持市場交易是自由主義的核心。如果是這樣的話，以美國開國元勳的自由主義觀為理由，去論證所有資源都必須用市場來分配的言論，就的確屬於顛覆型宣傳了。因為詹姆士・麥迪遜這些人的自由主義觀，並不主張市場具備這樣的特權。如果沒有其它有力理由去支持市場具備這種特權，這類言論就是宣傳。

當然，有一些傳統版本的自由主義的確認為市場交易具備這種特權，但說美國人**目前**所持的自由主義就是那些版本，依然是一種顛覆型宣傳。亞當・斯密（Adam Smith）在《國富論》（*The Wealth of Nations*）中所持的自由主義就是一例。斯密對市場交易的看法不但非常特別，而且要求**政治平等**；[28] 但美國目前盛行的市場交易制度，反而會系統性地妨礙某些少數族群進入市場，譬如讓黑人很難公平地獲得抵押貸款。[29] 不僅如此，這種制度通常還會劫貧濟富。因此，以亞當・斯密的自由主義為理由，去辯護美國實

行至今的市場交易，就是一種顛覆型宣傳。所有重視市場交易的傳統自由主義，都以平等公民之間的公平交易為核心，但美國自古以來的市場交易從來沒有建立在政治平等之上。

————

　　既然我們已經知道了強化型宣傳與顛覆型宣傳之間的差異，要指出宣傳對自由民主最大的威脅是什麼就很簡單了。對自由民主威脅最大的宣傳，就是一種可以稱為**惑眾妖言**的顛覆型宣傳。惑眾妖言為那些不值得支持的政治理念服務，至於怎樣才算惑眾妖言，則取決於道德與政治事實。有些惑眾妖言會強化那些不值得支持的政治理念，譬如蘭妮・萊芬斯坦（Leni Riefenstahl）在一九三八年的紀錄片《奧林匹亞》（*Olympia*）中，就是用拍攝德國運動員的方式來宣揚日耳曼人的優越性。不過本書所要討論的惑眾妖言是另一種：以那些**值得支持的政治理念**為號召，實際上卻是在妨礙該理念實現的顛覆型宣傳。

　　一個政治理念是否值得支持當然會有爭議，像法西斯主義者就不認為自由民主的政治理念值得支持。但本書討論的宣傳問題都發生在自由民主國家，因此我們可以安心地把自由、人性、平等、客觀理性這些自由民主的政治理念，都當成是值得支持的。在自由民主國家，舉著這些政治理念的旗號來妨礙這些理念實現的言論，就是惑眾妖言。

　　在我寫這本書的時候，美國正盛行一種惑眾妖言。共和黨拿不到黑人與西班牙裔選民的票，於是多年以來同心協力、非常成功地散播了一種言論，掀起社會對人頭灌票的恐懼，去支持訂立

嚴苛的選民身分證件法（voter ID laws）。二〇一二年，某間新聞機構「詳盡地搜尋了政府的公開記錄」，發現「請各州選務部門調查弊案的要求高達數千起，要求調查的類型包含登記過程舞弊、不在籍投票舞弊、賄選、計票舞弊、競選活動違法、重複投票、假冒他人投票、恐嚇等等」。[30]不過根據他們的研究結果，在二〇〇〇年至二〇一二年總共一億四千六百萬筆選民登記紀錄中，只有十筆是偽造的，而且在這十二年之中，全國的選舉弊案只有兩千多起。然而截至二〇一二年，卻有三十七個州因為擔心人頭灌票，已經實施或考慮要實施嚴格的選民身分證件法。這會造成大量選民無法投票；光是賓州，沒有適當身分證件的選民就高達七十五萬八千人。這種言論顯然屬於宣傳。它利用「一人一票」的理念以及對於人頭灌票的恐懼，去推動選民身分證件法，實質上卻剝奪了許多黑人與西班牙裔選民的投票權。

顛覆型的惑眾妖言是一種顛覆型宣傳。它完整的定義是：

**顛覆型惑眾妖言**（Undermining Demagoguery）：以某種值得支持的政治、經濟、理性理念為號召，真正的目的卻會妨礙那些理念實現的公共言論。[18]

許多深陷有問題意識形態的人，都會**不知不覺地**說出惑眾妖

---

18 原注：克勞蒂亞‧米爾斯（Claudia Mills）認為，所謂的操弄就是「聲稱提出了良好理由，其實並沒有」的溝通方式。見Mills, "Politics and Manipulation."。這很像我所說的惑眾妖言，但不完全一樣。我所說的惑眾妖言，是在政治言論中聲稱自己提出了某個良好理由，但追求的目標卻與那理由直接背道而馳。

言。有問題的意識形態，會讓這些人看不出論述高舉的政治理念與論述想達成的目標之間有哪些衝突，甚至可能會讓他們看不出自己所說的論述其實是一種惑眾妖言。而那些相信同一種有問題意識形態的聽眾，也不會發現自己聽到的其實是惑眾妖言。這正是顛覆型惑眾妖言的陰險之處。

當然，有鑑於**不真誠的溝通**本身也是一種妖言惑眾的行為，所有對於惑眾妖言的描述都必須前後一致，我在前文提出的描述自然也是。不真誠的妖言惑眾者會利用有問題的意識形態，讓聽眾看不出溝通行為的目標與該行為打出的政治理念旗號之間，有哪些衝突。某些憎恨穆斯林的人可能知道美國的穆斯林一點都不危險，但依然說出違心之論，呼籲以法治（rule of law）去監視或監禁美國的穆斯林。其中一種方法是利用有問題的意識形態，譬如聲稱穆斯林都是威脅公共安全的恐怖分子，藉此喚起人民對穆斯林同胞的非理性恐懼。民眾一旦陷入這種恐懼，可能就會忘了以這種理由監視與監禁穆斯林，其實違反了法治精神。另一種方法則是用愛國情操去蒙蔽民眾的理性，畢竟宣傳未必都要使用負面情緒，有時候也可以用正面情緒來達成目的。

根據我的描述，顛覆型惑眾妖言會讓人看不見合理的推論方式（譬如讓人忘記大部分的穆斯林都不是恐怖分子），並且會讓人在這種狀態下支持那些違反政治理念的行動。在這層意義上，它的效果跟帶有偏見的宣傳很像。但顛覆型宣傳的關鍵特色是，它會舉著某種高貴的理念，通常是政治理念的大旗，去讓這種理念更難實現。而高舉著理念反理念，也正是這種言論的陰險之處。這未必是刻意的。很多時候，說出這種宣傳的人是因為深陷於有問題的意識形態，才看不出他所呼籲的目標其實會妨礙言論

所高舉的理念。本書的第五章與第六章會進一步解釋這種狀況。

很多顛覆型宣傳的發言目的，是想要把它高舉的政治理念，重新詮釋成它的目標想要的形狀。但是，如果政治理念必須重新詮釋才能變成目標想要的形狀，就剛好證實其目標違背了該理念的原始意義。根據我的定義，顛覆型宣傳所呼籲的目標與高舉的政治理念彼此衝突，也因此它經常會想**改變**理念原本的意義並不奇怪。[19]

要判斷製造顛覆型宣傳的人到底有沒有意識到自己正在散播宣傳，就得去看他呼籲的目標是否與高舉的理念衝突。這經常會變成有爭議的政治問題，而且指責他人在做政治宣傳一事，本身也經常會被說成帶有政治目的。這些因素都會影響我所提出的宣傳的哲學本質，在**政治上**究竟有多大的效用。

————

哲學家莎莉・哈斯藍爾在〈壓迫〉（Oppressions）中描述了壓迫的形上學特徵，[31]她認為壓迫的重點「不在於誰受到壓迫，而在於什麼群體會因為他們的**身分**而受壓迫」。她所謂的體制性壓迫，是指某個體制是否會讓群體F光是因為身為F就處於劣勢。她舉的例子，是芝加哥的兒少福利政策會讓黑人兒童因為**身為黑人**而受壓迫。她認為判斷一個群體在某個脈絡下是否受到體制性壓

---

19 原注：這裡要感謝克里斯多福・勒布朗（Christopher Lebron）。他指出宣傳言論的特徵之一就是會「重新詮釋」它所談論的東西。很多宣傳言論的確都是這樣。不過，這種說法預設了那個東西原本的意義與宣傳言論的目標衝突。這樣看來，我原本的定義仍舊沒問題。

迫的標準，是看該脈絡C是否以**不正義的方式**使群體F處於劣勢。也就是說，當我們要判斷一九九〇年代的芝加哥兒少福利政策是否讓黑人兒童因為身分而受到壓迫，就要看當時該市是否以不正義的方式使黑人處於劣勢。在該章的結尾，哈斯藍爾提出幾種可能的反駁意見，並一一回應：

> 有人可能會認為我的判準沒有用，畢竟某一群人是否受到不正義的對待，永遠都是有爭議的問題。但簡而言之，我的理論無助於讓我們在一開始就更能判斷某個群體是否受到壓迫。㉜

可能會有人用完全相同的方式，去反對我在本章中提出的宣傳判準。在很多時候，某項言論所呼籲的目標是否會妨礙其高舉的政治理念，都是有爭議的政治問題。譬如在美國政治脈絡下，「創造就業機會的人」是指那些很有錢的人，而使用這個詞的言論都是在捍衛富人減稅政策。這種言論訴諸於使人人能夠發財的經濟理念，而它之所以有效，則是因為很多人都相信富人會掏出錢來創辦中小企業。那些說有錢人「創造就業機會」的政客或競選團隊，都有收到富人的競選獻金。因此我們有理由相信他們要嘛另有其他動機，要嘛陷入了有問題的意識形態之中。當然，似乎還是有一些政客真的相信有錢人的錢都是拿來創辦中小企業，而非投進私募基金或股市之類的地方。減富人的稅究竟有助於實現人人能發財的經濟理念，還是會阻礙這個理念，是個有爭議的政治問題。所以批評者可能會說，我對宣傳的定義，在這種時候無法幫助我們判斷相關的主張或言論究竟是不是宣傳。

對此反駁的直接回應是，我的目的在於提出一種政治種類（political kind），指出滿足怎樣特徵的政治行為叫做宣傳，而不是去解釋如何判斷某項行為在認知過程中屬不屬於宣傳。哈斯藍爾在回應反駁意見時說道：「這裡的討論重點並不是要找出某**種認知方法**，去分辨什麼東西是壓迫或群體壓迫，什麼東西不是。」[33]本章對宣傳的討論也異曲同工。當然，這無法解決所有懷疑。所以接下來必須討論，如果我對宣傳的形上描述無法有效地解決政治辯論上的問題，我幹嘛要做出這種論述？政治言論的形上特質，在實際的政治中到底有什麼用？

我對宣傳的描述在實際政治中之所以有用，是因為它討論到某類**論證**的本質。譬如，當你認為美國目前的政治體制符合亞當・斯密的理念，你就是在對亞當・斯密的政治哲學做出一種事實宣稱。當你用詹姆士・麥迪遜或湯瑪斯・傑弗遜（Thomas Jefferson）的自由主義來捍衛某種立場，你就是在對這些人的意圖做出一種事實宣稱。有很多種方式可以詮釋這些作者的意圖。我們知道這些作者當時只承認白人的公民權，但我們依然有理由相信他們看到了柏拉圖預見的未來，相信自己的言論終將導致更普遍的平等，因此我們可以說他們的言論是在支持某種更普世的價值。無論如何，當他們談到民主、自由，以及自由市場契約中預設的某種平等尊重時，心中都預想了某種政治制度。因此當有人援引他們的言論（譬如用「美國開國元勳有言」為理由）來捍衛某些主張時，我們就可以檢驗當下的現實是否符合這些作者心中的模型。如果論證所捍衛或呼籲的目標，其實反而會妨礙這些作者支持的理念，那麼這些論證就是宣傳。

這並不是說只要某則言論是宣傳，我們都一定看得出來。在

現實中，我們很可能無法判斷某些言論究竟是否為惑眾妖言。在生活中反思與決定各種計畫時，我們得經常以此自我提醒。但我們得先知道宣傳究竟是什麼，才能知道該提防哪些東西。這時候，我對宣傳的形上描述就派上用場了。

為了論證需要，以下暫且假設我們無法知道天主教會的核心主張是否為真。天主教會有一個宣傳部，「宣傳」這個詞正是從那裡來的。該部的名字叫做「傳布信仰聖部」（Sacred Congregation de Propaganda Fide），負責以真理之名宣傳天主教的福音，其領袖稱為「紅色教皇」（the Red Pope）。如果天主教的教義是真的，那麼傳布信仰聖部的言論就是以傳播真理為號召，利用情緒讓人們相信教義——這不是惑眾妖言，而是強化型宣傳。即使他們在殖民地設立天主教學校，並設立一些只有上過天主教學校或做出某些社會實踐的人才能進入的經濟體系，藉此把本土宗教的信徒擠出經濟權力核心，他們依然不是在妖言惑眾。當然，天主教的行為可能在其他方面違反道德，譬如侵犯了他人合理地不相信真理的權利。

不過，若是換個假設，結果就會不同。接下來為了論證需要，我們暫且假設天主教的教義是錯的，但我們既不知道，也無法知道。此外，我們也暫且假設宗教信仰就像休謨所說的那樣，是一種以各種方式抗拒改變的有問題的意識形態。根據這種假設，傳布信仰聖部所做的事就變成了妖言惑眾。他們讓殖民地的人大規模改信天主教的各種行為不是在傳播真理，而是在殘忍地壓制本土文化。也就是說，天主教一旦承認自己的教義是假的，傳布信仰聖部的所做之事就變成妖言惑眾。這個例子可以告訴我們，完全立意良善的人也有可能做出妖言惑眾之事。只要天主教

的教義是假的，無論有沒有人知道，直覺上傳布信仰聖部都是在妖言惑眾，只不過永遠看不出來而已。以真理之名壓制其他信仰體系，在對方的地盤傳播自己的假教義，是典型的惑眾妖言。但真心相信假教義、完全立意良善的人，可能不斷傳播這種妖言而從來都不自知。

　　正如前述所言，有時候人們可能普遍以為某言論目標代表某種政治理念，但那其實是一種宣傳，只是每個人都深陷於有問題的意識形態之中，所以才看不出來。許多散布這種惑眾妖言的人都完全沒有想要害人的意思，甚至可能還是真心想要用那些言論來幫助別人；如果我們把致力於散布妖言的人都當成妖言惑眾者（demagogue），就會無法因應這種情況。因此，或許我們必須把妖言惑眾者定義成惡意想蠱惑他人的人。

　　「致力於散布妖言的人」有兩種意思。第一種是指那些致力於散布那些**他們認為是惑眾妖言的言論**的人。第二種是致力於做某些行為的人，而那些行為剛好是惑眾妖言，做的人卻未必知道。常見的意思是第一種，[20]只要一個人不知道自己不斷散布的言論是惑眾妖言，他就不算是妖言惑眾者。

　　一則言論是否算是宣傳經常會有爭議。很多時候事實明明存在，但我們卻看不到，某些原因甚至情有可原。有時候，社會結構會讓我們看不見那些有助於分辨一則言論算不算是宣傳的事實。我對宣傳的定義在政治上的效用會因此受限，但不會完全無

---

20　原注：譬如克勞蒂亞・米爾斯就認為，「操弄者」（manipulator）是知道自己提出的理由其實很爛，卻把它偽裝成好理由的人。參見Mills, "Politics and Manipulation"。

用。即使我們無法完全確定某些政治理念的意義，還是可以判斷那些理念需要怎樣的事實才能滿足。

　　只要事實有爭議，怎樣的言論算是宣傳就也會有爭議。而且許多相信有問題意識形態的人，都不承認他所相信的意識形態有問題。當你說某則言論是惑眾妖言，人們一定會覺得你在搞政治。有時候我們會策略性地刻意指控某些言論是惑眾妖言，而有些時候我們明明沒有政治目的，別人卻依然以為我們有。但這本書的主題除了宣傳以外，也討論宣傳的本質，也就是說這本書的主題是**宣傳的形上學**。我提出的形上學主張並沒有說每個宣傳案例，甚至大部分的案例都很容易識別出來。我甚至沒有宣稱當某項行為屬於宣傳，人們**一定有某種辦法**去辨別它。像前述天主教會的作為，在假設沒有人能知道天主教核心教義是否為真的狀態下，就是沒有任何辦法能辨別它是不是宣傳的好例子。

————

　　如果我對惑眾妖言的描述，無法讓我們以中立的立場去判斷一項行為是不是惑眾妖言，那這項描述還有用嗎？但所謂的中立立場在現實生活中根本就不存在。我們去做所有審議時，都會帶著既有的信念。想要活在這個世界上，就必須假設很多東西，甚至就連你想要變得更「中立」，都必須假設很多東西。我在第五章與第六章會解釋，我們信以為真的信念，有很高比例都來自於我們各自抱持的意識形態。每個人的意識形態都與他的自我概念（self-conception）緊密相連，因此我們很難用理性的方式判斷自己的意識形態有哪些問題。但這當然並不表示這些意識形態信念

的內容都**為假**，也不表示這些信念都不算是知識。

　　舉例來說，我相信演化論正確地描述了現實。我的這則信念，與我認為自己是「一名相信某些證據甚於其他證據的世界主義理性知識分子」的自我概念緊密相連。我知道自己是怎樣的人，但我也知道演化論真的正確地描述了現實。我的身分認同與演化論之間的關係，並不會讓我認為自己相信「演化論為真」的這則信念不算是知識。[34]相信基督是「救主」的人也一樣；這些人對基督的信念可能與他們的身分認同緊密相連，而且他們可能對此心知肚明。但他們依然相信基督是救主，而這時候只要基督真的是救主，他們的信念就為真。接下來我會論證，我們每個人都有一些帶有意識形態的信念，但這些信念只是具有某些屬性而已；而且對於生也有涯，記憶也有限的凡人而言，這些帶有屬性的信念甚至可能是必要的。這些帶有特定屬性的信念，也就是帶有意識形態的信念，本身不但可以是真的，也可以成為知識、為人所知，甚至可以成為我們所擁有的最佳理論的核心。如果「中立」意味著一種撤除了所有帶有意識形態的信念，那麼「中立」就只是不可能存在的迷思。

　　有人可能會以為本書的論證需要一個沒有任何意識形態的「中立」觀點才能成立。他們可能會說，既然本書的目標是把某個與意識形態有關的東西化為理論，而要把這種東西化為理論，就一定會涉及到意識形態的理論。而如果帶有意識形態的信念，會影響把意識形態化為理論的過程，那麼我描述的理論就不可能為真，或者不可能成為知識、為人所知。但前述的例子顯示，這種觀點是錯的。帶有意識形態的信念，也就是帶有我在第五章所討論的那些屬性的信念，不但可以為真，更可以是知識。

另外可能有人會說，意識形態理論所討論的主題是意識形態，所以這個理論本身不能包含任何意識形態。這也一樣是錯的。邏輯學家阿弗雷德・塔斯基（Alfred Tarski）用後設理論（meta-theory）證明了計算理論公理的健全性，[35]而他之所以可以成功證明其健全性，正是因為後設理論中也有一些公理表達相同原則。後設理論並不是要在懷疑那些計算理論的公理的人面前，證明那些公理所表達的命題是正確的，而是要傳達一些該理論所描述的重要知識。同樣地，意識形態理論也是要傳達關於意識形態的重要知識。即使意識形態理論包含了某些意識形態，它所說的依然可能是知識。無論是邏輯還是集合論，它們的後設理論都不需要「保持中立」，也不可能保持中立。

現實中沒有「中立」一事既不會讓我們陷入政治癱瘓（political paralysis），也不會讓我們去懷疑每一道政治命題與道德命題。用反實在論的形上主張去規避現實中的知識極限，是錯誤的推論方式。我們必須接受每個人的觀點都是有限的，也必須用這種有限的觀點去討論事情。某些行為的確就像人們指責的那樣是惑眾妖言；譬如歐洲反猶政黨說猶太人在敗壞國家的社會結構，還有曲解某些政治哲學家的著作，然後把那些著作當成權威來幫自己背書，都顯然是惑眾妖言。但也有許多行為顯然並非如指責的那樣是惑眾妖言。事實上，很多最有趣的案例之所以會有爭議，都跟現實因素限制了我們的判斷能力有關。這些因素包括社會的某些結構特徵會妨礙我們獲得判斷所需的資源，以及有序社會中的正常進程會讓我們的認知出現極限。不過，即使目前我們在現實中解決何為惑眾妖言爭議的能力嚴重受限，我們依然需要解釋宣傳究竟是什麼，才能知道宣傳在政治中產生了哪些影

響，未來又有可能產生怎樣的影響。

———

　　從我在前文的描述，就大略可以看出惑眾妖言的運作機制了。我們已經討論過惑眾妖言侵蝕政治理念的一種方式：它打著某些值得實現的政治理念旗號，利用有問題的意識形態帶來的錯誤信念，讓人們看不出它呼籲的目標反而會讓那些理念更難實現。我在第四章還會論證說，有時候惑眾妖言甚至會自己幫忙打造出一些有問題的意識形態信念，讓人們看不出它是惑眾妖言。此外，前文的討論也能讓我們看出，那些不屬於惑眾妖言的宣傳分別可以長成什麼樣子。為了落實某些值得落實的政治理念而散播的強化型宣傳，就是其中一種。它訴諸情緒，或者利用有問題的意識形態所產生的錯誤信念，讓自己聲稱代表的政治理念更容易實現。

　　那些利用民族主義修辭、試圖改善國家物質環境的言論也是一種例子。把美國說成全世界最美麗的國家，顯然是民族主義修辭。如果用這種方法來喚起人們對過去青山綠水的鄉愁，進而保護自然資源，它就是一種宣傳，但並不是惑眾妖言。

　　即使宣傳不屬於惑眾妖言，也可以利用有問題的意識形態來達成目的。為了論證需要，以下暫且假設基督宗教的核心教義為假（如果你是虔誠的基督徒，你可以把接下來兩句話中的「基督宗教」換成「伊斯蘭教」）。社會福利支出政策可以訴諸很多不同類型的理念，它可以訴諸政治平等，也可以訴諸基督宗教的教義。如果它用基督宗教的教義來推動增進平等的政策，就是利用

了有問題的意識形態來達成目的,但它是強化型宣傳而非惑眾妖言。

惑眾妖言的目的,是讓受眾無法以理性思維去檢查,宣傳言論想達成的目的是否符合它所訴諸的理念。但散布妖言的人未必言不由衷,有些散布者自己也因為深陷於有問題的意識形態,而無法反思自己散布的言論也許並不符合言論所訴諸的理念。假設我信了邪教,我可能會真心相信邪教的教義,認為沒有信教的人終將永遠落入地獄的火湖。若以此為基礎,我把你的小孩綁架來加入邪教,就是守護小孩福祉最合理的方式。當然,綁架小孩本身就違背了兒童福祉的理念,但邪教那些有問題的意識形態,會讓我以為自己的作法才是在幫助這些小孩。

接下來,我要討論自由民主社會中的宣傳問題。打從亞里斯多德討論自由民主政體以來,這個政體就因為信奉自由與平等這兩個政治理念,而顯得相當特別。亞里斯多德還指出,由於民主很容易大幅促進經濟平等,這種政體會最為穩定。因此,民主政體在政治哲學中有特殊地位,而它信奉的政治理念,也就是**民主理念**,將是下一章的重點。

所有政治體系的政治理念都會包含社會穩定、人人守法循序,但民主體系的政治理念還額外包括自由與平等。如果每一位公民都能平等地一起討論適用於所有人的政策,那麼至少在審議過程中,這些政策都會被迫顧及每個人的觀點與利益。當你自己參與了某項政策的制定,遵守那項政策就不是犧牲自由。因此,民主國家讓每一位公民都能參與政治,並且用「願意講道理」(reasonable)[21]的理性方式來討論,是非常重要的。在民主國家,**政治言論的規範標準**,也就是公民與代議士討論政治與法律的言

論標準，也是政治理念之一。而且要說起來，它們其實和自由與平等一樣，是民主國家最重要的政治理念。在下一章，我們就要討論在遵循民主理念的政治體系中，宣傳究竟是怎樣的東西。

---

21 譯注：Reasonable這個詞的意思是「以別人能聽懂而且願意接受的理由來彼此溝通」，類似於中文語境的「講理」、「明理」、「願意講道理」。經審訂者賴天恆建議，根據出現的句子脈絡譯為「願意講道理的」，反義則譯為「不通情理的」。

第三章

# 自由民主國家中的宣傳

　　政治宣傳總是打著大家喜愛的政治理念旗號出現。因此民主國家中的惑眾妖言，通常都會以推動民主理念的姿態出現。但其實只有真正的強化型宣傳，才能讓民主在民主國家更穩固。因此，如果要討論自由民主國家中的宣傳究竟是什麼，就得先懂得辨別規範性政治理論中各種不同的民主理念。了解各種民主理念之間的差異後，就能以此辨別哪些言論屬於宣傳，而那些宣傳之中又有哪些屬於惑眾妖言。

　　我接下來要解釋，為什麼規範性政治哲學會認為，民主國家的核心規範包含規範公共政治言論的標準。我會列出幾個不同的標準，這些標準在文獻中通常彼此競爭。最後我會主張，約翰·羅爾斯（John Rawls）所謂的「願意講道理」（reasonableness），是最核心的標準之一。但在辨別哪些言論屬於宣傳的時候，各種

標準可能都有用，不需特別選擇其中之一。在自由民主國家，宣傳言論通常都會把自己包裝成相當合理、直覺上很吸引人的民主理念，但未必需要包裝成民主審議必須遵守的終極唯一真理。我們可以從政治人物與其操盤手所發布的宣傳言論，得知宣傳言論如何利用那些直覺上正確的規範性政治理念來影響人心。[1]藉此，我們也可以知道哪些規範公共政治言論的標準，實際上引導了公共政治言論。

　　本章一開始會先解釋為什麼宣傳對民主國家而言特別麻煩。本章的結尾則會試圖用偏結構性的方式，去介紹民主國家在修補裂痕時所需的宣傳言論，和那些在民主上無法接受的顛覆式宣傳之間，有哪些差異。前者叫做公共修辭，後者叫做惑眾妖言。

———————

　　根據民主政治的經濟理論，只要公民根據自身的利益投票，投票就算數了。這表示如果公民覺得被奴役對自己有利，投票支持他人奴役自己這種「高聲喝采式的投票」也算是投票。但即使是根據民主政治的經濟理論，民主國家的媒體也必須開放、政客必須誠實，也就是說選民必須能夠有效地獲得那些能讓自己根據自身利益做出理性決策的資訊。這表示，至少比較要求審議的民主理論所強調的某些規範標準，也會同樣適用於民主政治的經濟

---

1　原注：有些民主政治理論家持現實主義，認為本章所討論的所有政治理念都無法用來治理現實中的國家。但這無關緊要。即使規範性政治理論中所有可能的民主理念都理想化到無藥可救的地步，宣傳言論通常還是會去利用它們。

理論。所以請不要以為我的討論重點，僅適用於那些重視審議的民主理論。即使是民主政治的經濟理論，也需要一些政治理念去規範正式的政治言論，只不過其所需要的政治理念可能與審議式民主不同。

我在引言曾提到，宣傳在民主國家造成的問題相當**特別**。當我們知道政治言論應該遵守的理念，是民主理念的核心，我們就能解釋這是怎麼回事。有一些宣傳言論乍看之下符合那些政治言論應該遵守的理念，實際上卻與其背道而馳。這種言論削弱了民主審議的可能性，因而是民主之敵。這種言論就是之前所說的惑眾妖言。在民主國家，即使想要推動某些值得支持的目標，也不可以使用惑眾妖言。惑眾妖言阻礙人們自由思考，即使宣傳的目標在某種意義上對社會有益，這種宣傳也會侵蝕那個社會的民主程度。正如我在第一章所言，它可能會讓「高聲喝采」來取代真正的審議。而事情一旦演變至此，投票就會像盧梭說的那樣，根本不能算是投票了。

最近就有一個為了良善目標，而在自由民主國家散布宣傳的例子。[1]這來自我跟我的經濟學家兄弟馬可士‧史丹利（Marcus Stanley）最近在《紐約時報》上合寫的文章。美國財政政策中有一部分是關於處理美國政府處理債務的方式。二〇一二年二月，聯邦準備理事會主席班‧柏南奇（Ben Bernanke）開始把發生在二月之前的兩件事合起來對復甦中的經濟造成的威脅，稱之為「財政懸崖」（the fiscal cliff）。第一件事，是國會不斷承諾要把所得稅拉回柯林頓執政時期為了減少赤字所需的水準；他們之前一直跳票，如今必須兌現。第二件事則是自動減支，也就是國會必須同時大規模削減聯邦政府的開支。這些措施將大幅減少政府赤

字。但詭異的是，某項民調卻發現只有百分之十四的人民知道這會減少赤字，反而有百分之四十七的人相信這些措施將會增加赤字，將美國進一步**推向**「懸崖」。

這項民調顯示民眾被誤導了。背後的原因也許跟「財政懸崖」這種用詞有關。掉下懸崖當然很糟，甚至可能摔死。至於赤字，兩大黨似乎也都同意是很糟糕的事。民主黨在反對富人減稅時，說這會導致財政赤字；共和黨則是在反對新增社會福利項目或者反對增加既有項目支出時，說這會導致財政赤字。乍看之下，政府赤字似乎跟個人債務很像，借太多錢會降低你的信用評分，討債公司會打電話來吵你，甚至可能會讓你喪失抵押品的贖回權。這些都讓人們很自然地以為，「財政懸崖」意味著美國債務正在危險地迅速增長。

我們在此可以合理地猜測，或許柏南奇是刻意為了讓大家討論債務問題，才使用「財政懸崖」這個詞。或許他很清楚人們會誤解他的用詞，然後認真地把他的警告當一回事。畢竟，要直接讓人注意到財政赤字問題非常困難，原因除了人們長期以來都把政府幫自己籌錢的過程稱為「借款」以外，也包括兩大黨一直都利用人們對赤字的恐懼來威脅選民。

但事實上，美國聯邦政府幫自己籌錢的過程並不像是「借款」。「借款」是指個人或家庭把別人的錢借過來用，它比較像是那些不能自己鑄幣的政府（譬如加州政府或者使用歐元的希臘政府）額外籌募資金的過程，也比較像是美國聯邦政府在金本位時代籌募資金的過程。上述幾項原因，再加上美國聯邦政府發行了乍看之下很像公司債券的美國國債，讓人們一直用「借款」這個詞來描述聯邦政府的舉債。但聯邦政府「借」的錢是它自己控

制的貨幣。它想籌錢的話可以自己印鈔票，不需要從任何人那邊把錢借過來。它的舉債與老百姓的借錢幾乎毫無相似之處；前者可以創造工作機會、提高人民收入、防止經濟蕭條時陷入惡性循環，後者則不會有這些功能。此外，這種舉債的危險，譬如增加通膨、「排擠」資本市場中的私人投資、影響匯率等等，也完全不是任何私人借貸可能導致的。

可惜的是，就連很多專家都無法正確理解政府舉債究竟有哪些利益與風險。顯而易見的是，政府舉債在短期可以保障工作機會與收入（去問問那些說客，譬如那些想讓政府的錢流入他們事業的人，或者想幫客戶節稅的人就知道了）。但過度舉債的風險何時會發生、如何發生，或者債務水準要到多高才會出現風險等爭議，卻一直沒有定論。

政治人物很清楚這些事，所以兩大黨幾十年來都認為削減赤字的問題，沒有短期政策目標那麼重要。共和黨覺得減稅比削減赤字更重要，民主黨則把維持關鍵社會福利以及降低失業率當成施政重點。他們私底下都不重視赤字，迪克・錢尼（Dick Cheney）的名言「雷根證明了赤字一點也不重要」就是個例子。但在攝影機前，兩黨則每隔幾年就會上演一齣「赤字危機」，把赤字當成籌碼，逼迫競爭對手在對自己而言更重要的事項上讓步。我們可以說，兩黨在國內政策上花費的大量精力，都是為了能在未來用「赤字」去指責對手，同時偷偷用國家的債務機器來推動自己的目標而做的。[2]

大量的流動性一次從市場上蒸發，的確像柏南奇說的一樣危險，所以也許柏南奇就是利用了民眾的錯誤信念來提醒大家。但這是一種惑眾妖言。它讓人民把錯誤的經濟學信念，當成聯準會

主席的睿智建議，因而侵蝕了民主的政治理念。當柏南奇不解釋經濟現實，人民就繼續搞不懂，然後政客就繼續用人民對赤字的恐懼來綁架人民。最後的結果就是，債務上限在二〇一三年十月釀出財政危機，讓美國的GDP降低接近百分之一（減少近一千五百億美元），大約七十五萬個工作機會直接蒸發。[③]這個例子可以說證實了民主理論所言：即使為了有益的目的，打著民主的旗號散播宣傳，最後仍會傷害民主審議。

柏南奇是為了影響輿論，設法讓美國避開災難性失業，才用「財政懸崖」來引起人們注意。但他仰賴了錯誤的經濟學信念，而非清晰的解釋。換句話說就是，他讓人們以不理性的方式討論這個問題，助長了二〇一三年舉債上限的財務危機。這個例子說明，即使是為了推動有價值的目標，在民主國家使用惑眾妖言依然相當危險，因為有問題的意識形態信念會讓人們更難理性討論。在健康的民主國家，政府官員應該設法破解這些錯誤的信念，而非用這些信念來達成目的。人一旦仰賴它們，就會增強它們的力量，之後的討論就會更加困難。

前述這個例子顯示了在民主國家使用宣傳的危險。它為了良善的目標而利用錯誤的信念，結果無可避免地為日後的審議帶來問題。政治學家莎拉‧索比拉伊（Sarah Sobieraj）把宣傳在自由民主國家中造成的問題整理成一本書，讓我們看出即使是為了推動有價值的目標，宣傳也經常不是好主意。譬如，激進社運人士常用「破壞性言論」（sabotage discourse）來引發注意，結果反而阻礙了他們想推動的社會變革。

————

接下來，我們來談談規範性政治哲學所說的民主政治理念。我會先解釋，為什麼自由民主國家得把規範公共政治言論的標準列為**政治**理念。接著，我會再分別討論幾種規範公共政治言論的標準。在了解這些規範性理念之後，我們就更能辨認出在美國這類自由民主國家中，有那些言論屬於宣傳。我會解釋民主理論中的一些基本細節，藉此說明民主國家為什麼得用一些理念去規範政治言論，而哪些理念又比其他理念更合理。這得花些篇幅，但很重要。因為自由民主國家中的政治宣傳，總是打著規範性理念的旗號來推動真正的目的。

　　「定期集會」，也就是公民聚在一起討論出符合正義的政策，是西方哲學的核心元素之一。[④]亞里斯多德在《政治學》裡也清楚指出，國家一定得有「法院……去強制執行各方締結的約定」。[⑤]他在《政治學》裡主張，國家中的公民最該關心的，就是「讓國家這艘船安全地航行下去」，以及「讓整個社會獲得救贖」。他說「人天生就是政治動物」，[⑥]言論「則是為了區分哪些東西合宜、哪些不合宜，以及哪些正義、哪些不正義」。政治哲學家在其學科萌芽之時就注意到，公共政治言論這種言論場域是政治中的核心。公共政治言論包括公民的非正式集會，也包括國會辯論和總統辯論。媒體的角色比較複雜，但新聞媒體上的政治言論會產生影響力，因此也算是公共政治言論。

　　自由民主國家中的公共政治言論，包括選舉期間的公共辯論、議員在參眾兩院等議場的政策辯論，以及媒體對上述兩者的討論。羅爾斯在他於一九九七年發表的一篇文章〈重新審視公共理由〉（The Idea of Public Reason Revisited）[2]中，試圖透過定義**公共政治論壇**（public political forum）的方式，說這個領域包含：

法官的言論，尤其是最高法院法官的判決言論；政府官員的言論，尤其是行政首長與立法者的言論；公職候選人與競選幹事的言論，尤其是他們的公開演講、政綱、政治聲明。⑦

羅爾斯的文章的部分重點是公共理由，他認為這是自由民主國家的公共政治論壇應該符合的討論標準。不過，除了羅爾斯提到的正式論壇以外，公民討論政治的各種非正式場合，也該用與會者都能接受的公共理由來溝通，因為這些非正式的討論會影響我們的政治選擇。

二○一三年九月，共和黨參議員約翰・麥肯（John McCain）在參議院的辯論中，呼籲黨內同僚不要繼續阻止美國政府實施《平價醫療法案》（Affordable Care Act）。他說：「我們已經盡可能在公平誠實的場域阻止對方，但還是輸了。原因之一是我們的人比對方少，而民主國家幾乎都是由多數人來治理和立法的。」麥肯認為，如果你是民主國家的公民，那麼當其他政治人物與民眾跟你一起在「公平誠實」的討論之後，制定出你不支持的法律，你還是得遵守。公共理由是民主政治哲學的核心，因為只有透過「公平誠實」的辯論產生出的政策，才擁有民主的正當性。

民主是一種防止公民被任意限制，藉此保障每個人至少擁有基本自由的政府制度。如果民主政體要制定規則去約束所有的公民，這些規則就得在全體公民的充分參與下，由整個社會一起公平

---

2　譯注：Public reason這個詞通常譯為「公共理性」，但該詞的意思比較接近「公共的理由」，即在審議過程中提出的主張，不能只是基於個人偏好或信仰價值，而是必須使用社會大眾都能接受的理由。經由審訂者賴天恆討論後，本書將該詞譯為「公共理由」。

地討論出來，這樣才不會不正當地限制了其中一些公民的自由。

　　舉例來說，假設你今天在市民大會這類的當地政策討論小組中，討論要不要允許廠商在當地建造水力壓裂井好了。如果允許，廠商願意建造一所學校或提供一些工作機會。但你知道水力壓裂井會傷害你自身的利益，譬如可能會汙染你家使用的水源，所以你一開始持反對態度。然而，有一位主要倡議者提出某個論述，讓大多數人都相信這項政策對當地整體最有利，於是通過了這項政策。然後，假設你後來發現這位主要倡議者在說謊，或者隱瞞了某些東西，更糟的是，他是收了別人的錢才去倡議這項政策的。在這種狀況下，你當然會覺得被騙。你覺得通過這項政策一點都不正當，也覺得決策小組無法正當地要求你遵守這項政策。如果他們逼你遵守，你有正當的理由說自己是被強迫的。

　　不過，當我們把情況換一下，答案就會有所不同。假設你在某個小組之中討論某個政策好了。政策的主要倡議者提出一項有力論述，說該政策對當地整體最有利。該政策違反你的利益，但你知道該論述正確無誤，即政策的確符合當地整體的最佳利益。倡議者很老實，論述也沒問題。最後你投下反對票，結果輸了。這種時候，你就沒什麼好抱怨了，因為政策是由公平的程序制定出來的。如果決策小組要求你遵守，你也沒有正當理由說你是被強迫的。

　　在第一個水力壓裂井的例子中，不公平的決策過程最後傷害了整個群體。在第二個例子中，公平的決策過程最後促進了整體利益。這些都是**單純**的案例，不公平的審議過程造成了壞結果，公平的過程造成好結果。那麼**不單純**的案例呢？如果有人因為有問題的意識形態而相信了錯誤的信念，結果在公平的審議過程中

制定出傷害整體的政策,該怎麼辦?或者有人用不公平的審議過程,去繞過那些不願意講道理或不理性的成員,制定出對整體有利的政策呢?不同的民主政治理論對此看法各自不同。

羅爾斯和約書亞·柯恩(Joshua Cohen)這些純粹程序論者(pure proceduralist)認為,重要的只有決策**程序**。公平的民主審議過程本身就會產生新的偏好,而人們在民主審議中理性選擇自己的責任,是一種自治的表現。大衛·艾斯倫以及伊蓮·蘭德摩爾這些主流的知識性民主論者[3]則認為,程序與結果都很重要。[⑧]而程序之所以重要,是因為通常可以帶來更好的結果。不過無論是早期的純粹程序論,還是較近期的知識性民主論,雙方都認為公平的民主審議很重要。兩者的差異是,知識性民主論者認為公平的審議過程只有工具價值,其功能在於產生更好的結果。純粹程序論者則認為公平的審議過程與自治有關,本身就是民主正當性的來源。但既然這兩種理論都認為公平審議對民主的正當性很重要,我們這時候就不需要選邊站。畢竟宣傳造成的威脅,就是讓我們無法公平審議。

討論一旦涉及欺騙和詭計,產生的政策就不具民主正當性。在充滿陰謀欺騙的辯論中辯輸的人,就跟因為不正義的戰爭而失去自由的人很像。用這種程序產生出來的規則來治理社會,叫做支配,而非自治。若要讓一群擁有自主性的人一起決定規則去約束彼此,同時又不損害每個人的自主性,決定規則的程序就必須使結果具有正當性。而我們已經看到,如果討論過程完全沒有限

---

3　譯注:知識性民主論者之所以支持民主,其理由就在於,民主可以有效地讓人們找到最好的政策,並發展良好的認知過程。

制存在，任由每個人在審議過程中為了一己之利而誤導、欺騙他人，或者逃避問題，審議出來的規則就不可能具備民主正當性。

　　只有在平等參與的情況下，用公平審議制定出來的政策，才可以去約束每個人——民主就有賴於此。因為這麼做才能確保制定出來的協議，是那個社群真正想要的。「公共理由」所討論的，就是**法律的審議過程，應該符合怎樣的政治理念**。如果審議過程中人們可以彼此欺騙，制定出的法律當然不會合乎民主。而民主理論所關心的核心問題之一就是，如果符合某些政治理念的審議過程可以制定出真正民主的法律，這些政治理念的本質究竟是什麼。

　　民主國家的難處在於，它既必須讓公民生活在由法律約束的社會中，又必須同時保障每位公民的自由。而為了保障公民的行動自由，民主國家的法律就得**在某種意義上**獲得所有公民在共同協商下的同意。民主理論的核心問題之一，甚至**唯一的**核心問題，就是怎樣的共同協商才算公平。而且更麻煩的是，民主國家的公民通常一出生就得遵守法律。因此審議過程必須考慮到，制定出來的法律也能適用於那些沒有機會參與審議的人。這表示法律必須符合某些規範性的理念，用這類理念把那些尚未出生的人，以及還不能參與審議的兒少的觀點納入考慮。那麼究竟是怎樣的規範性理念，可以讓審議過程產生的法律，正當地約束那些尚未出生或還不能參與審議的人呢？這就是在問**公共理由的本質**究竟為何。每一張夠詳盡的民主理念清單，都會把公共理由當成最核心的民主理念之一。

————

公共理由對民主本質的重要性高到讓持某些民主觀的人認為，最能落實民主核心德行的行為，就是公民聚在一起討論政策的過程。當然，柏拉圖認為民主的本質不是這樣。他在《理想國》第八卷說，自由是人追隨毫無規則、經常源於欲望的願望，無拘無束想做什麼就做什麼的行為。他把「民主的人」[9]寫成自由的化身，這樣的人「日復一日，過著隨心所欲、縱欲的生活。今天他聽著笛聲喝到茫，明天他刻苦節食只喝水」。而柏拉圖批評民主制的立論基礎，也正是民主與這種自由有關。

亞里斯多德也認為民主與自由有關，但他認為的自由卻和柏拉圖截然不同。亞里斯多德認為，人必須和同胞一起在公共廣場上進行審議，才能知道自己真正想要什麼。因此，人們只有遵循共同協商制定出的政策，才能真正走向自由。一八一九年，班雅明・康斯坦在巴黎的雅典皇家學院發表的著名演講〈古代人的自由與現代人的自由〉（The Liberty of the Ancients Compared with That of the Moderns）中，比較上述兩種自由概念。他說現代人認為的自由，其實是柏拉圖拿來取笑民主的理由；但古代人認為的自由，卻是亞里斯多德眼中民主的核心德行。[10]柏拉圖之所以會說民主是最不穩定的政治制度，亞里斯多德卻說民主最穩定，正是因為兩人所說的自由並不相同。

許多當代與現代的美國民主學者也都認為政治參與具有特殊地位，這表示他們對民主的想法和亞里斯多德很像。美國哲學家杜博依斯在一九〇三年的《黑人的靈魂》（The Souls of Black Folk）中大力讚揚民主，不斷強調美國欠黑人三樣東西：「自由投票的權利、真正享有公民權的權利，以及受教育的權利」。[11]他要求「無論是不是在選舉季，黑人都必須不斷爭取，必須知道

投票權是當代成為男人的必需品……而且黑人男孩和白人男孩一樣需要受教育」。杜博依斯之所以強調投票權、公民平等（civic equality）以及教育，正是因為他認為政治參與是一種非常特別的自由權利，而教育則是好好參與公民生活的必要條件。[4]

我已經強調過，即使不去選擇民主體現的是哪一種自由概念，也可以討論我要討論的問題。無論民主奠基在哪一種自由概念之上，公共理由都扮演特殊角色。它甚至特殊到，在關於民主本質最有說服力的說法，也就是杜博依斯的說法中，公共理由比其他元素都更重要。

民主的核心是公共理由，所以我們需要特別注意那些在民主國家中打著公共理由的旗號，實際上卻會讓理性的參與者偏離公共理由的宣傳。民主國家中有很多宣傳，都會讓人在討論時更偏離而非更靠近公共理由。想要更清楚瞭解自由民主國家中的宣傳樣貌，就得先進一步理解公共理由這種規範性理念，之後才能評估各種不同例子。

接下來，我會討論規範公共政治言論場域的三種不同標準。任何關於公共理由的看法都必須**不帶偏私**（impartial），也就是說這種規範性標準不能讓公共政治言論變成詹姆士‧麥迪遜說的那樣，「讓人們分裂成不同陣營，使其彼此仇恨，互相激怒、互相壓迫，不願為共同利益攜手合作」。這項標準要求公共政治言論

---

4　原注：後來羅爾斯在《正義論》（*A Theory of Justice*）中明確指出「政治自由」、「平等參與政治事務的自由」具有特殊地位（見p. 201）。他就像該書開頭所說的一樣，主張平等自由原則體現在平等參與原則之中（見p. 221）。此外，他也把平等參與原則和康斯坦所說的「古代人的自由」明確連接起來（見p. 222）。

舉出的理由以及提出的政策，都不能仰賴特定觀點。而所謂不帶偏私的理由，就是指該理由「奠基於一些獨立於發言者立場的事物，也就是說這些事物必須無關乎相信它們的是誰。」[12]這就是所謂的**無偏私的觀察者**（impartial observer）觀點。如果你要求公共政治言論不帶偏私，你就會要求政治人物在政治辯論中提出的所有主張，都必須源於無偏私的觀察者觀點。而以下三種公共理由的概念，在這種意義下都是無偏私的。

第一種概念認為，公共政治言論場域應該符合**理論理性**（theoretical rationality）。第二種概念則認為應該符合**實踐理性**（practical rationality），並且讓人們進入某種我之後會解釋到的無知狀態。至於第三種概念，則認為討論時必須同等尊重每一個會被政策影響的人的觀點。根據當代政治哲學的傳統，我們將這種概念稱為「**願意講道理的**」標準。

第一種概念認為，公共理由有助於讓辯論接近**理論理性**，也就是像哈伯瑪斯所說的那樣，即「不以強迫他人的說法，而是以更優秀的論證來獲得力量」（the unforced force of the better argument）。根據這種概念，在政治辯論中，我們只能提出那些能夠影響當下議題所涉事實的言論；此外，我們也只能用言論是否能夠影響所述事實，來評估要不要將其納入考量。**辯論中的理性言論**必須有正當的支持理由（也就是必須「以證據為本」），只有這種言論才能明顯影響我們討論的事實是否為真，讓我們用理性的方式解決爭議。譬如，在辯論美國入侵伊拉克是否違反道德的時候，就只有那些具有正當理由、能以證據支持入侵或反對入侵的言論，才算是辯論中的理性言論。[4]

有時候，理性言論也會對整體辯論產生非理性的影響。譬

如，最近《紐約時報》的〈回顧報導〉（Retro Report）專欄就討論了一個關於「頂級掠食者」（super-predator）的例子。[13]一九九〇年代中期，以東北大學的詹姆斯・福克斯（James A. Fox）與普林斯頓大學的小約翰・迪歐里奧（John J. DiIulio Jr.）為首的學術人士引進了這個詞之後，它就變成了美國人描述青少年罪犯的流行用語。在某次電視訪談中，迪歐里奧將「頂級掠食者」定義為「執迷不悟的衝動青少年罪犯，可以毫不猶豫地殺人、強姦、把人打成殘廢」。在另一次電視訪談中，他則說這類罪犯是一群「成長過程中沒有父親、沒有信仰、沒有工作的孩子」。此外，他還在一九九六年的〈你我身邊的黑人犯罪問題〉（My Black Crime Problem, and Yours）一文中寫道：「這些頂級掠食者中，可能有將近一半是年輕的黑人男性。」

一九八九年發生了惡名昭彰的「中央公園慢跑者案」，紐約市的一群黑人小孩被當成強姦慢跑者的犯人逮捕，但全都抓錯了。CBS新聞的丹・拉瑟（Dan Rather）就是在這時候開始使用「頂級掠食者」這個詞。後來，到了一九九六年總統大選期間，共和黨候選人鮑伯・杜爾（Bob Dole）呼籲用嚴刑峻法預防青少年犯罪時就說，這些（黑人男性）青少年「在專家眼中都是頂級掠食者」。這個妖言惑眾的詞彙顯然立刻對這個議題產生非理性的影響：四十多個州都快速訂定了青少年犯罪的嚴厲罰則。我們會以為在這個脈絡下，政治人物會使用「市中心青少年」這個詞來

---

5　原注：也許布魯斯・阿卡曼（Bruce Ackerman）認為公共理由必須不帶偏私，但我不在這裡討論該怎麼詮釋他的看法。見Ackerman, *Social Justice in the Liberal State*。

推動立法，但「頂級掠食者」一詞已經和黑人青少年密不可分。它讓辯論變得混亂——在辯論中，人們一旦使用「頂級掠食者」這個詞，即使理性的言論也會帶來非理性的效果。但這正是引進「頂級掠食者」這個詞的目的。福克斯就說過，他之所以用這個詞，就是為了刻意「敲響警鐘，讓大家知道如果不趕快應對會有多危險」。

在一九九〇年代的青少年犯罪辯論中，「頂級掠食者」與「野獸」（wilding，該詞也被用來指稱在中央公園慢跑案中被逮捕的青少年）這樣的詞彙所引入的負面刻板印象，讓人們難以理性地討論。在辯論中，即使是完全理性的意見，也難以避免引發這類刻板印象。只要談到黑人青少年犯罪，非理性效果，尤其是恐懼，就開始發揮影響力，使人無法繼續理性地辯論下去。這與理論理性的規範性理念背道而馳。[6]

————

如果公共理由應該符合理論理性，那麼以表面上客觀的語言刻意挑起爭端的言論，在民主社會中就算是一種宣傳。這些言論會讓激烈的情緒中斷理性辯論，而且本身也經常並不理性。毫無疑問地，有一種宣傳就是上述這個樣子。討論民主社會中的宣傳時，一定得解釋這類案例。

此外，如果公共理由應該符合理論理性，我們就能解釋為何

---

6　原注：我在下一章會更仔細地討論這類案例的核心機制，也就是那些可能引發負面刻板印象的言論，為什麼有時候也能呈現真相。

到處都有一些言論打著科學的旗號，目標卻完全違反科學了——因為這些言論都是宣傳。那些否認氣候變遷的言論就是典型的例子。

　　如果公共理由必須符合理論理性，那麼我們就可以正當地要求公共政治論壇中的言論必須有助於我們理性地解決問題。譬如，在討論「對富人增稅是否符合公共利益」時，無論是贊成或反對的理由，都得讓其中一種選項（妥協也算是一種選項）變得更可能或更不可能為真。譬如，反對增稅的人可以提出實證證據，說明增稅會提高失業率，不符合公共利益。

　　根據理論理性的標準，民主國家中的公共政治辯論該做到的，就是討論某一項政策是不是**為了促進公共利益**，或者是否**符合公共利益**。但也有人擔心，某些符合公共利益的政策，可能會踐踏少數群體的個人自由。另一種關於政治辯論的規範性理念就是因此而起。要介紹這種理念，就得說說羅爾斯在一九七一年的《正義論》（*A Theory of Justice*）中提出的「原初立場」（original position）這一思想實驗了。[7]

　　實踐理性討論的是「手段與目的」之間的問題：在既有的信念下，用怎樣的手段實現某個目的最為理性？這種標準並不要求公共理由的言論必須毫無偏私。不過，如果我們能遵循實踐理性，同時能夠不把**自己在社會中的位置**，以及由社會中的位置而生的個人觀點納入考量，我們就依然可以做到在言論上沒有偏

---

7　原注：羅爾斯當然沒有把這列入公共理由要遵守的標準。他認為公共理由只會出現在已經認同正義原則的社會中。感謝洛莉・華生（Lori Watson）跟我討論這件事。參見Rawls, *Political Liberalism*。

私。我們能從《正義論》中的一個思想實驗提到的「原初立場」看見這個模型。羅爾斯認為要為社會建立正義的規則，你就得想像自己處於「原初立場」，不知道自己在社會中的位置，不知道自己的種族與宗教，甚至不知道自己的智力與體力。由一群觀點上完全符合實踐理性，並想像自己處於「原初立場」的人所同意的法律，就是規範該社會的正義法律。也就是說，在訂定正義的規則時，我們必須假設自己不知道自身在社會處於什麼位置，然後用實踐理性去決定這個社會應該要遵守怎樣的規則才合理。這就是公共理由的第二種規範性標準：在政治論壇中發言的人，必須假設他不知道自己在社會中處於什麼位置，然後在這種狀況下根據實踐理性來發表言論。這種言論也不會帶有偏私，可以稱為**實踐理性式的無私**。

乍看之下，實踐理性式的無私會禁止我們在公共政治論壇中表達自身利益，但其實不會。很多時候，我們甚至可能得考慮一些與個人利益相關的資訊，才能作出無私的判斷。[8]這種觀點認為，在民主審議中，由不知道自己在社會中占有什麼位置的無私觀察者提出的理由才正當。但這並不表示人們在審議過程中被禁止表達自身利益，因為某些個人利益會讓我們知道某些正當的理由比其他正當的理由更重要。舉例來說，假設我們在討論要不要

---

8　原注：參見Mansbridge et al., "The Place of Self-Interest," esp. sec. 3。值得一提的是，柯恩和羅傑斯批評珍‧曼斯布里奇（Jane Mansbridge）等人忽略了這一點。後者在上述文章中的第七十三頁註腳二十六中肯定了前者的評論，但認為他們自己對於公共理由可以容納私人利益意見的看法，比前者的觀點更進一步。見Mansbridge et al., "The Place of Self-Interest," p. 73n26。

建一座橋把小島跟大陸連起來，而在這種狀況下，住在橋梁建築預定地的人的利益就與該不該建橋有關。即使這些人提及自身利益的言論不屬於公共理由，我們還是需要靠這些言論去判斷。

實踐理性式的無私並不禁止我們在公開辯論中表達自身利益，但這類言論若要說服他人，就必須提出所有人都能接受的理由。源自於個人利益的言論，只要無助於進行無私推論，就不能在公共理由中出現。因為凡是既出於個人利益，又無助於無私推論的言論，都是利益團體為了以不當手段奪取權力而說出的言論。

譬如，假設有一位參議員為了籌募競選經費，而在會議中發言支持一些有利於石油公司或私人監獄的法律，希望相關公司之後可以捐錢給他。那麼在那些不會從政治獻金中獲益的人們眼裡看來，這位參議員的言論就既出於自身利益，又與無私討論背道而馳。這時候我們用實踐理性式的無私來做判斷，就是正確的。

在討論政策時，有很多出於自身利益的言論都會與討論的內容間接相關。因此即使公共理由必須不帶偏私，在政治討論中發表這類言論依然是正當的。不過還有一類言論既無助於解決爭議，又不會提供任何相關證據，但卻有助於維持讓公共理由存在的**先決條件**。即使公共理由必須不帶偏私，在討論中發表這些言論也是正當的。

實踐理性式的無私標準在於，能出現在公共理由中的言論，必須讓社會中的每個人只要不知道自己在社會中所處的位置，就都會覺得很合理。但我們還是不知道，是不是只要用毫無偏私的理由來討論事情，就能讓人以更寬廣的視野，來判斷這個社會是否足夠包容。所以實踐理性式的無私標準，也會允許我們發表那

些有助於人們建立這種視野的言論。也就是說，如果某些言論能夠讓我們建立民主審議所需的環境，無私標準就會容許發表。這或許是因為民主審議所需的環境有某些部分未必無私（譬如我接下來會提到的「願意講道理」的言論）。即使某些言論帶有偏私，只要它有助於奠定無私討論所需的**先決條件**，實踐理性式的無私標準就會認為它的出現是正當的。這種標準並沒有這麼容易推翻。

———

雖然實踐理性式的無私標準聽起來很合理，但它從古至今都不是民主理論看待公共理由時最核心的部分。長期以來，民主理論一直偏好另一種理念，這種理念認為民主社會的人民必須培養對待同胞的某種態度。杜博依斯在《黑人的靈魂》中以南北戰爭結束後的南方州政治狀態來提醒我們，社會一旦完全違反這種公共理由應該遵守的規範性理念，會變成什麼樣子：

> 南方的黑人勞工、工匠、土地所有者都非常多。我們在訂定法律、形塑公共輿論的時候，可以完全撇除這些人的聲音嗎？如果自由的民主政府，讓現代化的工業組織擁有權力和能力去強迫勞工階級尊重他們的利益，但南方卻有整整一半的勞工在議會中完全沒有發言權，完全無法守護自己的利益，我們可以在南方實行這樣的制度嗎？……悲哀的是，時局都這麼緊張了，我們在辯論法律時竟然還得投入大量心力，才能讓某些州的立法者聽一聽站在黑人那邊的聲音。制

定這些法律的人幾乎絲毫不在乎黑人的利益；執行這些法律的人也完全沒有尊重或體貼黑人的動機；以這些法律來審判嫌犯的人更不是與被告處境相似的人，而是一些寧可錯罰十位無辜黑人也不願錯放一位有罪之人的人。[⑭]

杜博依斯對南方各州在內戰後幾十年政治制度的批評是，這些州的法律不具民主正當性；對黑人之類的公民來說，它們帶來的不是「法律與正義」，反而是「羞辱與壓迫」。這些法律欠缺民主正當性的一個明顯原因是，黑人無法參與制定的過程。馬丁·路德·金恩在〈伯明罕獄中書信〉（Letter from a Birmingham Jail）中寫道：「如果一群沒有投票權、無法參與制定法律的人被迫遵守某項法律，那項法律就不正義。」但杜博依斯的說法並不僅止於此，他提醒我們另一個更核心的原因：只要制定法律的人不設身處地**同理**黑人同胞，法律就不具民主正當性。如果立法者在制定法律時並未設身處地為黑人設想，這道法律就無法反映出對黑人觀點的尊重，而立法者就是沒有去聽「黑人在當下爭議中，以尊重他人的方式表達出來的看法」。

杜博依斯認為南方各州的法律不具正當性的原因是：（1）法律制定的過程中沒有黑人參與；（2）立法者不考慮黑人提出的合理觀點；（3）立法者制定法律時並未設身處地同理黑人。杜博依斯的言下之意就是，平等地尊重黑人合理觀點的關鍵，在於設身處地同理黑人的處境。

但在慈愛式的家父長社會（benevolently paternalistic society）中，政策制定者也會設身處地同理人民的處境，卻不會以平等尊重的方式對待人民。而慈愛式家父長制與民主之間的差異，就是

杜博依斯所提到的，一個自由的民主社會，必須考慮其他人以「尊重他人的方式表達出來」的看法，即使那些看法與自己的看法不同。

英國哲學家蘇珊・斯特賓（Susan Stebbing）在一九三九年出版了《為了某些目的思考》（*Thinking to Some Purpose*），這本書的第四章名為〈你和我：我和你〉（You and I: I and You）。她發現人們在公眾討論中經常「不會去從其他人的角度看問題」。[15]因此她提出一種「安全措施」，建議我們在提出適用於每個人的主張時，都把句中的「你」換成「我」，藉此更能看出自己開出的藥方是否明理。這項建議說明斯特賓也認為公共討論必須平等。而這正是家父長制和民主的差異。

社會學家曼佛雷德・史丹利說過，為什麼民主社會需要考慮其他人的觀點：

當社會發展得夠複雜、夠分化，階級與職業之間的差異就會讓不同族群之間的社會心理鴻溝成為常態，而同情心不足就會成為一個明顯的集體問題……在階級結構的極端之間、在不同民族與種族之間、在數量夠多的男性與女性之間，人們彼此隔閡，以刻板印象幻想彼此的模樣……如今的挑戰，就是如何讓人們理解那些他們沒有接觸過的人擁有怎樣的客觀歷史，活在怎樣的客觀條件下。畢竟所謂的同情心，預設了我們有辦法以某些特定的幽微方式，在知情的狀況下「把自己想像成其他人」。

但「把自己想像成其他人」究竟是什麼意思？史蒂芬・達爾

沃借用亞當‧斯密提出的「公正的旁觀者」（impartial spectator）概念來解釋什麼是「想像自己處於**其他人**的處境」，什麼叫做在討論時考慮其他人可能會有的感受。[16]斯特賓建議我們在提出政策時，一方面要把自己想成被該政策約束的人，屬性都跟被約束的人一樣，另一方面也要維持「旁觀者」的無私立場。這種設身處地為別人設想的能力，讓我們可以平等地看待其他同胞的觀點。慈愛式家父長制與民主之間的差異，就在於民主預設了人們會經常使用這種能力。[17]

我延續史蒂芬‧達爾沃的說法，將其稱為「認知移情能力」（cognitive empathy）判準；這項判準認為民主社會中的人，必須能設身處地同理他人。不過由於目前還不完全清楚「想像自己位於**別人**的處境」到底是什麼意思，我們還無法清楚定義究竟什麼才是「認知移情能力」。此外，哲學家勞莉‧保羅（Laurie Paul）最近主張，我們無法真正想像自己身處生活經歷截然不同的處境中。如果她說得沒錯，那麼認知移情能力就太過理想化，不能當成民主所仰賴的情感基礎。

勞莉‧保羅主張，有些經驗是沒經歷過的人無法想像的。[18]她舉的例子是生養小孩，那是一種「轉變式的經驗」（transformative experience），會帶來知識與性格上的轉變，譬如沒生養過小孩的人無法光靠理性決定，就想像自己生了小孩會是什麼樣子。不過這真的表示沒生養過小孩的人不能成為生過小孩的人的「公正的旁觀者」嗎？在做出這樣的結論之前，得先回頭看看亞當‧斯密所謂的「公正的旁觀者」究竟是什麼意思。但如果「公正的旁觀者」概念真的與勞莉‧保羅的論證衝突，那麼根據我前面所述的標準，就幾乎沒有任何政策能夠具備民主正當性。每一項沒有小

孩的人幫有小孩的人制定的政策，都是不民主的。這種反對自由主義的說法，對我們來說並不陌生。

有幾種方法可以因應保羅的論證造成的困境。第一種是找出一種不仰賴「認知移情能力」的公共理由標準，譬如莎朗‧克勞斯（Sharon Krause）就建議我們在討論他人的觀點時，要「運用道德情操」（an exercise in moral sentiment）去考慮那些處境不同的人被政策影響時，會有什麼感覺。[19]克勞斯認為，即使我無法用別人的觀點來看事情，還是可以知道我提出的政策可能會對別人產生負面影響，甚至可以因此讓自己的看法變得無私。如果公共理由可以用這種方式變得無私，那麼即使我們的認知能力無法掌握別人的觀點，可能也無所謂了。

第二種處理方式是在**情感上**把「認知移情能力」當成**理想**。也許它從未真正實現，甚至根本不可能實現，但依然可以用來調整我們的共同決策。這種策略把公共理由應該符合的標準全都當成理想，但可以用來調整行為，產生實質的改變。我在第四章的結尾會提到，這種策略需要我們進一步討論，才知道怎樣算是「用理想來調整行為」。

當某種政治理念在現實中無法實現，我們可以改為追求一種比較薄弱卻比較現實的理念，也可以把原本的理念當成調整行為的參考。但這個問題對我而言無關緊要，畢竟我並不是要討論理想理論，而是要用假定存在的理念來鑑別哪些東西屬於宣傳。宣傳會傷害所有政治辯論應該符合的理念，無論這些理念能不能實現。

———

民主社會中的公民會假設其他成員跟自己一樣，在做事情之前一定都掌握了好理由。所以他無法理解其他成員為什麼會做某些事時，就會反過來質疑自己的觀點是不是有問題。這就是杜博依斯所說的，用開放的態度對待其他人「以尊重他人的方式表達出來」的觀點。

　　這種時候，羅爾斯認為民主審議應該遵守的標準就相當有用。他稱這種標準為「願意講道理」：[20]

> 如果人們在提出原則和標準時，把這些規範當成了和其他人一起平等合作的公平條件，並在確定其他人會遵守規範的前提下，自己也願意遵守的話，那這些人基本上就是「願意講道理的」。他們認為去遵守這些規範，對所有人來說都講道理，所以他們自己遵守也很合理（justifiable）。此外，他們也願意去討論其他人提出的公平規範。[21]

　　若要達到「願意講道理」的標準，所有的政治討論，譬如政策的草案，都要對所有必須遵守的人來說夠「合理」。而如果我提出的規範對你而言夠「合理」，勢必表示在某種意義上，我在提案時想過「如果我是你」，那我會不會覺得合理。

　　我們暫時先把理論理性放在一邊，先來比較一下實踐理性跟願意講道理有什麼差別。實踐理性的重點是選擇最有效的手段去完成目的（目的未必是真的，也未必是良善的），願意講道理則要求提出的言論「要有理由讓人相信其他公民也有理由接受」。[22]哲學家阿米亞・希尼瓦桑（Amia Srinivasan）在《紐約時報》就舉過一個好例子：

想像一下，我從有錢的雙親那邊繼承了一大塊空地，而你住在我隔壁，又窮又沒有土地。於是我提議找你來那塊土地種一年的田，春耕夏耘、秋收冬藏，每天我付你一美元。一年之後，我把穀子賣掉可以拿五萬美元。你想了想，發現好像也沒有更好的選項，就接受了這筆交易。㉓

如果只看理性的自身利益，那麼我在你沒有其他選擇的時候，每天給你一美元叫你做事相當理性。但這種做法顯然一點都**不通情理**。我完全沒有想像自己如果是你，會不會覺得這場交易是否公平。羅爾斯在《政治自由主義》（*Political Liberalism*）中說，公共言論應該遵守的核心規範，就是言論必須講道理。[9]

即使是教人如何成功散播宣傳的秘笈，也會要你設身處地為其他人思考，並在公共言論中「願意講道理」。以色列一直在和巴勒斯坦打一場不對稱戰爭，而以色列的軍事能力明顯佔上風。但源源不斷的巴勒斯坦平民屍體照片，卻嚴重傷害了以色列的形象。從這些照片看來，以極為不對稱的方式繼續打這場仗的以色列，在推動和平的過程中似乎完全不願意講道理。

有個名為「以色列計畫」（The Israel Project）的組織，專門在國外（尤其在美國）改善以色列的形象。他們在二〇〇九年加薩戰爭期間，委託美國宣傳家法蘭克・倫茲（Frank Luntz）寫一本修復形象的教學指南，並藉由「二〇〇九年全球語言辭典」計畫，設法

---

9　原注：艾美・古特曼（Amy Gutmann）與丹尼斯・湯普森（Dennis Thompson）在《民主與異議》（*Democracy and Disagreement*）中認為，公共理由的核心指導原則是「互惠」（reciprocity）。他們所說的「互惠」其實就是杜博依斯和羅爾斯所說的「願意講道理」。

在這場極為不對稱、造成大量平民傷亡的戰爭中維持公共形象。該計畫人員編出了《以色列計畫的二〇〇九年全球語言辭典》（*The Israel Project's 2009 Global Language Dictionary*），原本是不公開的內部文件，後來卻洩漏了出來。這份文件的第一章叫作〈有效溝通的二十五條規則〉，其中第一條規則，也就是整份文件的第一句就寫道：「那些可以被你說服的人在知道你有多關心他之前，是不會在意你懂多少東西的。先讓對象知道你設身處地為他著想吧！」

其實早在二〇〇三年四月，倫茲研究公司（The Luntz Research Companies）就和以色列計畫合作，做過一份類似的研究：〈韋斯納分析：二〇〇三年以色列溝通要點〉（Wexner Analysis: Israeli Communication Priorities 2003）。該研究的目的，是要告訴美國的「輿論菁英」以色列真心想促進和平，也真正關心巴勒斯坦人的福祉，但同時也讓美國人不支持巴勒斯坦領導人。倫茲在民調中發現「我們希望找到一個真的能夠反映巴勒斯坦人最佳利益的巴勒斯坦領袖」這句話，可以有效地讓受眾相信以色列在談判時願意講道理，而目前的巴勒斯坦領導人反而不通情理。

這份文件中有很大一部分，都是在教人如何讓受眾覺得以色列願意講道理，以及如何用暗示而不明言的方法，讓受眾覺得當時還默默無名的巴勒斯坦領袖馬哈茂德·阿巴斯（Mahmoud Abbas）不值得信任。倫茲強調，溝通時不要直接批評阿巴斯，而是要設法暗示這個人不可信。他建議以色列溝通者設法傳達阿巴斯「是被不可靠的阿拉法特（Arafat）[10]安插到現在位置上的」，而且這個人「否認猶太人大屠殺」。倫茲給以色列的建議顯示，他了解人們都認為公共論述必須講理，都會期待參與的各方能設身處地思考彼此的處境。所以他試圖解釋如何一邊偽裝自己願意

講道理，一邊傳達某種訊息，讓第三方覺得參與談判的另一方不講道理。

　　羅爾斯發展出一項關於「願意講道理」的論證，他稱之為「願意講道理的多元主義」（the fact of reasonable pluralism）。民主社會必須允許公民擁有**各種不同的明理觀點**。所謂自主的生活，就是由自己來支配自己，「在世界上走出自己的路」。如果你都自主決定，你的人生就是你自己走出來的。民主應該讓每個人都盡可能自由地走出自己的人生，並持續以講理的方式對待其他人。因此，民主社會一定會出現好幾種講理的完整道德觀念。你可以決定信基督，我可以決定信山達基（Scientology），我們的另一位朋友則可以繼續維持無神論。這些信仰互不相容，但都願意講道理。而且，因為這些信仰都是我們一路上自主決定正當生活方式所產生的結果，如果公共理由也得講理，我們就不可以在公共討論的時候引用這些宗教信仰。在公開辯論中，你不可以拿基督教教義當理由，畢竟只要你願意講道理，你就會知道基督教教義在我眼中一點都不合理。

　　相比之下，理論理性就允許我們在公共審議中提出任何可能解決當下爭議的理由。如果基督教教義有助於解決眼前的爭議，基督徒在討論中引用這些教義，就並不違反理論理性。

---

10　譯注：亞西爾・阿拉法特（Yasser Arafat，1929至2004年）是巴勒斯坦自治政府在一九九四年成立後的第一任主席。阿拉法特曾在一九九三年代表巴勒斯坦與當時的以色列總理伊札克・拉賓（Yitzhak Rabin）於白宮簽署〈奧斯陸協議〉，成功推展以巴和平進程。但此後以巴之間仍衝突不斷，而阿拉法特也長期被美國看作中東和平進程的障礙。

我們說公共政治辯論應該遵守理論理性，不過民主社會中有一種典型的宣傳，是乍看之下很理性，後來卻會讓討論越來越難符合理論理性，而且即使有助於解決了爭論，也依然無法彌補其所帶來的傷害。但如果公共辯論應該遵守的核心理念是「願意講道理」，那麼根據相同方式推論出來的典型宣傳就會大異其趣。它會變成那些乍看之下願意講道理，後來卻**讓人們在討論中變得越來越不通情理**的言論。因為這種言論在發表時根本沒考慮過其他人的觀點。

要了解怎樣的主張乍看之下願意講道理，實際上卻會讓人變得不通情理，就得先進一步了解究竟何為「願意講道理」，而它背後的情感基礎又是什麼。「願意講道理」究竟是什麼呢？就是讓自己的意見，對社群中的每一位同胞負責。願意講道理的人只會做其他人都能接受的事，會知道自己必須對所有同胞負責。達爾沃認為，負責的情感基礎是內疚，當我們做事的方式不通情理，我們就會內疚。[11]但光靠內疚，並不會讓我們用別人的角度去想問題。在一個願意講道理的社群中，每個人都會彼此尊重，做事情時會對每一位同胞負責。而至少對人類而言，這種態度源自

---

11 原注：見Darwall, "Accountability and the Second Person," pp. 71–72。達爾沃認為，能夠以「第二人稱觀點」（second-personal attitudes）看事情的人，就會變得願意講道理。而他又把這種基於**互惠**的態度稱為「第二人稱能力」（second person competence）。又見Darwall, *The Second Person Standpoint*, pp. 23–24。根據他的看法，某些態度只有在你能從其他同胞的角度出發，將心比心地看事情的時候才會有。

於**設身處地為他人著想**。[24]照此說來，自由民主社會中的典型宣傳之一，就是那些乍看之下願意講道理，卻讓目標受眾難以設身處地同理他人的言論了。

如果我們認為公共理由應該講道理，那麼只要我們在公共討論中提出適用於其他同胞的政策，或者提出論述去支持這類政策，就得對每一個會被政策影響的同胞負責。提出在其他人眼中並不合理的政策，是很不通情理的行為。根據「願意講道理」理念，我們應該「用每位同胞照理來說都會接受的理由，和其他人一起做出決策，一起活在政治之中」。[25]

「願意講道理」標準也可以用來解釋，為什麼以明理的方式審議出來的法律政策，可以被用來正當地要求那些沒有參與審議的人遵守。這個標準要求審議者在制定政策時，必須考慮每一位可能受政策其規範的人的觀點，而這包括某些人，譬如非常年幼的兒童。這些人無法參與審議，所以我們必須確保制定出來的政策有照顧到他們的利益。

達爾沃提出一種「第二人稱觀點」（second-personal attitude）的觀念。當我們發言時採取第二人稱觀點，就是讓自己的言論對他人負責，同時相信其他人也會對自己負責。拿達爾沃最常用的例子來說就是，當我「請你把踩著我的腳移開」時，我就是用第二人稱觀點，希望你能尊重我的**尊嚴**、從我的角度看事情。也就是說，第二人稱觀點的核心概念是**尊嚴**與**尊重**。如果在公共政治言論場域中的所有討論，都必須接受第二人稱觀點，那麼那些侮辱社群中其他同胞的言論就違背了這種理念。這類言論經常躲在宣傳手法背後，乍看之下沒有問題，但仔細一想就會發現它並不尊重他人。

這些被我稱為宣傳的言論，毫無疑問都是壞的。但政治哲學中卻有一種可以追溯到亞里斯多德的思想，會**特別為修辭術辯護**。[12]因此我們需要說明，這種思想和那些被我稱為幫宣傳背書的說法，究竟有什麼差別。本章剩下的部分，就是要用目前為止已經闡釋過的觀點，去解釋為什麼政治上需要用某一種特殊的宣傳，去克服那些實現民主理念時遇到的基礎障礙。在自由民主國家中，這種宣傳和惑眾妖言之間有一種特殊的結構關係。

————————

　　前文說過，杜博依斯發現我們需要修辭學或宣傳之類的事物，才能克服障礙、落實民主。他的原意可能是說，那些直接指出黑人在社會中承受扭曲觀念的作品無法暢銷，所以我們需要使用一些顛覆型宣傳。但我們也可以說，他認為這個社會需要一些非常有效的強化型宣傳，來宣揚黑人的人性之美。這樣的論點也

————————

12 原注：布萊恩・加斯頓（Bryan Garsten）曾指出，那些可以「促使人們做出政治判斷」的修辭術是正當的，但那與「出於特定動機的修辭術」不同。見Garsten, *Saving Persuasion*, p. 174。加斯頓認為值得存在的修辭術，是像那些在公共理由中用**故事**（anecdote）來說服人的技巧。他認為這是正當的；因為人類的理性有極限，用故事來說服別人，是在有限理性下呈現理由的方法之一。我們有時候「已經知道某些時候該怎麼做決定，但還不能把決定方法整理成一套規則」，這時候故事就是可以接受的理由。見同上，p.175。當然，用故事去理性說服，和用我說的宣傳言論去影響別人，顯然是不同的。只有幫那些「出於特定動機的修辭術」辯護，也就是辯護那些阻止別人繼續理性思考，要求別人趕快作出行動的言論，才算是在為宣傳辯護。而加斯頓明確反對這種修辭術。

出現在他於一九二〇年代哈林文藝復興（Harlem Renaissance）時期，與哲學家阿蘭・洛克（Alain Locke）的經典辯論之中。

杜博依斯在〈黑人藝術的判準〉中寫道：「我並不是要去反對那些認為白人血統神聖無誤的正面宣傳，而是要呼籲那些認為黑人充滿對新世界的熱情、值得我們去愛的宣傳，也應該與前者擁有相同的權利。」接著，他詳述了他希望藝術產生的宣傳效果：「這個社會在承認黑人民間藝術的價值之後，才會把黑人當成人，才會發現黑人的藝術以新載古，古中顯新。」杜博依斯在該文中，把那些以藝術的方式喚起情緒，讓受眾注意到黑人應該與其他公民獲得同等尊重的傳播方式，都稱為「宣傳」。

但到了一九二八年，阿蘭・洛克反駁了這種顯然是在呼籲人們使用強化型宣傳的言論，並同時提出一種有用的方式來描述這種非貶義的宣傳：

> 我反對宣傳的主要原因，除了它幾乎總是單調乏味，而且手段與目的不相稱之外，更是因為它即使大聲疾呼要設法讓少數群體掙脫自卑感，依然會使他們的自卑感永遠揮之不去。因為宣傳總是得活在優勢主流群體的陰影之下，總是只能呼籲、哄騙、威脅、拜託優勢主流群體。

杜博依斯與阿蘭・洛克所說的「宣傳」，都是用「論述、哄騙、威脅、拜託」為方法，迫使優勢主流群體更大程度地去尊重被迫害忽視的少數族群，設身處地為他們著想。在這種意義上，「宣傳」是一種利用情緒讓受眾變得**更為**願意講道理的方法。至於阿蘭・洛克之所以批評杜博依斯，則是因為杜博依斯的策略是

在逼黑人藝術家對優勢白人族群宣揚黑人的優點，會增加黑人藝術家的無謂負擔，而且也會壓縮他們的創作自由。

政治哲學家梅爾文・羅傑斯（Melvin Rogers）則以杜博依斯為例，主張有時候我們可以用修辭去影響「判斷中的認知情感維度」。[26]羅傑斯的論述並沒有訴諸我在前文所說的顛覆型宣傳，而且很少討論機制，而是試圖指出那些正向的修辭和「願意講道理」這類民主理念之間，究竟有什麼關係。[13]羅傑斯認為，杜博依斯希望用各種修辭技巧，迫使受眾對黑人同胞負起責任，讓受眾了解自己有道德義務去讓某個過去一直被忽略的族群能夠平等參與政治。這些言論的功能，不是讓我們能夠判斷當下爭論的命題是否為真，進而理性地解決紛爭，而是逼迫我們重新想像相關概念的適用範圍。[14]

正如前文所言，公共討論要能講理，每一位公民就都得「相互尊重、為彼此負責」。[27]杜博依斯顯然就是認為宣傳可以讓每一種膚色的人都更「相互尊重、為彼此負責」。在他的年代，美國

---

13 原注：Rogers, "David Walker and the Political Power of the Appeal"也討論到相關主題。他討論了大衛・沃克（David Walker）在一八二九年的"Appeal to the Coloured Citizens of the World"一文。Rogers認為「該文是優秀的修辭範例。它肯定廣大黑人同胞的能力，並呼籲同胞運用自己的能力」。

14 原注：約書亞・柯恩有篇文章收錄在尚恩・羅森柏格（Shawn Rosenberg）編輯的*Deliberation, Participation and Democracy*一書中，回應了克里斯欽・李斯特（Christian List）所謂的「論述兩難」（discursive dilemma）。柯恩認為，目前還不清楚審議究竟要如何讓原本排外的「我們」變成更包容異己的「我們」。我認為梅爾文・羅傑斯也有一樣的假設，並將在接下來的段落中解釋其動機。

社會沒有把黑人劃進這種關係的適用範圍之內，所以杜博依斯呼籲黑人藝術家用作品來迫使社會擴大承認「相互尊重、為彼此負責」的適用範圍，讓公共言論變得更願意講道理。

杜博依斯認為修辭術能讓討論更接近公共理由，所以是必要的。但他要辯護的，當然不包括修辭術用情感的力量來繞過理性辯論的那一部分。梅爾文・羅傑斯就說，杜博依斯所辯護的是修辭術的「激勵」（aspirational）之力。有時候雖然修辭術本身並不理性，提供的資訊並不能幫助我們解決爭端，卻可以讓辯論變得更為講理。

如果公共言論應該講道理，那麼羅傑斯所說的「激勵」言論，在結構上就與惑眾妖言剛好相反。所謂的願意講道理，是指在公共政治言論場域中發言的人，有對提案會影響到的每一位同胞負責。由此可知，現實中大部分自詡為自由民主的國家，它們的法律對該國某些族群而言，都相當不通情理。譬如杜博依斯提到的美國南方重建時期法律，就相當不通情理地強迫黑人同胞接受它的內容。這時候，那些「激勵」的言論就能讓整體辯論變得**更為**願意講道理。譬如，那些呼籲人們設身處地為他人思考、呼籲人們彼此理解的言論，就會讓受眾去傾聽那些一直以來都被忽略的人的觀點。[15]接下來，我要用幾個美國歷史上的公共修辭範例，來探索公共修辭究竟是用怎樣的機制在發揮影響力。

---

15 原注：另一種讓辯論變得更願意講道理的方法，就是讓每個人都變得更願意講道理。舉例來說，我們可以讓一個國家中的每個人都各自無視另一群人的觀點，但卻沒有任何一群人的觀點被普遍無視。或者，我們也可以讓人們無視的對象變得越來越少。這都會讓每個人變得更願意講道理。感謝丹尼爾・帕南跟我討論這件事。

一九〇四年十一月，美國黑人知識分子凡妮・威廉斯（Fannie Barrier Williams）在雜誌《黑人之聲》（*The Voice of the Negro*）上發表了一篇文章，而羅傑斯把它當成「激勵式」言論的經典範例。這篇文章向讀者展示黑人女性發現自己完全被世界所忽略時的感受。下面這段相當有名：

> 在美國的所有女人中，只有黑人女人幾乎不為人知，只有黑人女人從來沒有受到照顧，只有黑人女人遭受攻擊的時候沒有夠多人挺身而出，只有黑人女人自古以來被每一個把女人神格化的騎士文化排除在外。這個世界會為女人開戰，會打著女人的名號建立政府，會在文學藝術與歌曲中把女人捧得像是天使一樣。但那些女人全都是白人。[28]

凡妮・威廉斯用這段話告訴讀者，當你發現自己被世界忽略，你的自尊與自我形象會遭到怎樣的衝擊。

第二個例子的時間點距離現在較近。馬丁・路德・金恩在一九五六年爭取南方黑人投票權時，發動了塞爾瑪大遊行（Selma to Montgomery March）。他明知遊行群眾會遭到極端的暴力攻擊，卻依然堅持非暴力。於是全國人民都在電視上看到，這群和平的示威者只不過是要爭取政治平等而已，卻遭到殘酷暴打。這使人們開始同理黑人的處境，增加了黑人的能見度。塞爾瑪大遊行就是一種民主社會可以接受的宣傳方式：它利用媒體的報導，讓人們注意一個之前被忽略已久的群體，同理他們的處境。

這些宣傳經得起前一章提到的康德的批評嗎？根據康德的角度，杜博依斯呼籲的宣傳是否依然有問題？是否依然是對理性意志的操弄？在這裡，請容我再次使用我在第二章提到的例子：英格麗・蒙森所分析的約翰・柯川版本〈我的最愛〉。根據蒙森的說法，柯川利用了白人的美學理念來吸引白人受眾，而受眾一旦開始聆聽，就會在曲子中聽到之前從沒聽過的黑人觀點。某種意義上，這算是刻意誤導。但這算是康德所反對的操縱嗎？

柯川版的〈我的最愛〉以及塞爾瑪大遊行，都涉及某種操弄。〈我的最愛〉讓受眾以為自己會聽到符合某種已知美學觀的著名歌曲，卻不小心發現了新天地。塞爾瑪大遊行則設套讓南方白人在全國的攝影機前露出自己的仇恨之心，藉此讓全國的輿論都對他們不利。但即使如此，還是很難說這兩種行為真的涉及**欺騙**。舉例來說，兩個例子中都沒有出現**謊言**。

康德在《實踐理性批判》（*Critique of Practical Reason*）中說，自由之所以和理性意志有關，是因為自由是認識到道德法則之後的結果。這種說法當然有很多種詮釋。但當我們用宣傳來讓別人認識到自己的道德責任，實際上就是在讓他們運用理性意志，只不過運用的未必是狹義的理性能力。所以這種宣傳，其實是在直接訴諸受眾的實踐自由（practical freedom）。[29]但如果有人用謊言來操弄理性意志，康德就會反對；至於之前提到的柏南奇用「財政懸崖」來引發關注的方法，不僅會違背民主，也會遭到康德反對。無論是明說還是暗示，只要用謊言來操縱人，事後留下的麻煩都會遠遠超過眼前解決問題能得到的好處。

杜博依斯與阿蘭・洛克提到的宣傳，都用「論述、哄騙、威脅、拜託」的方式，迫使優勢主流群體去尊重更多被迫害及忽視

的少數族群，設身處地思考他們的處境。有一種**結構性原因**會讓我們必須用這種宣傳，去處理自由民主的失能。很多時候，社會中的人們會集體忽略其中某個群體的觀點。譬如，他們非理性地過度害怕那個群體，或者非理性地過度覺得這群人低人一等。於是在制定法律的時候，立法者不會覺得自己應該為那個群體負責。在這種狀況下，就沒有任何顯而易見的方法可以讓社會在討論過程中注意到這個群體，也沒有辦法用理性讓社會給予這個群體的成員平等的政治地位。

那些尚未完全落實自由民主的國家，都有一個必須用公共修辭來解決的結構性問題。那些被忽略的族群，似乎都沒有辦法在公共政治場域中，用講道理的言論去求得其他人聆聽他們的聲音。畢竟從其他人的眼中過濾掉他們身影的機制，也從其他人的耳裡消去了他們的聲音。此外，社會中的其他族群，似乎也不太可能光靠跟自己人討論，就**發現**這些被忽略的族群都怎麼看事情。[16]而如果整個社會都看不見其中某一群人的觀點，就不會在制定法律時照顧這群人的利益（這就是美國監獄造成的道德與政治危機很難解決的原因）。如果這群被忽略的人原本沒有財產，之後也會繼續是沒有財產的人；如果原本沒有政治權力，之後也不會有政治權力。如果要讓民主審議納入那些被忽略者的聲音，就得經常用某種方法讓社會像杜博依斯一九二六年的文章呼籲的那樣，去設身處地思考被忽略者的處境。因此杜博依斯的那篇作

---

16 原注：約書亞・柯恩在二〇〇七年回應克里斯欽・李斯特關於「論述兩難」的論文時，詳細闡述了這件事。李斯特認為必須進行審議，才能讓人們把更多人納入自己認同的團體。而柯恩在回應李斯特的文章中發展出了這項觀點。

品，對民主政治哲學的影響相當重大。

我到目前為止都在主張，有些時候我們得靠公共修辭來解決結構問題。有些時候，那些自詡崇尚自治、平等、理性這些自由民主政治理念的社會，其實都認為這些理念只適用於社會中的某個主流群體，譬如白人。我跟梅爾文‧羅傑斯等人都認為，沒有一種明顯可行的辦法，是可以透過利用理性或講理的論述，來讓主流群體認為這些自由民主理念同樣適用於那些被忽略的人，譬如美國政治史上的黑人。這個社會需要運用認知移情能力去對待這些被忽略的人，但我們卻找不到任何有力的**論證方式**，可以從那些已經被劃在圈內的人的觀點去達成這個目的。不過目前為止，我還沒有討論哪些**方法**可以讓社會設身處地考量更多人的處境。我和羅傑斯都認為，這時候我們該仔細讀讀杜博依斯使用的修辭技巧，譬如《黑人的靈魂》裡面的這一段：

> 兩百年來，很少人追求自由的心，能夠像美國黑人那麼堅定。在黑人的生命中，在黑人的心神和睡夢裡，奴役是所有罪惡的總和，是一切痛苦的源頭，一切偏見的根。從奴役中解放是通往應許之地的關鍵，那土地比以色列人過去在疲憊的眼中所看到的更甜美……這國家還沒有從罪中得平安，脫了鐐銬的人還沒有在這塊應許之地上得自由。[30]

這顯然是杜博依斯針對白人受眾設計的公共修辭。而我們該問的是，這種修辭為什麼會有用？這段話引發受眾共鳴，讓他們認為民主理念也適用於那些被忽略的族群的**機制**，究竟是什麼？

我認為最好的解釋，是杜博依斯用**自由民主的理念**，去對抗

這些理念當時在人們心中的適用範圍。這段話的目的,是要讓人知道自由民主不只適用於白人。當時美國只有白人享有自由,但杜博依斯提醒受眾,美國這個國家有多麼重視自由。他提醒他們,即使白人以外的族群也極為重視自由,藉此顛覆只有白人才值得享有自由的看法。這段話讓白人受眾注意到黑人跟自己一**樣**熱愛自由,藉此喚起共鳴,讓他們發現這個社會一直以來都把那群和自己一樣熱愛自由的人排除在外。這是一種顛覆型宣傳,專門用來打破「**自由專屬於白人**」這種理念。當時的主流群體認為自由專屬於白人,而杜博依斯利用他們對自由的理解來告訴他們:如果你這麼重視自由,就應該讓那些跟你一樣重視自由的人擁有自由。這表示「自由專屬於白人」這種理念根本自相矛盾。白人會把自由視為理念,是因為他們認為自由是最重要的價值,所以如果黑人也認為自由是最重要的價值,就也該享有自由。這段話用自由主義的理念,顛覆了自由只適用於某一群人的當下觀念。

———

前文舉了幾個公共修辭的例子,並解釋了社會在落實自由民主理念的過程中,有時候必須使用公共修辭。但在言論中使用修辭技術繞過理性審議,總是得付出代價。我們真的值得為了解決一整群人被政治討論所忽略所帶來的問題,付出這些代價嗎?接下來,我就要以聯邦監獄與州監獄的囚犯處境為例,說明民主社會忽略一整群人的觀點所帶來的倫理與政治問題有多嚴重。

美國與大部分的民主國家有個差異:美國的囚犯不能投票,

他們不能參與政治。在各個西方民主國家中,只有美國禁止囚犯投票,甚至出獄之後也不行。[17]因此,這個國家沒有任何人能夠從囚犯的角度發聲。在這樣的狀況下,這個國家於是把囚犯非人化,把他們當成政治上的棋子。政治人物會用犯罪事件散布恐懼,然後讓民眾利用自己來滿足復仇的願望(即便人們要復仇的目標正是政治人物所造成的恐懼也無所謂)。[18]對像查克·寇爾森(Chuck Colson)這類的倡議者來說,美國完全不讓囚犯參與政治的結果,已經釀出了一場道德危機。近幾十年,監獄中的酷刑越來越嚴重,這包括大量囚犯遭到單獨監禁,以及許多不人道的量刑。

此外,公共政治領域完全排除囚犯的聲音,還導致了另一種比較少人關注的危機:政治危機。對囚犯的非人化已經傷害了我們的民主,例子之一就是美國各地都有人利用監獄來任意重劃選區。有許多州都把監獄裡的囚犯算成當地的居民,而許多監獄都位於偏鄉,一般百姓的人數少到無法在州議會占有代表席次。光是賓州就有八個偏鄉選區,是靠監獄內那些不能投票而且大部分都來自都市的囚犯,來繼續作為選區。這些地方的選民靠著監獄裡的囚犯,從州政府那邊獲得極大的政治權力和金錢。然後這些

---

17 原注:「歐洲允許囚犯投票的國家有十四個,包括愛爾蘭、西班牙、瑞典、丹麥。囚犯擁有有限投票權的國家有十六個,包括法國、德國、義大利、荷蘭、土耳其。禁止囚犯投票的國家則只有英國、保加利亞、愛沙尼亞、匈牙利、列支敦斯登、喬治亞。」見http://www.theguardian.com/society/2011/feb/10/prisoners-right-vote-european-court。

18 原注:罪行越惡劣,報復的慾望就越大。所以政治人物最常用性侵犯這類的犯人來達成政治目的,這類犯人也最不被當人看。

權力和金錢，又回過頭來讓這些選民更願意去支持殘酷的量刑，藉此把舊犯人繼續關在監獄裡，同時送進更多新犯人。

監獄的勞動問題也是囚犯被非人化所造成的政治危機之一。美國憲法增修條文第十三條禁止強迫無償勞動，但監獄卻被視為例外，所以許多州都改為讓囚犯無償從事原本優質且高薪的公共服務工作。威斯康辛州州長斯科特·沃克（Scott Walker）在二〇一一年推動通過一項法案，取消該州公部門工會的集體談判權，實質上就是讓工會在這個過去以組織工會能力聞名的州失去力量。該法案讓工會不能再將某些工作列為「僅限工會成員從事」。於是某些私人承包的監獄，就去承接了許多高薪的工作，並轉發給囚犯來做。最後，該州就有了更多誘因來降低成本，進而去關更多的犯人。

此外更常見的是，一旦把囚犯非人化，權力薰心、不擇手段的政客就會利用人民對犯罪的恐懼，把自己塑造成人民的守護者，藉此奪權。[19]柏拉圖就說，民主的弱點在於人們「很容易把某個人美化為人民的守護者和捍衛者」。[31]而「暴君最初呈現的形象」剛好就是「人民的守護者」。[32]為了勝選，美國有許多政治人物都以「人民的守護者」自居，煽動人們對犯罪產生非理性的恐懼，讓人們把權力交給他們，並期待他們幫忙復仇。這阻礙了真

---

19 原注：莫瑞·艾德曼（Murray Edelman）提到「人們不斷用少數幾個經典說法或迷思，去解釋政治環境是怎麼形成的」。見Edelman, *Politics of Symbolic Action*, p. 77. 他在文章中提到兩種，第一種是「把一個他群塑造成『與我們不同的人』，說他們在密謀傷害我們。」第二種則是「認為政治領袖是仁慈的，而且可以有效保護人民免於危險」。第一種迷思又比第二種更強調他群的威脅。

正的民主審議，助長了妖言惑眾之行。美國在公共討論中撤除囚犯的觀點，不僅釀出了一場道德危機，也釀出了政治危機。

————

　　古巴那種非民主國家有官方的宣傳部門，民主國家則沒有。這點差異很重要，需要進一步闡述。我們已經知道，在沒有完全落實民主理念的國家，公共修辭是一種正當、甚至有其必要的宣傳。但這不表示民主國家需要一個公共修辭部門。杜博依斯與阿蘭・洛克所呼籲的宣傳，主要是為了讓公共理由對那些被壓迫的群體負責，而這實際上就是要落實民主，讓那些自詡民主的國家變成真正的民主國家。官方的宣傳部門一旦成立，就等於承認該國不民主，承認該國還要走好一段路，才能讓一些同樣受制於國家法律的人，真正成為公民。那些自認已經民主的國家，不可以用官方部門去做杜博依斯所呼籲的那種宣傳，否則就是承認整個國家的制度都沒有滿足民主的最低門檻——畢竟一旦承認，就代表國家知道自己並不民主。此外，宣傳部的另一個功能就是用繞過民主審議的方式，為政策爭取支持。而我們之前已經知道，即使是為了因應緊急狀態，或者是為了推動有價值的次要政治目標，這種行為依然從本質上就並不民主。這告訴我們，民主國家絕對不能擁有宣傳部門。

　　我們可以由此看出，那些某種意義上有助於落實民主的宣傳和惑眾妖言之間，究竟有怎樣的結構性關係。我對宣傳的定義解釋了為什麼遵奉自由民主的社會中可以允許、甚至需要某些宣傳，卻又不能允許另一些宣傳的存在。杜博依斯和阿蘭・洛克在

辯論中提到的宣傳，會讓人們更加願意講道理，而這種宣傳即使無助於解決爭議，依然有正當性。但那些乍看之下願意講道理，卻把社會中的某一群人說得次人一等，藉此讓人們更不通情理的宣傳就一定是惑眾妖言了。由此可知，那些傷害民主的宣傳，和那些能平復傷害的宣傳之間，有著系統性關係。

　　民主國家的惑眾妖言乍看之下都像是符合公共理由的言論，但理性的人都看得出來它違反了公共理由必須遵守的規範。我在前文舉了兩個規範的例子。第一種認為公共理由應該符合理論理性，因此那些乍看之下很理性，其實卻是在激發受眾的情緒，讓人們無法繼續不帶偏私地討論問題的言論，就是惑眾妖言。根據克蘭普勒的敘述，第三帝國的教育體系與道德觀裡面不斷出現的「英雄」這個詞，就對在第三帝國中長大的人產生了這樣的效果。第二種規範則認為公共理由應該要願意講道理。也就是說，人們在提出意見時，必須能從其他同胞的角度出發，思考對方的處境是否能夠接受這種言論，而且要尊重其他同胞的尊嚴。如果公共理由中的言論，沒有把每一位會被政策約束的同胞所擁有的合理觀點都納入考量，這種言論就是不通情理的。因此，那些乍看之下考量了所有人的觀點，實際上卻刻意想遮掩、壓抑某些合理觀點的言論，都是惑眾妖言。

　　很多經典的宣傳都有一個明顯的特徵：它之所以可以有效地終結理性討論，都不是因為它讓問題被解決了，而是因為它讓我們無法用願意講道理之類的第二人稱觀點來看事情。很多經典案例對政治的影響力，最初都被認為是透過終結討論之類的方式，侵蝕了理性所造成的。像前文曾提到的，把海珊跟九一一事件之後的國際恐怖主義連接起來，喚起人民的恐懼並進而終結理性討

論，就是個例子。但我們也得承認，這類宣傳之所以可以**這麼簡單**地在毫無合理證據證明伊拉克能夠威脅美國的情況下，引發民眾的恐懼，可能就是因為美國人並不把阿拉伯穆斯林當成要彼此尊重的對象。無論二〇〇三年入侵伊拉克的辯論是不是像前文說的這樣，我們知道通常只要用激情與恐懼，來讓人們對抗一個看起來令人反感、缺乏人性的敵人，都毫無疑問地比用理性說服更有效。這類言論之所以可以很有效地中斷理論理性，就是因為它很有效地讓人們失去願意講道理的能力，或者讓人難以在理想上做到願意講道理。我們無法繼續理性辯論，通常都是因為喪失了設身處地為他人思考的移情能力。用恐懼讓民眾支持入侵伊拉克之所以相當有效，很可能就是因為美國人通常都被阿拉伯穆斯林所帶有的刻板印象奪走了移情能力，無法想像這些穆斯林面對被一個強大很多的國家大規模轟炸時，會有怎樣的感受。[20]

人們經常用間接的方式，去侵蝕公共理由應該遵守的規範。言論自由權就是個例子。我們守護言論自由，是因為公共理由需要各種言論。約翰‧彌爾（John Stuart Mill）就說過，只要沒有言論自由，我們就無法用理性討論得出知識，討論政策時的結論也不會基於知識。我們要求政府保持開放，也是因為公共理由對維繫民主正當性相當重要。如果不知道政府做了哪些事、代議士又對其做出過哪些反應，我們就不可能討論出最好的判斷，甚至可能不知道該選出哪位代議士。由於公共理由對於國家政策的民

---

20 原注：正如斯特賓所說，當自己的國家侵犯到另一個國家時，我們也該用講道理的方式去想對方的人民會作何感受。見Stebbing, *Thinking to Some Purpose*, p. 41。

主正當性而言非常重要，凡是在民主國家制定政策時試圖繞過正當民主程序的人，其所使用的方法一定是侵蝕公共理由。正如前述所說，政府透明度是公開辯論的必要條件。政府只要變得不透明，我們就會更難在充分的資訊下討論政策，公共理由也就被侵蝕了。

如果民主社會的公共理由必須講道理，那麼民主社會的典型宣傳之一，就是那些讓受眾覺得不需要去思考國內某些同胞的觀點，或者不需要在國際問題上思考敵人的處境的言論。但也得承認，有些宣傳不屬於這種形式。譬如，二〇一二年大選時，米特‧羅姆尼（Mitt Romney）在南卡羅萊納州指控歐巴馬總統想要讓人無需符合一定的就業門檻，就能領取福利。許多人都認為該言論屬於宣傳，原因包括內容違反事實，顯然是在騙人。不過它乍看之下只是在談經濟，並沒有試圖讓受眾無視某些同胞的處境。

但其實這種宣傳的基本原理，依然是讓受眾覺得某些同胞的觀點不值得考慮。要了解它的機制，就得引述共和黨策略長李‧艾瓦特（Lee Atwater）在一九八一年受訪時的著名評論：

> 一九五四年的時候，你靠著罵黑鬼起家；但如果到了一九六八年還說出那個「黑」開頭的詞，你卻只會掉選票。所以你改罵別的東西，說法越來越抽象，譬如為什麼要強迫不同膚色的學生一起搭校車上學啦、州政府有自己的權利啦之類的。到了現在你開始談減稅。乍看之下完全只是在說經濟，但其實是要讓黑人受的傷比白人更多……「砍掉這項支出好不好」聽起來比小孩不要一起搭車上學更抽象了，當然

更不能跟那個什麼「黑」開頭的詞比就是了。

馬丁‧季倫斯與塔莉‧曼德堡（Tali Mendelberg）後來的研究證實，對社會福利的討論可以很成功地讓受眾覺得美國黑人的觀點不值得納入考慮。他們發現提到「福利」、「窮人」、「食物券」、「無家者」這類詞彙，受眾就會覺得美國黑人很懶。季倫斯在一九九九年的著作中直接說道：「要預測一個人是否認為領取福利者的觀點不值得考慮，最有效的方式就是看他是否相信黑人很懶。」[33]而且除了季倫斯的研究以外，還有大量證據都顯示「福利」這個詞會讓人想起種族歧視的意識形態。季倫斯還說，美國種族與政治研究（National Race and Politics Study）在一九九一年的實驗顯示，「靠福利金過活的母親」（welfare mother）這種形象也會達到類似的效果。「研究者會先描述一名黑人母親或白人母親的形象：三十出頭歲，有一個十歲的孩子，過去一年來一直都靠社會福利過活。接下來，研究者會問受訪者，覺得這位母親有多高的可能性會去找一份工作，又有多高的可能性會去生更多孩子以便拿到更多救濟金。」[34]結果，他們發現最能夠預測一個人是否反對社會福利的方法，就是看他是否對靠福利金過活的黑人母親帶有偏見。[21]

李‧艾瓦特的那段話顯示，人們會刻意用討論福利的方式，間接地傳達一九五四年就存在的那種種族歧視。後來的研究也證

---

21　原注：研究發現「在非白人受試者中，那群對領取救濟的黑人觀感最為負面的人，比那群對靠著社會福利過活的黑人母親觀感最為正面的人，在反對社會福利的得分上高出三十分」。見Gilens, *Why Americans Hate Welfare*, p. 99。

實，艾瓦特和過去其他人所採取的類似做法確實有效。如果目前人們用來規範公共理由的政治理念，是公共理由應該要講道理，而且如果我對宣傳的定義並沒有錯，那麼自由民主國家至少就有一種宣傳，是用有問題的意識形態去削減受眾對少數族群或其他群體的移情能力。到了下一章，我會解釋艾瓦特說的那種宣傳究竟是怎麼成功的，以及它為什麼能這麼有效地讓主流族群持續保有過去的意識形態。

　　本章解釋了民主國家中的宣傳是什麼樣子。如果要讓民主審議不變質，正式與非正式的政策辯論就都得符合願意講道理的標準，也就是必須考量其他人的觀點。而那些妨礙民主的宣傳，就是用一些似乎為了每個人的利益著想（譬如提醒某件事對大家造成了威脅），乍看之下非常講道理的說法，來讓我們的思緒變得不通情理的言論。當這個社會一直看不到某一群人的觀點，民主就難以落實。這時候，我們就需要用公共修辭來呈現那種觀點，修補民主的裂痕。

第四章

# 語言的操控機制

宣傳是怎麼在自由民主國家達成效果的？自由民主所遵守的規範，都對惑眾妖言不利。如果公共理由必須講理，言論究竟如何乍看之下顯得願意講道理，實際上卻讓受眾變得不通情理？本章就要轉而討論語言溝通的細節，指出宣傳言論經常會為了繞過自由民主為公共理由設下的規範，而使用某一套機制來說話。而在本章最後，則會討論我所提到的現象，是否真的會讓現實中的審議無法遵守那些規範。

很少有人用形式語意學（formal semantics）或語用學（pragmatics）的方式去探討「暗語」（code words）在討論中造成的影響。這是個嚴重的問題。理想的審議情景，是靠語意學和語用學建造出來的。也就是說，我們用真值條件理論（truth-conditional theory）精心建構了一套言說者與聆聽者如何有效溝通

的具體理論。只要言說者說了某些話，聆聽者也接受了，就能盡量避免某些情況發生。到了最後，言說者與聆聽者就會在世界情景上達成共識。這種認知學派的真值條件框架，很漂亮地解釋了成功的溝通在過程中發生了哪些事。

　　本章要闡述的是，這種認知學派的真值條件框架，也可以讓我們清晰地看出宣傳的操弄使我們無法順利溝通時，究竟發生了哪些事。這種框架可以解釋順利溝通的機制，當然也可以解釋溝通失敗是因為出了哪些問題。但我認為那些非認知學派的，或者那些本質上不夠系統性的解釋方式有一個問題：這些解釋方式有時候可以很成功地解釋我們為什麼會溝通失敗，卻無法解釋成功的溝通與失敗的溝通之間到底有哪些不同之處。

　　如果一群人正在商討一項會影響每個人的政策或行動，就必須尊重每個成員的觀點，否則就不公平。但這只是點出，我們很自然地會覺得所有這種審議過程，包括那些可能會提出具有民主正當性的政策的過程，都必須講道理。接下來，我會一直把願意講道理，而非「理論理性」，當成公共理由應該遵守的規範性理念。但這並不是說公共理由不需要遵守其他規範性理念，譬如政治人物還是需要在理性上保持自我一致、保持客觀和邏輯。

　　我在前一章已經說到，自由民主中的惑眾妖言會把自己打扮得很願意講道理，實際上的內容卻會讓受眾變得不通情理。以此觀之，這種宣傳就不只是試圖用欺騙來繞過理論理性而已，更是打從一開始就瞄準了人口中的某個群體。。

　　一項願意講道理的政策，必須從該國每一位同胞的角度來看都合理才行。如果某項言論讓我們無法、不願意提出明理的意見，或者對這種意見感到猶疑，那麼這項言論就違背了願意講道

理的原則。至少對人類而言，要能願意講道理，就得先能設身處地為他人思考。如果我對宣傳的看法沒錯，那麼那些經典的宣傳案例，就至少都向受眾傳播了「**社會中某一群人的觀點不值得尊重**」的資訊。而讓受眾無法設身處地為那群人思考，正是使人覺得那群人的觀點不值得尊重的典型方法之一。

惑眾妖言可以用語言表達，也可以採取語言以外的形式。許多經典的惑眾妖言不是語言文字，而是海報、照片、建築。討論惑眾妖言或宣傳時，如果只討論用語言呈現的部分，就顯然太狹隘了。因此我描述的特徵不僅限於語言，而適用於所有的宣傳形式。那些以圖像或影片呈現的惑眾妖言，也顯然是用我所說的方式，去利用既有的虛假意識形態來達成目的。譬如，那些呈現匈牙利羅姆人（Roma）[1]犯罪的照片，或者討論美國黑人犯罪的文章，只要是用來幫不平等的殘忍法律找藉口的，就都是惑眾妖言。但我無法解釋這背後的**機制**。

對語言與溝通的研究，可以讓我們準確地了解以語言文字呈現的宣傳是靠什麼機制運作的。我也會用這種方式去解釋某些宣傳語言的運作機制。但我擔心我們對視覺呈現的了解，還沒有像對於語言這麼細緻。因此我將著重討論語言形式的宣傳。視覺形式的宣傳可能比語言更重要。我希望未來的研究可以讓我們更了解這類宣傳究竟如何運作。

---

1　譯注：羅姆人也被稱為吉普賽人（Gypsy），但後者這個稱法通常暗指羅姆人為罪犯或不正常，因而被許多羅姆人視為帶有種族歧視意涵的蔑稱。

————

　　接下來，我要用形式語意學和語用學，去描述那些以語言文字呈現的惑眾妖言，是如何將虛假的意識形態信念帶入討論之中。許多證據都顯示語言中有這種機制存在，說不定視覺呈現也有類似的機制。真要說起來，我的靈感其實就來自蕾‧藍騰和卡洛琳‧魏斯特（Caroline West）在一九九九年對色情圖片的研究；他們用類似形式語意學和語用學的機制，去解釋色情圖片對女性的宰制。不過，我不確定這樣的機制是否能直接套用在圖像或影片上，因為我所描述的機制核心，是核心語意（at-issue）與非核心語意（not-at-issue）之間的差別，而我不確定人們在看視覺資訊時，能不能區分哪些部分才是核心語意。但如果是語言，我們就能清楚地找出惑眾妖言究竟是如何利用既有的非政治機制，達成政治上的效果。

　　凱瑟琳‧麥金儂（Catherine MacKinnon）、珍妮佛‧洪斯比，以及許多女性主義哲學家都認為某類言論會讓特定族群無法發聲，譬如她們所舉出的色情作品。其中對我影響最大的人是蕾‧藍騰；她延續麥金儂與洪斯比的觀點，主張色情作品會**宰制**（subordinate）女性，**將女性置於從屬地位**，並**剝奪女性的聲音**。[①]藍騰認為色情業者把女性描述得次人一等，就像某些種族歧視言論把「把黑人描述得次人一等」一樣。藍騰還主張，色情作品把「不要」說成「要」，讓女性失去適當的發言情境，難以表達出自己的聲音。而我在本章的目的，則是用當代的形式語言學去解釋宣傳言論，說明某些這類現象是怎麼發生的。

　　有一個模型可以解釋這種現象究竟如何發生。（從藍騰對朱

迪斯‧巴特勒〔Judith Butler〕的回應來看，可以清楚知道前者並不贊同這個模型。）[②]祈使句是一種命令他人用某種方式做某件事的句型，譬如對三歲小孩說「把甜菜吃掉！」就是命令對方做相應的事。色情作品會傳達出一種類似祈使句的命令，藉此宰制他人。這當然不是說只要使用祈使句，目標就會把命令的內容信以為真。因為如果你沒有實踐權威，你的命令就不會有效。不過，我認為宰制性的言論也會發揮相同的功能。本章將討論祈使句和宰制性言論之間的關係，將指出宰制性言論在語意學和語用學上，都有祈使句的特徵。我在解釋宰制性言論在語意學上具有的祈使句特徵時，會盡量讓它和藍騰說得很好的，也就是宰制性言論具有的「判斷性」（verdictive）特質相容。

這部分的討論顯示，應該有某些表達方式會讓辯論過程**排除某些同胞的觀點**。由於惑眾妖言以及其他類型的顛覆型宣傳，都偽裝成自己想要破壞的理念，這類表達方式應該都是間接發揮作用的。也就是說，應該有一些系統性的表達機制，會讓言論乍看之下是在討論問題，其實卻立刻讓討論開始排除某些同胞的觀點。這種表達方式會製造出有問題的意識形態，讓我們覺得不值得明理地去思考某一群同胞的看法。如此一來，我們就不會注意到它其實就是惑眾妖言。

照理來說，應該有某些語言機制可以讓主張乍看之下講道理，實際上卻因為使用了某類詞彙，而讓受眾聽了之後變得不通情理。在各種關於政策的辯論中，都可能有人用這種語言機制，讓其他參與者覺得不需要去考慮特定成員的支持或反對意見。而且真要說起來，如果世界上根本就沒有任何語言機制可以讓言論乍看之下是在討論事情，其實卻是在排除特定同胞觀點，公共理

由自然也就不需要遵守願意講道理這一規範了。

　　如果願意講道理是公共理由應該遵守的規範，就表示至少有某些語言機制，也就是某些**表達方式**（expression），會具備以下三種屬性：

（1）這類表達方式會讓參與討論的人覺得某些同胞的觀點不值得納入考量，覺得這些同胞不值得我們尊重。

（2）雖然這類表達方式會讓人排除某些同胞的觀點，但其中的某些內容如果獨立出來，卻有助於我們用講理的方式正當地解決爭議。

（3）光是說出這類表達方式，就足以讓受眾變得更不通情理。無論當時的語言脈絡如何，只要使用了這類表達方式，就會產生效果。

　　我認為宣傳言論一定會包含符合以上三種屬性的表達方式。這類表達方式必須有第一個屬性，才能讓受眾聽了之後更為不通情理。它也必須有第二個屬性，才能讓言論乍看之下符合公共理由應該遵守的規範，藉此在討論中提出。它還需要有第三個屬性，才能讓當下抱持各種不同立場的人都覺得可以使用。

　　在分析具體的宣傳案例時，還需要引進一些概念。首先必須從與我們的目標最有關係的語言學分支，即從語意學和語用學中引進一組概念。然後還需要社會意義（social meaning）的概念，譬如法學家丹・卡韓（Dan Kahan）提到的概念。我們有了這些概念之後，就能解釋言論究竟是如何把與自己標榜的理念背道而馳的資訊，偷偷傳遞給受眾了。雖然這些概念看起來有點技術性，但

得用它們來描述的現象，我們都相當熟悉。

「上下文脈絡」（linguistic context）的概念，是當代形式語意學和語用學的核心。自然語言（natural language）所表達的意思，會因為上下文脈絡而改變。歐巴馬總統在二〇一四年說「我是美國總統」時，這句話為真。但如果他是在二〇〇七年說這句話，或另一個人在二〇一四年說了同樣的話，這句話就不為真了。接下來，我會從形式語意學和語用學的理論中抓取一些概念來使用。

在建構上下文脈絡模型時，我們需要哲學家羅伯特‧史托納克（Robert Stalnaker）提出的概念：對話的共同基礎（the common ground）。史托納克認為「對話總是從參與者全都知道，或者假設彼此都知道的某些資訊開始，而且參與者的語言行為也都是為了影響這些資訊而設計的。對話中每一項主張（assertion）的內容都是一段資訊，如果該主張成功了，這段資訊就會成為這些已知資訊的一部份，為後續討論提供脈絡」。[3]對話的共同基礎，是「參與者全都知道，或者假設彼此都知道的某些資訊」。

史托納克對語言內容的觀點衍生自路德維希‧維根斯坦（Ludwig Wittgenstein）的《邏輯哲學論》（*Tractatus Logico Philosophicus*），該書把內容視為**一組可能情境**（或「世界」）**的集合**。每道命題都在一組可能世界中為真，而共同基礎則是一組命題所形成的集合。根據史托納克的內容模型，我們可以把對話的共同基礎，當成每位參與者各自假設為真的所有命題形成的交集。在這組可能世界中，共同基礎所包含的所有命題都為真。而既然每道命題都是一組可能世界，就表示共同基礎是命題的交集，所以本身也是一道命題。

根據史托納克對溝通的看法，溝通一旦成功，就會**排除一些可能世界**。我問你加油站怎麼走，你說在右邊。也就是說，你提出了一道命題，而這個命題在所有加油站在右邊的可能世界都為真，在其他可能世界都為假。這時，如果我接受你的宣稱，我們的共同基礎就更新了。在新版的共同基礎中，每一個可能世界的加油站都在右邊。這就成了我們的共同資訊。史托納克的模型很優雅地解釋了什麼叫成功的溝通。所謂的提出宣稱，就是試圖在溝通的共同基礎裡新增一道命題。接下來，參與者辯論要不要接受這道命題，如果接受了就把它加上去，而參與者之前曾經相信的某些可能性就從此消失。

近年來，人們已經修改了史托納克式的溝通模型，在其中加入了更複雜的脈絡概念。脈絡不只是參與者假設為真的一組命題，還包含很多更細緻的資訊。

史托納克的共同基礎模型，以陳述句及提出陳述句的「行為」為核心。當你提出一道命題，就表示你知道這道命題，並試圖把它加到共同基礎上。但除此之外，我們在溝通中也會做其他事，譬如提問（「誰有去開趴？」）或命令（「把甜菜吃光！」）。若要在模型中納入這些語言行為對脈絡產生的效應，脈絡的概念就必須比共同基礎更複雜。而這種更為複雜的脈絡概念，正是晚近的形式語意學和語用學的研究的核心焦點。艾琳・海姆（Irene Heim）和漢斯・坎普（Hans Kamp）在話語表徵理論（Discourse Representation Theory）中，以「資料夾」（file）的概念把脈絡「結構化」，而每個資料夾都收錄了那道話語的相關資訊，譬如之後會指稱到的參考資料。

形式語言學家克蕾琪・羅伯茲（Craige Roberts）的著作，深深

影響了近期對於脈絡的研究。羅伯茲認為，脈絡不只決定了參與討論者所知之物的範圍，同時也記錄了討論中的提問，進而引導了探討的過程。[④]因此羅伯茲認為，**討論中問過的問題**也是共同基礎的一部分。[2]脈絡不僅是一組命題，還包含其他元素。如果她是對的，那麼語言的意義就不僅可以改變信念，還可以改變其它心理狀態。

接下來，我就要用這些形式語用學的資源，來建立惑眾妖言的機制模型。但我絕非第一個用這些研究來分析有問題的政治言論的人。我稍後就會提到，哲學家蕾·藍騰和卡洛琳·魏斯特早就用過形式語用學的研究來分析色情作品的危害。[⑤]伊夏妮·麥特拉在她們之後也說過，宰制性言論可能是，或者說可能涉及了**劃分階級**（ranking）的言論。她所說的劃分階級的言論，和史托納克所說的提出主張這一語言行為相同，都試圖在既有的溝通背景中新增某些內容。但劃分階級的言論不僅想要描述世界，同時也想「建立規範」，所以我們可能得用另一種方式來看這種言論的內容。[⑥]麥特拉沒有在論文中說明我們該怎麼去討論劃分階級的言論的內容，但依然清楚地點出，也許我們可以採取像史托納克等人研究形式語意學和語用學的方法，以動態的觀點來研究溝通過程之中，除了提出主張以外的其他語言行為。這就是我要在本章發展的基本模型。

---

2　原注：每個人在對話中所認同的事物會在討論過程中被記下，變成之後共同基礎的「認同紀錄」（commitments slates），而共同基礎可能會拋棄這些紀錄，也可能納入這些紀錄。參見Gazdar, *Pragmatics*。

荷蘭語意學家法蘭‧維特曼（Frank Veltman）在一九九六年發表的〈更新語意學中的預設情況〉（Defaults in Update Semantics）中認為，脈絡還包含了對各個可能世界的偏好排序（preference ordering），而這種排序會反映出那些「可擊敗的知識」（defeasible knowledge）。他的意思是，我們會認為某些可能世界比其他可能世界更可能為真，所以在認知過程上更值得接受。這套理論是用來處理**泛用性陳述**（generic statements）的。簡單地說，泛用性陳述就是那些構成了我們的期待，讓我們之後更容易在現實中使用的陳述。譬如「鳥會飛」、「狗有四隻腳」就是這樣的陳述。[3]我們一旦接受了「鳥會飛」，之後再遇到鳥的時候，就會認為鳥會飛的那些可能世界，比鳥不會飛的那些世界離我們更近。這就能反映出人們為什麼看到鳥，通常都預設牠會飛。

除了語言脈絡，我們在思考這些與言論有關的問題時，還需要了解**核心語意**與**非核心語意**之間的差別。克里斯多福‧波茲（Christopher Potts）用下列兩句話，來解釋核心語意與非核心語意之間的不同。[⑦]他把第一句話中的「住在波士頓的工人住宅區」稱為「補充敘述」（supplemental expression）。第二句中的「他媽的」則是「表現敘述」（expressive expression）：

---

3　原注：更具體來說，維特曼想打造「大概」、「在正常情況下」這類詞彙在以下論證中的語意模型：「在正常情況下，成年人都有駕照。約翰沒有駕照，所以約翰大概還沒成年。」這句話中所謂的「正常」世界，就是在排序中最接近我們的可能世界。

（1）在我十歲之前，每年夏天我都會去找住在波士頓的工人住宅區的奶奶。

（2）我們新買了一台電動乾衣機。我以為買回來只要插上插頭，接上排氣管就可以動了。結果這機器的包裝上，竟然沒寫它沒內附他媽的插頭！

　　波茲指出，「補充敘述所傳達的資訊，在主句中是次要的。該句的重點不是奶奶是否住在波士頓的工人住宅區，而是說話者在夏天去找了奶奶」。我們在討論過程中會特別重視某些東西，那些東西就是**核心語意**。而補充敘述與表達敘述的功能，都是「把討論的發展導向特定方向，或者讓聽眾更能了解為什麼核心語意對當下的討論階段而言很重要」。

　　核心語意是話語要**主張**的資訊。當我說出前面的語句1，我就是在主張我在十歲之前，每年夏天都會去找奶奶。而所謂主張某個東西，就是像語言學家莎拉‧莫瑞（Sarah Murray）說的那樣，是說出要**把這個東西加到對話的共同基礎上**。主張一個東西，就是在說我知道這個東西，而且說出希望共同基礎也包含這個東西。當我提出主張之後，大家就會開始辯論要不要接受。

　　相對地，奶奶住在波士頓工人住宅區的部分，則是對該項主張的補述，屬於非核心語意。話語中的非核心語意，不是發言者提議要加到共同基礎上的東西，而是**已經直接加到**共同基礎上的東西。因此，非核心語意通常「無法協商，無法直接質疑，而且即使大家拒絕在共同基礎中加入核心語意，非核心語意也已經加了進去」。[8]許多語言學證據都支持這種對於非核心語意的描述，大部分證據都和我們能不能用正規的方法撤回語意的內容有關。

許多非核心語意都是「慣用用法中帶有的語意」。

　　蕾‧藍騰和卡洛琳‧魏斯特說，色情作品宰制女性的效果，就來自非核心語意。[⑨]色情作品並沒有直接表達出宰制的資訊，卻**預設**了這種資訊，因而產生宰制效果。她們認為，如果色情作品的受眾「要理解作品中明文表達的資訊」，就得先接受相關的性別歧視或宰制立場，而這些立場都是非核心語意。

　　藍騰與魏斯特撰寫對色情作品的分析時，還沒有人提出核心語意與非核心語意之間的差異。所以她們用語言中包含的預設，像是大衛‧路易斯（David Lewis）的超級重量級論文〈語言遊戲中的計分方式〉（Scorekeeping in a Language Game）中提出的理論模型來分析。請看下列兩個例子：

（3）這問題是約翰解決的。
（4）我老婆是芝加哥人。

　　語言學家通常會說，語句3預設了有人解決了問題，並主張那個人是約翰；語句4預設了發言者有妻子，並主張妻子是芝加哥人。認為這種解釋正確的理由之一是，如果有人說某個語句是錯的，我們通常會認為那個人接受了預設的部分，而否定了主張的部分。如果我聽到語句3，並回說「才不是這樣」，意思通常是我認為問題不是約翰解決的，而不是那個問題還沒人去解決。如果我聽到語句4，並回說「才不是這樣」，意思通常是我認為發言者的妻子不是芝加哥人，而不是發言者沒有妻子。粗略地說，預設的部分屬於非核心語意，主張的部分屬於核心語意。

　　語言學家莎拉‧莫瑞認為，陳述句中的主張是將核心語意

添加至共同基礎上的一項提議；[⑩]至於非核心語意，則是已經直接被加在共同基礎上了。在莫瑞用來舉例的美國原住民夏延語（Cheyenne）中，有一些字詞會標明語句中的某些部分是非核心語意。這在英語中沒這麼明顯，但依然為真。譬如，下列語句5裡面的「聽說」二字，就是用來添加非核心語意的「規避詞」（hedge）：

（5）聽說總統要演講了耶。

這句話中的「聽說」是用來解釋「總統要發表演講」這則核心語意。莫瑞認為這種詞改變了核心語意的意義。語句5的核心語意是「總統**可能**要演講了」。非核心語意則是發言者聽說總統要演講了，它直接被加到了共同基礎上。我們在反駁語句5的時候，都會去反駁核心語意，而不會去反駁發言者到底有沒有聽到那件事。所以，如果我們把想傳達的資訊用非核心語意的方式說出來，也許通常就不會有人去反駁。

最後一個討論非核心語意的例子，用到了認知過程中所謂的的「一定」（must）：

（6）外面一定在下雨。

說出語句6的人，是在說自己沒有親身經歷下雨，而是**間接推斷出來**的。凱・馮・芬特（Kai von Fintel）和安東尼・基里斯（Anthony Gillies）認為，其他語言也有類似「一定」的示證性語詞（evidential markings）。（這沒什麼好意外的，我們光看定

義就知道，「一定」這種詞的意思就跟示證性語詞一樣，都是認知性質的）。⑪發言者有沒有親身經歷下雨，不是語句6要主張的東西。通常我們也不會去否認這部分，不會直接吐槽說「屁啦，你全身都淋溼了」之類的。去說「發言者沒有親身經歷下雨」為假，是既沒禮貌又很詭異的事情，這麼宣稱似乎是在說發言者不只是搞錯了資訊，而是發言者本身就有什麼問題。「發言者沒有親身經歷下雨」是非核心語意，不是核心語意。

有些非核心語意比較明顯，有些則藏得比較深。那些像是「一定」的認知性質非核心語意，往往深深「嵌在」情態助動詞的意思中而難以被發現。但那些明文寫在補充敘述中的非核心語意，就比較明顯了。非核心語意藏得有多深，和它們有多麼「非核心」有關。

不過，有個屬性會讓語言所預設的內容不適合用經典的非核心語意方式來分析：語詞或語句的所在結構，可以把語詞或語句所預設的內容「過濾」掉。語句1預設了問題已經解決了。但下列的語句7就沒有做此預設：

（7）問題要是已經解決了，就是約翰解決的。

在這句話中，「問題要是已經解決了」這則條件句，「過濾」掉了「問題已經解決了」這項預設。同理，語句8預設約翰抽過菸，語句9則否：

（8）約翰戒菸了。
（9）比爾相信約翰戒菸了。

然而，非核心語意卻是「過濾」不掉的。

有一種語言形式的宣傳，與語詞及社會意義之間的重複聯想有關。語詞的慣用意義是在人們不斷反覆連結的過程中形成的，正因為大家都把狗叫做「狗」，「狗」的意思才會變成狗。本章認為，宣傳者只要利用了語詞與意象之間的重複聯想，兩者之間的關聯就會為語詞的慣用意義奠定基礎。語詞的慣用意義通常都屬於非核心語意。此外，不光是語詞的慣用意義，就連語詞與意義之間的連結也同樣不是非黑即白的，它沒有明顯的邊界，而且可以改變。「馬達加斯加」原本是指非洲大陸的某地，後來卻變成了非洲東邊的某個島嶼。宣傳可以利用這類重複聯想，去改變語詞的意義，但我們也可以去抗拒這種改變。

當新聞媒體不斷把城市裡的黑人形象跟「社會福利」這個詞連在一起，「社會福利」這個詞就帶有了「黑人很懶惰」這一非核心語意。某種程度上，重複聯想就是字詞的非核心語意之一。讓「社會福利」帶有負面社會意義並造成影響的機制，就跟語句6用「一定」來表示發言者沒有親身經歷下雨是一樣的。人們聽到「社會福利」的時候未必會直接相信黑人很懶惰，但即使不相信，也得被迫換一個詞來討論事情，或得刻意阻止這種聯想影響到討論，影響到大家的態度。

藍騰與魏斯特在討論色情作品時，解釋了如何用預設的方式，把那些直接說出來可能就會被受眾拒絕的內容偷偷塞給受眾。她們的重大發現，讓我們了解那些有問題的資訊是怎麼有意無意地傳遞出去的。但我接下來要說，即使不是用預設，而是用非核心語意的方式，也可以把資訊偷偷塞給受眾。用莫瑞的話來說就是，非核心語意會被「直接加到」共同基礎上，沒有人會去

反駁，所以宣傳語言經常用這招來改變共同基礎，效果相當拔群。

那些討論非核心語意理論的人，通常都說非核心語意的內容跟核心語意一樣，只是角色不同。但我們之前對於願意講道理的原則的討論，顯示他們可能搞錯了。宣傳在自由民主國家產生的影響，就是讓我們不再那麼尊重某個族群。人類必須先能設身處地為某個人或某群人思考，才會尊重那個人或那群人。宣傳在自由民主國家造成的典型效果之一，就是用表面上看不出來的方式，讓我們不再設身處地思考某群同胞的觀點。這表示這種言論使用了某些方式來呈現正常的內容，而這些呈現方式會讓我們難以設身處地為同胞思考。

————

我們究竟該如何研究，某些言論究竟是以什麼機制，讓我們難以設身處地為某群人設想？莎拉－簡・勒斯里（Sarah-Jane Leslie）用一系列論文指出，那些有問題的社會刻板印象，與所謂的「泛型」（generics）有關。勒斯里說，泛型就是我們在年紀很小的時候便獲得的**基礎概括認知能力**（cognitively fundamental generalizations）。[12]她認為，泛型是讓我們覺得每一群人天生都長成某個樣子的原因之一，甚至可能是讓我們這樣想的關鍵機制。[13]她在〈認知的原罪〉（The Original Sin of Cognition）中，解釋了為什麼我們在接受泛型之後會出現某些認知問題，為什麼我們會以偏概全地認為，某個群體裡的每一個人都具有其中一小群人才有的誇張特質，譬如認為「穆斯林都是恐怖分子」。[14]不過，即使

我們不接受勒斯里的整套理論，依然會同意對於許多刻板印象的理論（譬如之後的章節會提到的沃特·李普曼的理論）而言，泛型很可能都是造成**刻板印象**（譬如種族刻板印象）的成因之一。接下來我就要用勒斯里的見解，加上維特曼在泛型理論中討論到的機制，來解釋宣傳具有哪些特徵。勒斯里認為泛型就是刻板印象，或者泛型會產生刻板印象的效果，而我將以此為基礎，主張語意學還至少可以相當合理地解釋泛型所產生的某一種影響。

有一種用言論讓我們難以設身處地為他人設想的方式是這樣的：某些言論會傳達對於某個群體的看法，譬如**猶太人是我們的敵人、女人就應該順從、黑人很暴力、移民是潛在罪犯**等。某些主張的核心語意非常正常，但其非核心語意卻會讓我們更難設身處地為這群人設想。譬如，當美國政治人物在公開場合說「我們當中有猶太人」，這句話的核心語意完全為真，找不出任何問題，畢竟美國真的有猶太人；但它顯然承載了一個非核心語意，也就是猶太人跟「我們」不一樣，是入侵者、是敵人。我將這種方式稱為**宣傳的內容論**（content model of propaganda）。該模式告訴我們，自由民主國家中有一種宣傳，會說著乍看完全明理的核心語意，卻同時傳達出不通情理的非核心語意。

我們還可以用另一種方法，去思考言論如何讓我們難以設身處地為他人設想。有時候，言論會傳達出完全正常的核心語意，但卻會以非核心語意的效果，間接讓我們更不尊重某個群體，或更難設身處地為該群體設想。這種影響方式和前述的語意模式不同；語意模式的言論是承載了非核心語意，受眾一旦接受就會更難設身處地為他人設想。但這種方式卻是透過其中的某些語詞，產生非核心語意式的情緒**反應**。我將其稱之為**宣傳的表達論**

（expressive model of propaganda）。表達論告訴我們，自由民主國家有一種典型的宣傳，會說著乍看之下完全明理的核心語意，但卻會產生非核心語意式的反應，讓受眾更難設身處地為他人設想。而既然這會讓人不通情理，這種言論的非核心語意式反應當然也不通情理。

意義的表達論（expressivist theories）與內容論（content theories）之間的分野，是二十世紀哲學的核心之一。譬如，那些認為世界上不存在倫理事實的價值理論家，都說倫理主張是表達性的，而非內容性的，所以他們的研究不需要被困在倫理事實之中。表達論必須面對的問題是，它們無法解釋為什麼語言的形式規則會大幅影響我們對語句的詮釋。譬如，「弗雷格－磯奇問題」（Frege-Geach Problem）就告訴我們，有時候陳述句會鑲嵌在更複雜的結構中。舉例來說，「如果你賺了很多錢，就該捐一些錢出來解決社會不公」這句話在文法上沒有問題。但是，若要解釋其中某個子句如何影響整句話的意思，也就是解釋所謂的組合性（compositionality）問題，就得承認語言的意義來自字詞與語句。某些表達論者很難描述這種機制；根據他們的觀點，一個子句即使毫無內容，依然可以對整個語言結構產生系統性影響。

形式語意學與語言哲學最近的研究，已經打破了表達論和內容論之間幾十年來的僵局。祈使句涉及**排序**，它會排出不同行為的優先順序。譬如「把甜菜吃光」就是把吃甜菜排在不吃之前。（語言學家大衛・比弗〔David Beaver〕甚至跟我說：「我們把命令叫做order[4]絕非偶然。」）哲學家威廉・史塔爾（William

---

4　譯注：在英語中，order一詞也有「排序」的意思。

Starr）在〈祈使句的偏好語義學〉（A Preference Semantics for Imperatives）中，正式分析了祈使句對人們對話的共同基礎產生怎樣的影響。我們在此不需要探究該分析的細節，只需要知道史塔爾指出，祈使句可以在看起來**不新增內容**的情況下，對脈絡產生一種可以完全明確表達清楚的影響就可以了。簡單來說，祈使句即使看起來沒有要在共同基礎上加入新的命題，依然可以影響脈絡。

維特曼發現泛型陳述句會影響脈絡的排序偏好，史塔爾則發現祈使句也會有類似的效果。史塔爾認為，祈使句對共同基礎的影響，就是讓某些可能世界的排序**比其他可能世界更前面**。譬如，「把甜菜吃光」這句話就是在創造一種脈絡，把你吃光甜菜的那些可能世界，排得比你沒吃光甜菜的那些可能世界更前面。史塔爾證明了這種觀點可以用形式化的方式表達得非常清楚。

不過，維特曼和史塔爾兩人所說的偏好排序並不相同。維特曼認為「鳥會飛」這句話說鳥會飛的可能世界，比鳥不會飛的可能世界更可能為真，而鳥會飛的可能世界跟我們比較接近。史塔爾則認為，祈使句是要說那些受眾服從了命令的可能世界，比那些他們沒有服從的可能世界更可取。這是兩種不同的排序，但宰制性言論兩者兼備。

藍騰沒有直接將宰制性言論看成祈使句，[15]因為祈使句與宰制性言論所造成的效果有個重要差異。祈使句試圖用某種方式來改變世界，要求世界去符合它；但有很多宰制性言論都不是為了要改變世界，反而是要描述世界的真實狀態，然後讓人們去適應那個世界。「黑人都很懶惰」這句話沒有要讓世界上的黑人**變得**懶惰，而是想要**描述**世界中的狀況。祈使句帶有願望，希望世界

能夠轉一下方向，以符合其想要的排序，並且要求受眾去**改變**世界。但維特曼所提到的偏好排序，則是要用描述這個世界的方式讓受眾去適應它。當受眾相信了你說的「鳥會飛」，就會認為自己遇到的世界比較可能是那些鳥會飛的世界。而正如藍騰所言，由於宰制性言論想要的是受眾去適應世界，它並不符合祈使句的語義學特徵，反而更接近維特曼分析泛型時所提到的偏好排序。當你使用了「社會福利」這個詞，就會讓受眾覺得黑人很懶惰比黑人不懶惰更可能為真，因此改變人們的認知偏好排序。

———

當然，如果以為宰制性言論只會改變我們的認知偏好排序，就未免太簡化了。語言的脈絡不僅包括認知偏好排序（它告訴我們哪些世界比較可能為真），也包括願望偏好排序。像「下城區」、「頂級掠食者」這類語詞就同時影響了兩種排序，它既會告訴你那些黑人青少年對你造成暴力威脅的可能世界，比他們不造成暴力威脅的可能世界離你更近，同時也命令你不要跟他們來往。

我在解釋語言行為擁有的力量時，也提到了祈使句會要求受眾更新自己的認知偏好。它背後的機制跟研究意識形態的文獻提到的機制很像。出現在媒體上的人和學校裡的教師，都會利用自己的知識權威地位，去發表一些通常不能算是提議，而該算是命令的主張。新聞主播與觀眾的關係從根本上就不對等。當主播說「要削減債務就得撙節開支」，他並不是想要提議把這句話加到與觀眾的溝通共同基礎之上，而是在命令每一位觀眾把這句話加

入他們的信念之中。主播並非建議我考慮一下他的主張，而是在向我**告知**（telling）他的主張，即使我提出了夠好的例子去反駁，他也沒有要回心轉意。人一旦從權威的位置上去**告知**事情，就不是在宣稱，而是在**命令**，並且就是在玩一場皮耶·布迪厄（Pierre Bourdieu）與讓－克洛德·帕松（Jean-Claude Passeron）所說的「假裝在溝通的遊戲」（game of fictitious communication）。[5]老師們在學校教社會研究時，可不是真的想跟學生辯論。

形式語意學裡面還有很多論述都能用來解釋宰制性言論造成的效果。有很多形式語意學和語言哲學的文獻都在研究「回指代名詞」（anaphoric pronouns），譬如「一個男人走了進來，他戴著一頂帽子」這句話中的「他」。這種代名詞顯然就影響了讀者的閱讀重點，提醒讀者哪個受詞才是要描述的目標。同理，我們的語言脈絡可能也會對不同族群進行排序，而宰制性言論會用許多不同方式影響這些排序。

我們可以用這些形式語意學機制來精確地說明，表達論如何解釋語詞是以怎樣的方式讓我們更難設身處地為他人設想。表達論者認為，某些字詞的非核心語意會把某些對於可能世界的偏好排序，加到我們對話的共同基礎上。我們可以說，貶損性的詞彙是在改變各群體在社會中的位階，實際案例也顯然遍地可尋。在

---

5　原注：見Bourdieu and Passeron, *Reproduction in Education, Society and Culture*, p. 112。「光是在教育中傳授資訊這件事，就蘊含並賦予了一項社會定義……包括哪些資訊值得傳授；誰有資格傳授這些資訊；誰有資格要求別人接受這些資訊；誰又有資格接受，並因此有義務接受這些資訊。這些脈絡嚴格掌控了教師與學生的行為，即使雙方想要建立溝通，也只會立刻落空或淪為鬧劇。」見同上，p. 109。

維特曼的理論中，偏好排序影響的是我們的認知，「鳥會飛」這句話會讓我們碰到每隻鳥的時候，都覺得牠會飛的可能世界比牠不會飛的可能世界更靠近我們，也就是說在認知過程上更可取。但我們也可以想像，某些偏好排序影響的不是認知，而是願望。某些貶損性的詞彙可能會讓我們認為，那些每個人都只跟自己的同族來往的可能世界，比人們會去跟那些被貶損的群體交往的可能世界，更接近我們想要的，所以更可取。

在美國政治脈絡中，「社會福利」這種詞可能就會用非核心語意的方式，挾帶勒斯里所說的「黑人都很懶惰」的泛型語意。根據維特曼的理論，「社會福利」這種詞彙會在語言脈絡中改變受眾的偏好排序，讓受眾碰到每個非裔美國人的時候，都覺得他很懶惰的可能世界，比他不懶惰的可能世界更接近自己。照此說來，「社會福利」改變脈絡的方式，就不只是在共同基礎上新增命題，或提議要在共同基礎上新增命題而已；它還以另一種方式改變了討論脈絡，而我們可以用形式化的方式追蹤脈絡如何改變，也可以用表達論來解釋其中的改變。

某些典型案例告訴我們，知識權威與實踐權威一旦同時出現，人的主張就會具備祈使句的力量。前文提到的教育、媒體、新聞就是好例子。在這類情況下，權威人士即使只是提議要在共同基礎上新增某些東西，某種意義上都會像是命令。我們可以把這些像是命令的特質以形式化的方式描繪出來，而且莎拉・莫瑞對主張的看法會讓我們描繪得更精確。莫瑞認為，所謂的主張就是試圖要在共同基礎上新增某些東西的一項**提議**。而提議的對象當然是與你平等的人。但我叫三歲的兒子把某些東西加到共同基礎上，譬如跟他說地球是太陽系的第三顆行星的時候，我就不只

是在提議了，而是在**命令**他把這件事加入既有的信念之中。只要權力關係不對等，提議可能就會變成命令。對我三歲的兒子來說，我口中的「甜菜對你身體好」，是必須加到共同基礎上的事情。

一般來說，只要我沒有提出證據，就無法成功命令你相信我說的事情。即使我命令你相信你現在站在火星上，也不會成功。但是，如果我同時具有知識權威和實踐權威，我的主張就會產生命令的效果，可以讓你改變信念。我們在學校聽課，或在看新聞的時候，就會發生這種事。當人們**以知識權威之姿**出現，他們的主張看起來就會像是專家的證詞，足以命令受眾去相信某些事情。

前文說過，塞繆爾・杭廷頓在觀察到一九六〇至七〇年代的美國「太過民主」的時候，建議用「專業知識、資歷、經驗、特殊才能」來「取代民主主張，藉此建立權威性」，藉此解決問題。我們現在知道，杭廷頓的提案就是想讓人以「專家」之姿出現，把自己裝扮成某個領域的知識權威，藉此像法庭的專家證詞一樣命令其他人相信某些事物。

有兩種方式可以讓詞彙被用來貶低他人。第一種是傳達出該詞彙的非核心語意，第二種則是藉由非核心語意（或許來自它的泛型特質）去改變脈絡中的偏好排序。譬如，「猶太佬」（kike）[6]這個詞的核心語意是猶太人，非核心語意則包括猶太人

---

6　譯注：kike在猶太語中的意思是「圓圈」。據傳，猶太人在二十世紀初期移民到美國並被要求填寫入境表格時，大多不識字的他們拒絕以對其而言象徵十字架的「X」畫記代替簽名，而是改用圓圈。此後，kike才逐漸演變為嘲笑性的字眼。

很貪婪等等之意。這個詞會改變脈絡中的偏好排序，讓受眾碰到任何一名猶太人的時候，都覺得這人貪婪的可能世界，比這人不貪婪的可能世界更接近自己。我個人認為像是「猶太佬」這種詞，都既具有非核心語意，又會改變脈絡的偏好排序。因此，我的觀點既不屬於純粹的語意論，也不屬於純粹的表達論。我認為字詞的這兩種效果都可以讓我們變得不通情理。⑯

蕾・藍騰提醒我們，宰制性言論基本上就是**不對稱的**。這種言論只有優勢族群對劣勢族群使用時才會產生效果。我們至少可以說，除非考慮其他因素，否則說出宰制性言論的人只要不具備**權威**，這效果就不會出現。一名身無分文的阿帕拉契無家者，既不可能成功地命令華爾街公司的總經理，也無法改變受眾的偏好排序，讓受眾覺得他比華爾街的總經理更重要。此外，他的主張不會產生命令般的效果；他不具備實踐權威，即使提議在共同基礎上新增一些東西，也不會有任何人覺得**必須照他的話去做**。這就是在討論宰制性言論時經常提到的「權威問題」（the problem of authority）。[7]

接下來，讓我們回頭看看政策審議的結構。前文提過，這類審議必須願意講道理，實際上卻經常不然。這表示無論是怎樣的人類社會，只要是在做團體審議的時候，應該都可能會被某些言論所影響，而不再像原本那樣，能自然而然地用願意講道理的方式來討論。其中最明顯的一種就是蔑稱（slur），譬如「黑鬼」、「猶太佬」、「德國佬」（Kraut）[8]、「西班牙佬」（Spic）[9]這

類詞彙。「猶太佬」一詞所傳達的核心語意跟「猶太裔的人」一樣，但除此之外它也會引導討論方向，讓群眾難以設身處地為這個族群思考。你在聽過「猶太佬」這個詞之後去跟猶太人聊天，就很可能情不自禁地以為對方是個貪婪的人。

德國邏輯學家戈特洛布・弗雷格在一八九七年寫下但未發表的論文〈邏輯〉（Logic）中提醒我們，把同一個德語詞彙翻譯成「狗」（dog）和「野狗」（cur）會產生不一樣的效果：

> 「這條狗吠了一整晚」跟「這條野狗吠了一整晚」的意思是一樣的，前者說的既不比後者多，也不比後者少。但「狗」

---

7  原注：瑪麗・凱特・麥高文（Mary Kate McGowan）在二〇〇九年的論文"Oppressive Speech"中主張，有一種她稱為「隱性行使性」（covert excercitives）的壓迫性言論，可以由不具備權威地位的人說出。這種語言行為，會讓之後的語境允許壓迫性言論。舉例來說，男人彼此之間那種充滿性別歧視的聊天就是這種言論，它降低了道德標準，允許成員直接發言歧視女性。但麥高文認為，即使是「隱性行使性」語言行為，「發言者也需要具備一定的地位」，譬如在男人之間的聊天中說這種話的人至少必須是「自己人」。麥高文之前在二〇〇四年發表的"Conversational Exercitives"一文中也討論過這件事，該論文簡介了有一些隱性語言行為會改變主體能接受的事實範圍，但還沒有主張即使發言者不具權威地位，這類行為也能產生效果。

8  譯注：kraut是德文sauerkraut的同義詞，指的是德國酸菜。但在第一次世界大戰期間，kraut直接被作為英文使用，將該詞以嘲笑德國人愛吃酸菜的飲食習慣的方式，用來指稱德國人；二戰期間，該詞在美國與英國士兵之間廣為使用，進一步演變成歧視性的稱呼。

9  譯注：spic一詞的由來有諸多說法。牛津英文字典指出，該詞源自英文spiggoty一詞，而這個詞則來自「No spikee de English」（不說英文）這句巴拿馬工人在二十世紀初建造運河時常掛在嘴邊的話。

是中性的，不會特別帶來正面或負面的感覺，而「野狗」卻會讓我們想到外表有點邋遢的狗，帶來的負面感覺顯然比正面感覺多。麻煩的是，雖然這種描述對狗來說有點不公平，我們卻無法說「這條野狗吠了一整晚」這句話為假。這樣說話的人的確都帶有貶義，但其貶義並不包含在表達出來的意義之中。前後兩句話的差別，在於後面那句像感嘆詞那樣表達了感覺。

弗雷格認為「野狗」的意思跟「狗」一樣，但會帶來負面聯想，而且無論它出現在句子的哪裡都會有這樣的效果。蔑稱都帶有這種性質。它無論出現在句子的哪裡，都會帶來負面聯想。即使蔑稱出現在否定句，它依然會讓我們更難設身處地同理他人，譬如這樣：

（1）傑森不是猶太佬。
（2）伯納不是德國佬。

這兩句話的「不是」，並不會消除「猶太佬」和「德國佬」這些詞帶來的負面效果。你不能因為這兩句話包含「不是」，就說自己沒有在汙衊猶太人或德國人。如果你說了這兩句話，你就使用了這些蔑稱會產生的效果。蔑稱在各種語境中都會生效，即使是在引用句也不例外：

（3）「猶太佬」是對猶太人的蔑稱。

既然每一種人類社會都會進行集體審議，蔑稱帶來的影響應該就不僅會出現在自由民主社會，更會出現在每一種人類社會中。

　　對蔑稱的傳統看法是，蔑稱表達了對目標族群的蔑視。這當然沒錯，把猶太人叫做「猶太佬」當然表示你蔑視猶太人。但在我們一同審議適用於所有人的政策的過程中，蔑視究竟如何影響我們看待彼此的方式，目前就還不清楚。在這方面，我認為下述這套由琳恩‧泰瑞歐（Lynne Tirrell）和伊莉莎白‧坎普（Elizabeth Camp）各自獨立提出的解釋相當合理。[10]坎普認為，蔑稱「釋放出一個訊號，讓人在觀點中選邊站，是一種直觀地看待整個目標群體的方法」。[17]泰瑞歐也提出類似觀點，她以蔑稱為核心，研究了那些極度貶損他人詞彙。她認為，蔑稱切出了「自己人／外人」這種分野，「把某些同胞標記為外人，剩下的就都是自己人」。[11]

　　坎普認為，雖然蔑稱帶有蔑視的態度，但核心效果卻在於別處：

　　雖然貶損他人毫無疑問是蔑稱的重要效果之一，但我認為其

---

10 原注：見Tirrell, "Genocidal Language Games"與Camp, "Slurring Perspectives"。泰瑞歐分析了蔑稱的一個子類別，她稱之為「嚴重汙衊他人的詞彙」。她指出像「勢利眼」這種蔑稱和戈培爾口中的猶太「害蟲」是不一樣的。

11 原注：見Tirrell, "Genocidal Language Games," p. 190, 191。泰瑞歐認為，標註他群的嚴重汙衊性詞彙具有某種「基本的本體論地位」。像「渾蛋」這種詞彙只是蔑稱，不是這類嚴重汙衊性詞彙。

中的蔑視感並不像我們通常以為的那麼重要，而且不像我們通常以為的那麼能夠解釋蔑稱的機制。我認為蔑稱之所以會讓我們蔑視他人，大部分都是因為另一個更基本的原因：它讓我們產生一種距離感。發言者用蔑稱發出一種信號，表示自己既不屬於被蔑稱的群體，也不站在該群體那邊。更具體地說，發言者表示該群體並不值得我們尊重，而這就**貶低了**他們。

　　根據坎普的說法，「猶太佬」這種蔑稱詞的核心語意是猶太人，非核心語意則會讓我們把這個族群踢出「互相尊重」的範圍之外，更難明理地討論任何與這個族群有關的東西。每一種蔑稱都與一些泛型語意有關，會相應地改變我們的偏好排序。這些偏好排序讓人認為目標族群很可能擁有某些屬性，會讓我們覺得不需要尊重他們。蔑稱就是用這種機制，讓我們在共同制定政策的時候，覺得不需要考慮目標族群的觀點。

　　此外，坎普說了，蔑稱的非核心語意是「釋放出一個訊號，讓人在觀點中選邊站」，而說話者就是藉此與目標群體拉開距離。接下來我們就要討論，有一種有問題的意識形態，就是從這種群體認同之中產生的。

　　如今，我們都知道蔑稱的力量對於種族屠殺的發生而言極為關鍵。大衛・李文斯頓・史密斯報導了一名曾參與南京大屠殺的日本老兵，後者把中國人稱為清國奴（チャンコロ），是沒資格當人的蟲子或畜生。[18]哲學家泰瑞歐則在二〇一二年的〈種族屠殺的語言遊戲〉（Genocidal Language Games）中，詳細描述了「貶損性詞彙在奠定一九九四年盧安達圖西族（Tutsi）種族屠殺所需

的社會基礎時，扮演的重要角色」。盧安達的胡圖族（Hutu）極端分子會用兩種蔑稱，或兩種「極為貶損他人的詞彙」來稱呼圖西人；第一種是用來稱呼蟑螂的inyenzi，第二種是用來稱呼蛇的inzoka。蛇對盧安達人而言是一種威脅，也是男孩在成年禮中必須殺掉的對象。盧安達人在殺掉蛇之後，會剁掉牠們的頭，並把身體切成碎片。胡圖族在宣傳中，藉由把圖西族稱為inzoka，讓胡圖民兵用長久以來的殺蛇方式，來設想要怎麼殺死圖西人。正如泰瑞歐所言，在盧安達，把一個人叫做inzoka的目的或者「社會意義」，就是讓受眾覺得殺死這個人是對社會有益的正當行為。

大衛·李文斯頓·史密斯說得很好。他指出，一個社會在發生種族屠殺之前，往往都會在宣傳中用語言或意象把目標非人化。這些極度貶損性的詞彙把目標族群描述成畜生或疾病，尤其是令人噁心的那些，藉此讓受眾覺得這些人威脅公共健康，譬如納粹把猶太人說成老鼠，胡圖族把圖西人說成蛇都是好例子。而當你打著維持公共健康的旗號，這些言論乍看之下就完全講理。當然，非人化的宣傳比種族屠殺更常見，但當我們以後再聽到有宣傳把某一群人說成畜生、蟲子、害蟲的時候，就該想起這類宣傳與種族屠殺之間的關聯性有多強。這種描述方式，會讓社會覺得可以正當地用對待那些動物的方式，去對待某一群同胞。

不過，這些為數不多的哲學研究在討論蔑稱時，還是都做了一項錯誤的預設：它們認為蔑稱**很特別**。這些研究都著重於描述那些專屬於蔑稱的特質，但許多其他語言特質產生的效果和蔑稱也很類似，甚至相同，而且這些特質**都很常見**。正如前幾章所言，宣傳在自由民主國家的危險之處，就是人們通常不會發現它是宣傳。要點出這有多危險，也許最適合的方法就是指出，自由

民主國家的哲學教授往往假設有一類明顯可辨的詞彙,而這些詞無論出現在語句的何處,都會讓受眾不通情理。如今,在自由民主國家的政治辯論中,只要對少數族群使用蔑稱,幾乎都會被揪出來。但當自由民主像在當代匈牙利那樣開始瓦解,明目張膽的蔑稱就會越來越容易被接受。[19]也許自由民主國家的哲學系對蔑稱的研究如雨後春筍般發展,就是因為蔑稱在自由民主國家並不是最重要的問題。真正重要的問題,其實是那些表面上都不是蔑稱,**功能**卻與蔑稱相同的語詞。

————

許多乍看之下專屬於蔑稱的特質,其實都無所不在,而我們之所以沒發現也不只是因為輕忽而已。這會讓許多當代研究蔑稱機制的著名理論站不住腳。魯維・安德森(Luvell Anderson)和厄內斯特・勒波(Ernest Lepore)就認為我接受的那種「內容論」很有問題。他們認為「內容論」無法解釋為什麼蔑稱**總是**帶有負面涵義,而這種現象唯一可能的解釋,就是蔑稱的負面涵義並非來自內容,而是來自非語意性的緊縮事實(deflationary account):**蔑稱全都是禁用辭彙**。根據安德森和勒波的解釋,蔑稱之所以總是會帶來負面涵義,是因為我們禁止使用這些詞,一旦使用就違反了禁忌,負面涵義也就由此而來。

我還蠻能理解安德森和勒波為什麼會認為自由民主文化中的蔑稱全都是禁用辭彙。我甚至認為他們點出了自由民主文化的一項特徵:這種文化不允許人們**明目張膽地**貶低任何人。但接下來我要說,無論是在政治還是在平常的討論中,許多乍看之下人畜

無害的詞彙其實都像蔑稱一樣，無論出現在哪裡都會帶來負面意涵。譬如在美國，「社會福利」不是禁用詞彙，但它無論出現在哪裡都會帶來負面意涵。即使是「約翰相信比爾靠社會福利維生」這種句子，依然傳達了負面的社會意義。

本章將延續莎莉・哈斯藍爾的研究貢獻，指出即使是「母親」這種表面上毫無問題的詞彙，也會傳達出負面的社會意義。「社會福利」和「母親」這兩個詞都沒有被任何人禁用，但卻都具備蔑稱所具備的屬性。安德森和勒波認為只有被禁用的詞彙才會擁有這些屬性，但事實並非如此。宣傳的某些特性是安德森和勒波的分析無法掌握的。[12]

在整個政治辯論體系中，人們總是三不五時就會想要使用一些具有蔑稱功能的詞彙。我在上一章的結尾就引用了一段李・艾瓦特一九八一年的評論來當例子。普林斯頓大學的政治學家塔莉・曼德堡在二〇〇一年對美國政治訴諸種族歧視的重要研究《種族牌》（*The Race Card*）中，就詳細解釋了有哪些言論機制與隱性的種族歧視相關。

美國白人在歷史上就一直很愛歧視別人，歧視甚至是美國精神裡某種揮之不去的特質。至少早在兩百年前，美國白人的意識形態就深信黑人很容易犯罪，而且天生懶惰。而且就像曼德堡說的那樣，他們相信黑人的犯罪傾向「跟不喜歡老實工作的傾向緊

---

12 原注：此外，某些非關政治的例子也會讓安德森和勒波的說法面臨類似問題。我們在前述就提到，莫瑞認為無論證據出現在哪裡，都可以在脈絡中增加相關資訊。它的效果與預設不同，你無法「刪除」證據加進去的資訊。而且證據並不屬於「禁用詞彙」。所以，如果莫瑞說得沒錯，安德森和勒波的說法預設了世界上不存在證據。

密相關，源自與生俱來的惰性」。[20]即使是十八世紀末紐澤西的廢奴主義者，也相信黑人天生懶惰。[13]白人的這種種族歧視觀點，在美國的歷史上一直主導著政治界。到了一九六〇年代，政治圈開始出現曼德堡所謂的「種族平等準則」（a norm of racial equality），但曼德堡描述種族平等準則的方式會引起嚴重誤解。當時的狀況是，美國白人開始對某些過去可以被被接受的、**非常明目張膽**的種族歧視言論產生強烈的厭惡感，但在政治場合發表許多可以算是種族歧視的言論，還是不會有問題。譬如「黑人的文化會培養出失敗的性格」這種話，無論如何都不符合「種族平等準則」，但如果當時的政治人物這樣說，大概不會惹上什麼麻煩。不過總之，就像之前我引述過的那句李・艾瓦特的名言，到了一九六〇年代末，某些過去一直以來為人所接受的種族歧視言論，都變得不能接受了。

公共政治場域對種族歧視的新規範，逼得那些想搞政治宣傳的人另闢蹊徑，試圖用不直接踩線的方法喚起美國人的種族偏見。在李・艾瓦特之前，一定早就有人試圖用含蓄的方式貶損黑人，而且共和黨把這招當成拉票的核心策略也至少長達十年。譬如，尼克森總統（Richard Nixon）的幕僚長H・R・哈德曼（H. R. Haldeman）就在日記中寫道：「總統強調，你必須承認社會福利問題其實就是黑人問題。而成敗的關鍵就是想出一套方法，在不直接說破的情況下讓人了解這件事，譬如指出歷史上唯一沒有建

---

13 原注：紐澤西州的廢奴運動者聲稱他們相信自由的黑人「天生懶惰、愛玩耍、有酒癮、有些時候還愛說謊」。見Mendelberg, *The Race Card*, p. 32。

立過像樣國家的種族，就是黑人。」[21]

　　民權運動之後，絕大多數的美國人都知道必須禁止那些非常明目張膽的種族歧視言論，但畢竟種族偏見是美國國族認同的核心之一，許多人心中的種族偏見依然沒有消除。於是，政界的聰明人就開始用許多表面上不是蔑稱，甚至表面上跟黑人沒有關係的語詞，去發揮坎普所描述的蔑稱所帶來的效果，摧毀人們對黑人的尊重。

　　曼德堡和她在普林斯頓的同事馬丁・季倫斯都研究過「社會福利」一詞對人們的政治意見造成的影響，並且發現這個詞會促發種族偏見。只要使用「社會福利」（或許還包括「食物券」）這些指涉到社會支出項目的詞彙，就可以加強人們對黑人的種族偏見。該研究的結論是，「提到任何與種族相關的事物，譬如社會福利，都可能加劇選戰中的種族對立，即使你提到的是領取社福的白人也不例外」。[⑰]不過另外最有趣的是，曼德堡對密西根的社會人士做過一項很值得注意的實驗，發現如果候選人的競選言論擺明帶有種族歧視，言論引發的種族偏見效果反而會**降低**。[14]

　　促發效應的相關研究，在我們了解許多其他現象時很有用，

14　原注：見Mendelberg, *The Race Card*, p. 193。在該書第七章中，曼德堡的簡述如下：「暗藏種族歧視的言論，會大幅引發對種族政策的怨恨。支持黑人與討厭黑人的人，在接觸到暗藏種族歧視的言論之後，討厭黑人政策的程度相差五十七分（滿分為一百分），讓他們對政府干預種族事務的態度變得完全相反。但同樣的兩群人，如果接觸的是違反傳統刻板印象的言論，或明顯表達種族歧視的言論，之後討厭黑人政策的程度差異就小很多——前者只差二十七分，後者只差三十三分。如果討論福利政策的言論擺明帶有種族歧視，受眾聽到之後引發的種族偏見程度，反而降低了接近五成。」見同上，p. 199。

不過卻不太能幫助我們了解**機制**。而我想做的，就是找出曼德堡和季倫斯所提到的那些現象背後的語言學機制。也就是說，我想找出人們如何在政治辯論中用語詞促發種族偏見，產生宣傳的效果。

———

那些對美國黑人的蔑稱顯然是明目張膽的種族歧視。不過，當社會上出現了曼德堡所說的種族平等準則，蔑稱能帶來的種族偏見效果，就反而大幅低於哲學家們認為具有蔑稱效果的其他語詞。而且在美國這種自由民主國家，尤其在民權運動之後，用偷渡的方式讓語詞產生哲學家所說的蔑稱效果，更是比直接使用蔑稱有效非常多。那些研究蔑稱的哲學家，尤其是坎普，已經簡潔地描述了這類宣傳語言的作用機制。但是，這些語言的負面效果其實不是像他們說的那樣源自蔑稱。在已經用種族平等準則來規範言論的環境下，最能夠讓受眾變得不通情理的宣傳方式，其實不是直接汙衊你的目標，而是用其他方式**暗指**他們。至少在美國，潛心研究那些蔑稱的哲學家，很可能放錯了重點。

很多時候，人們刻意使用「社會福利」、「領取資格」（entitlement）以及其他與社會福利計畫相關的語詞，都是要傳遞帶有種族歧視的非核心語意。而且許多時候，這些非核心語意都帶有政治性。蔑稱研究的錯誤在於，研究者假設那些使用了蔑稱的言論跟沒有使用蔑稱的言論之間有明確的分野，但其實沒有。很多詞彙、或者說大部分的詞彙，都帶有某些「專屬於」蔑稱的非核心語意，這些語意無法被直接反駁，而是會被直接加到溝通

的共同基礎上。大部分這樣的詞彙一旦出現，它們帶有的非核心語意就難以被消除。

　　政治界總是在找一些表面上不算是蔑稱，卻可以用其非核心語意讓政治辯論染上成見的語詞。近來在法律辯論中出現的「非法移民」（illegal immigrant）和「非法外籍人士」（illegal aliens）就是好例子。我們顯然擔心，這些語詞所帶有的非核心語意，會讓人在相關討論中不去考慮移民的觀點。二〇〇六年，美國西班牙裔新聞工作者協會（National Association of Hispanic Journalists）強烈要求新聞媒體停止使用「非法移民」、「非法外籍人士」這些「把人非人化的詞彙」。[23]他們在一篇文章中寫道：「協會一直以來都對使用這兩個侮辱性的詞彙來描述無證移民（undocumented immigrant）一事予以譴責，這會讓受眾把無證移民誤認成異常、有害、非人類的局外人，以為他們帶著可疑的意圖進入美國。」然而，儘管在這之後還有好幾起聲明，最高法院依然在幾十起案件中，繼續使用「非法移民」這個詞。直到二〇〇九年索尼婭・索托馬約（Sonia Sotomayor）被任命為大法官，才在她審判的第一起案件中用「無證移民」取代「非法移民」。到了二〇一四年一月二日，加州最高法院跟進，而且特別為此寫了一段很長的註解說，為了「避免另一個詞彙潛藏的許多不良語意」，他們決定改用「無證移民」。[24]卡爾・施密特說得沒錯，詞彙的選用在政治圈果然是最嚴重的問題。

　　重複聯想這一心理機制，會在上述的這些狀況中，讓某些詞彙帶著有問題的形象或刻板印象。於是有些人就會用這些詞彙來表達其通常的意思，同時明確否認自己有在刻意喚起相關的刻板印象。譬如，在二〇一二年總統大選共和黨初選的某次辯論中，

主持人胡安・威廉斯（Juan Williams）就這樣問過黨內候選人紐特・金瑞契（Newt Gingrich）：

> 你最近曾說「黑人該爭取的是工作而非食物券」。此外你也說「窮人家的小孩不夠敬業」，並且建議他們去擔任學校裡的清潔工。難道你不覺得再怎麼說這都是在侮辱所有美國人，尤其是侮辱美國黑人嗎？

金瑞契回道「不，我不覺得」，然後獲得觀眾報以如雷的掌聲。接著，金瑞契開始講那些努力工作多麼重要的陳腔濫調，說了一堆那些從小就極其努力的人的故事，讓觀眾聽得如癡如醉。等金瑞契說完，威廉斯就指出「不夠敬業」這種說法會讓人想起負面的種族刻板印象。威廉斯解釋，每一位跨越了種族隔閡的美國人都看得出兩者之間的關係，而金瑞契的否認是在試圖騙人。但威廉斯如此回應之後，反而得到大量噓聲。

前述這件事的重點在於觀眾的反應強度。可想而知，因為討論到了「敬業精神」和「食物券」這類帶有種族歧視非核心語意的詞彙，這成了整場辯論情緒最激動的一節。觀眾的態度讓金瑞契只需要回應他發言的核心語意，完全不用為其非核心語意帶有的種族歧視色彩負責。[15]更糟的是，後來威廉斯明明是在提醒觀眾這些語詞傳達了負面的社會意義，卻反而引發觀眾更強烈的種族歧視情緒。這就是宣傳的恐怖之處。你可以去批判這些語詞帶來

---

15 原注：珍妮佛・索爾在 *Lying, Misleading, and What Is Said* 中認為，誤導和撒謊的道德問題一樣嚴重。金瑞契的這些言論提供了很好的例子。

的效果，但你光是說出了這些語詞，就會再次引發相關的效果。㉕

————

　　若要繼續解釋宣傳利用了哪些機制，就必須再引進一個概念：**社會意義**。提出法律的表達論（expressive theory of law）的法學家丹・卡韓就在他的著作中提過這個概念。婚姻制度就是帶有明確社會意義的好例子。婚姻的社會意義就像哲學家拉爾夫・魏伍得（Ralph Wedgwood）所說，包括「性親密（而異性戀配偶可能會因此生小孩）、雙方合作處理家務與經濟需求（如果有小孩就包括撫養小孩），以及為了維持關係的長期承諾」。㉖這種制度承載的社會意義相當強大。至於法律的社會意義，卡韓則以一九八九年的《國旗保護法》（The Flag Protection Act）來舉例。㉗這條法律的社會意義是提醒大家愛國。而且由於現實中幾乎沒有人會在抗議中焚燒美國國旗，這條法律唯一的目的就是表達這種社會意義。法律的表達論者提醒我們法律具有社會意義。社會意義所採取的形式未必要是具有真假值的命題，也可以是要求受眾優先選擇某些可能世界的命令。前文已經解釋了如何以形式化的方式描述後者這種沒有真假值的命令。

　　法律和制度都有社會意義，語詞也有。麥可・瓦哲（Michael Walzer）就說過，「**賣淫**與**賄賂**這兩個詞就像**買賣聖職**（simony）一樣，描述的都是買賣一些在某些理解下絕對不可以拿來買賣的東西」。㉘大部分的宣傳，都會在那些乍看之下毫無問題的政策語彙上，掛載有問題的社會意義，把「社會福利」抹黑成「賣淫」這樣的髒字。社會意義屬於詞彙的非核心語意，所以會像非核心

語意一樣「無法協商、無法直接質疑，而且即使大家拒絕在共同基礎中加入核心語意，非核心語意也已經先被加了進去」。簡單來說，光是想討論要不要接受該詞彙的核心語意，就得接受它的社會意義。很少人會去質疑社會意義，所以我們即使拒絕了包含某個詞的主張，依然接受了該詞所帶有的社會意義。

還記得本書開頭引用了維多‧克蘭普勒討論的，納粹是怎麼使用「英雄主義」這個詞的嗎？當時媒體把這個詞跟一些特定形象連結在一起：賽車選手、坦克駕駛、衝鋒隊員。對於在納粹時代長大的人來說，這些形象都屬於「英雄主義」這個詞的社會意義。他們一聽到「英雄主義」就會聯想到這些形象，就像弗雷格說「野狗」會讓人想到骯髒的狗一樣。共和黨的「南方戰略」（Southern Strategy）也是這樣，它刻意用那些與社會福利相關的語詞，來加強住在城市的黑人都很懶惰的刻板印象。

在一九七〇年代的芝加哥，有一位看起來犯了很多重罪的黑人女性琳達‧泰勒（Linda Taylor）。[29] 她被捕的時候的罪名是以四個不同的化名詐領福利金，榨取政府八千美元。《芝加哥論壇報》（*Chicago Tribune*）在報導中把她描寫成開著凱迪拉克、用假身分去領取福利金的「福利女王」（welfare queen）。這項罪行是讓泰勒入獄的一個原因，但她犯過的其他罪行，每項都比這更嚴重。

然而，到了一九七六年雷根競選總統時，「福利女王」這個詞卻變成讓民眾以為大量黑人都在詐欺，進而引發恐慌的工具。雷根在某次造勢大會上說道：「芝加哥有一個女人……用了八十個化名、三十個地址、十五個電話號碼來蒐集食物券跟社會保險，捏造四個已故的丈夫來申請退伍軍人福利和社會福利。她光

是一年的免稅收入就有十五萬美元。」這些敘述都嚴重偏離現實，而且琳達‧泰勒的主要收入來源根本不是福利詐欺，而是搶劫。但從此之後，這位開著凱迪拉克的黑人福利女王形象就不逕而走，幾十年來在社會福利計畫的辯論中縈繞不去。在那段時間中長大的美國人一聽到「社會福利」這個詞，腦中就會浮現一名住在市中心、開著凱迪拉克的黑人女性，這就跟在納粹時代長大的德國人一聽到「英雄主義」就會想到坦克駕駛和衝鋒隊員一樣。[30]

在美國，「社會福利」這個詞的意思，是指州政府與聯邦政府對「身體健康、能夠工作的窮人發放的現金援助」，譬如貧困家庭臨時援助方案（Temporary Assistance for Needy Families，TANF，原AFDC）。[31]表面上，討論「社會福利」就是在討論這類方案，所以政治人物使用這個詞，表面上也是完全講理的，畢竟政治人物本來就該討論政策。再加上，那些想要刪除社會福利的政治人物，通常還會表現出一副極為關心黑人同胞福祉的樣子，表面上就更沒有問題。

二〇一四年三月，眾議員保羅‧萊恩（Paul Ryan）發表了一份長達二百四十頁的報告《向貧窮宣戰：五十年後的結果》（The War on Poverty: 50 Years Later）。該報告主張，社會福利計畫消滅了人們工作的誘因，創造了「貧窮陷阱」。二〇一四年三月十二日星期三，萊恩在比爾‧班奈特（Bill Bennett）的《美國之晨》（Morning in America）節目上說道：「我們有一種奇怪的不工作文化，尤其在市中心特別嚴重。一代又一代的人完全放棄了工作，又完全不想學習工作的價值和意義。我們必須解決這種文化問題。」眾議員芭芭拉‧李（Barbara Lee）聽到該發言之後表示：

「萊恩議員所謂的『市中心』貧困問題,是一種赤裸裸的種族攻擊,我們不能容忍。」她在電子郵件中向記者說:「大家都知道,萊恩使用的『市中心』、『文化』這些詞都是暗語,都是在暗指『黑人』。」

萊恩的做法在字面上看來非常講道理;他投入大量時間寫了一篇兩百頁的報告討論「市中心」的各種問題,用經濟學的方式指出這些問題都是社會福利造成的,尤其是讓人喪失「敬業精神」。如果我們逼這些住在市中心的人去工作,就能他們變得「更敬業」且人生過得更好。乍看之下,這種說法完全是在試圖讓「市中心」的人過上更好的生活,非常明理。

但許多美國人都相信的「住在市中心的人不夠敬業」一說,當然不可能跟社會福利計畫有關係,畢竟社會福利計畫到了一九六〇年代才出現。這種對於黑人的刻板印象像塔莉・曼德堡說的一樣,早就散播在整個美國歷史之中。過去,人們支持奴隸制的理由,就是美國黑人「不夠敬業」,需要特殊的誘因才會去工作。萊恩只是把奴役換成餓肚子而已。他才不會用這種誘因去對待那些不住在「市中心」的人呢。

美國的聯邦援助計畫已經獲得了一種社會意義:黑人很懶惰。舉例來說,阿帕拉契有很嚴重的、連續好幾個世代的貧窮失業問題,但我猜很少美國人會說阿帕拉契的貧窮白人「懶惰」。換句話說,那些聲稱市中心黑人是因為懶惰才連續貧窮了好幾代的說法,就是在說黑人會窮跟白人會窮是因為不同的原因。兩者之間的差異,就是「社會福利」這個詞承載的社會意義。在其他國家,「社會福利」一詞也會因類似的機制而有鄙視移民之意。宣傳很常用這種機制來操弄族群問題,尤其是在社會限制不准明

目張膽操弄族群問題的時候特別常見。

––––––––

　　我們現在知道為什麼宣傳是自由民主之敵：它讓我們無法進行民主審議。共和黨的南方戰略，把某些社會福利詞彙連結到美國長久以來的種族刻板印象上，讓人們更難討論這些社福計畫的優缺點。我們在討論這些計畫時必須用到相關的詞彙，但這些辭彙都染上了長久以來的種族成見，光是說出來就會影響討論。於是，在討論這些社福計畫時，就變得很難不帶著種族主義色彩。這種宣傳手法讓民主審議變得一團混亂。本書最初幾頁引述的喬納森・柴特提到的詭異現象，也正是因此而生。

　　同樣地，我們現在也知道為什麼在納粹德國中長大的人，會像維多・克蘭普勒說的那樣，對於「英雄主義」這個詞產生特殊的反應。納粹成功地把「英雄主義」一詞連結到日耳曼霸權的許多象徵上，讓衝鋒隊員或賽車選手這些象徵，變成「英雄主義」一詞的社會意義。自由主義是普世中立的，不偏袒任何一方；納粹則完全相反，刻意把日耳曼人和猶太人挑出來給予特殊對待。克蘭普勒發現，當時的人們一聽到「英雄主義」這個詞，就沒辦法再去理解自由民主是什麼。我們現在知道，這是因為「英雄主義」這個詞在當時的社會意義與自由民主極度不相容，而社會意義屬於非核心語意，所以在納粹政權中長大的人在聽到這個詞的瞬間就會立刻接受。他們一旦接受，討論時的共同基礎就無法再納入自由主義所預設的概念。因此，人們會像克蘭普勒說的那樣，「只要擁抱了這種版本的英雄主義，或者更精確地說，擁抱

了這種對英雄主義的誤解,就再也無法正確理解人道、文化、民主的本質」。

　　當然,宣傳不只是對那些與宣傳者擁有相同意識形態的人才有用。很多宣傳都刻意針對某些群體。我們將在接下來的章節中看到,社會中處於極為優勢的群體,會利用宣傳來控制弱勢群體,而我會解釋有哪些心理機制與哪些從認知形成知識的機制會造成這種現象。但現在我們已經知道有某些**語言機制**會造成這種現象了。語詞的非核心語意,可以讓弱勢群體接受主流群體的意識形態。在真正開始討論之前,非核心語意就會先被加入共同基礎之中,於是弱勢群體光是想討論相關事項,就必須先接受那些認為他們次人一等的說法。他們未必相信這些說法,但如果不使用在非核心語意帶有這些說法的詞彙來討論,就會連發聲都不可能。

　　這當然不是說語詞的意義一旦成形就無法扭轉。譬如,「歐巴馬健保」(Obamacare)這個詞原本是拿來貶低《平價醫療法案》的,後來在使用中卻失去了語詞中的貶義。但要扭轉語詞的意義,就得有足夠的力量去控制媒體與其他權力工具,而弱勢群體的成員通常都沒有這種力量。當各方社會地位大幅不對等,要成功阻止別人使用特定詞語,或要成功扭轉負面語詞的意義,就都會變成天方夜譚。

　　上述的語言機制,可以解釋為什麼弱勢群體在跟優勢群體對話的時候,往往被迫接受社會對他們的負面刻板印象。譬如,美國黑人在和白人討論「市中心的問題」時,光是要讓討論繼續進行,就必須暫時接受市中心的人都懶惰又暴力的印象。弱勢族群**光是為了順利地與優勢族群討論與弱勢族群相關的問題,就必須**

一方面暫時接受相關的負面刻板印象，一方面又得讓自己不被這種刻板印象所左右。這就是前述的語言機制直接導致的困境。

主流群體的宣傳通常會利用語詞的非核心語意來散播負面刻板印象，把弱勢群體描繪成一群不值得我們彼此互惠的人。這種宣傳會降低弱勢群體的自尊心。如果自尊的確像羅爾斯說的那樣，是最重要的基本善（primary good），那麼削弱他人自尊心的宣傳，就是在讓最重要的基本善分布得越來越不平等。這告訴我們，每一位關心自尊心在社會基礎上的不平等的政治哲學家，都必須擔心宣傳帶來的問題。[32]

————

在美國，「社會福利」這個詞有著「黑人很懶惰」的社會意義。我在之後的章節會解釋為什麼「黑人很懶惰」是一種有問題的意識形態。「社會福利」這個詞在染上這種社會意義之後，就被宣傳拿來大肆散播。但宣傳語言除了利用語詞的非核心語意去傳播有問題的社會意義以外，還會用其他方法讓人們變得不通情理。

語言的上下文脈絡會改變語句所表達的主張。如果你說「我生氣了」，想反駁你的人不會說「可是我不生氣啊」，因為這兩句話指涉的人根本就不一樣。這類語句的意義之所以會依賴語境，是因為「我」這種第一人稱代名詞所指涉的人是誰，是根據說話者來決定的。「我們」這種第一人稱複數代名詞也是這樣，它指涉的可以是這個房間裡的人，也可以是所有柏林人，甚至可以是所有歐洲人。從事宣傳的人會利用自然語言的這種語境依賴

性（context-dependency）來影響我們，讓我們變得不通情理。

有一種語境依賴性和「每個」、「所有」、「某些」這類量詞有關。「每個學生都說華語」這種句子所表達的主張，會根據脈絡而改變。有時候，「每個學生」是指教室裡的所有學生，有時候則是指學校裡的所有學生。這種量詞機制可以用來讓人變得不通情理。當義大利的政治人物說「每位公民」，她的意思是每一位義大利公民，而非世界上的所有人。所以，如果她說「每位公民都同意必須用法律保留義大利的傳統文化」，就是在把那些並非來自傳統義大利的人排除在外。

我們都知道量詞可以用來做哪些事，其中一種就是用「我們」這種第一人稱複數代名詞來劃分界線，把某些必須遵守法律的同胞排除在討論範圍之外，讓人們變得不通情理。艾瑞克・亞克頓（Eric Acton）與克里斯多福・波茲在論文中指出，「初步證據證實」二〇〇八年美國共和黨副總統候選人莎拉・裴琳（Sarah Palin）使用第一人稱複數代名詞的頻率大幅高於其他政治人物；譬如，她在跟民主黨副總統候選人喬・拜登（Joe Biden）辯論時使用的詞彙中，就有百分之三點四九是第一人稱複數代名詞，相比之下拜登只有百分之二點二一。亞克頓與波茲甚至引用了那場辯論中的一句名言：「讓我們照著我們爸媽在我們還拿不到信用卡之前告訴我們的話生活吧——賺不到的我們就不要花。」（Let's do what our parents told us before we probably even got that first credit card: don't live outside of our means.）在這短短的一句話裡，「我們」一詞就出現了五次，而且似乎不是在指所有美國人，而是僅指那些在雙親家庭中長大、以「傳統家庭價值」自居的選民。「我們」或其他同義詞，經常是政治人物用來劃分敵我的工具。

克蘭普勒的《第三帝國的語言》的第十三章叫做〈名字〉，文中指出在第三帝國時期，德國到處都有人幫小孩取日耳曼名字，譬如「巴德爾」（Baldur）、「迪特」（Dieter）、「德勒夫」（Detlev）、「烏威」（Uwe）、「瑪吉特」（Margit）等等。當代的我們如果住過德國，認識第三帝國時期出生的人，對這些名字應該都不陌生。在當時的環境下，擁有這種名字代表你是該國的一分子，是「我們」的成員之一。擁有傳統的日耳曼名字表示，你是安全的。

　　那些讓人不通情理的宣傳，除了能用來貶低一整群人以外，也經常在自由民主國家中被用來質疑個人。米蘭達・弗里克認為，人們經常會用一些讓受眾覺得其談論的目標「不算是完整的人」的表達方式，來質疑目標的**可信度**。[33]她把認知過程中的可信度分成**能力**（competence）與**誠意**（sincerity）兩部分，[34]而許多政治宣傳都是為了動搖其中之一。那些把歐巴馬說成穆斯林的人，口中的「穆斯林」一詞的非核心語意都顯然帶有「恐怖分子」或某種「反美」的社會意義。這種發言的目的，就是質疑總統並不真誠，所以並不可信。同理，把莎拉・裴琳說成「鄉巴佬」（hick）、把小布希說成「兄弟會小男孩」（frat boy）則是在質疑他們的能力。

　　艾德華・史諾登（Edward Snowden）披露的文件中，包含了英國政府通信總部（Government Communications Headquarters，簡稱GCHQ）旗下聯合威脅研究情報組（Joint Threat Research Intelligence Group，簡稱JTRIG）的資料。這個組織的任務是用社群網站與部落格來「宣傳」、「欺騙」、「廣發消息」、「散播敘事」、「塑造虛擬人設」、「影響心理」，[35]基本上就是製造宣

傳需要的所有條件。部門中有些人專門負責讓受眾陷入動機性推理（motivated reasoning），譬如讓人們覺得自己屬於那些支持政府或對政府沒有威脅的團體（就像丹・卡韓在相關論文中說的一樣，讓人「覺得自己在那些團體中的身分很重要」），產生所謂的「身份保護認知」（identity protective cognition）。其中一份稱為〈欺騙的技藝：線上隱密行動訓練指南〉（The Art of Deception: Training for Online Covert Operations）的文件，就是專門教人如何用「共同的意識形態」凝聚向心力，以及如何藉由「點出意識形態上的差異」來分裂團體。[36]該部門也有人研究如何「詆毀目標」；他們寫了一份投影片教你如何詆毀個人，另一份則教你如何詆毀公司。詆毀個人的方法是讓目標看起來引人反感，譬如「杜撰一篇網路文章說，這個人傷害了很多人，我就是其中之一」。這顯示米蘭達・弗里克說的沒錯，把談論的目標說成「不是完整的人」的確經常可以有效地降低該目標的可信度，至少某些重要西方民主國家的宣傳教戰手冊就是直接這樣寫的。

　　把談論的目標說成「不是完整的人」通常都違反自由民主的精神，因為它意味著該目標不值得我們關注。而且如果這種言論出現在自由民主國家，就會變成打著願意講道理的旗號讓人變得不通情理，是一種典型的惑眾妖言。

———

　　我們在前文談到，有好幾種不同的宣傳語言技巧，都可以打著願意講道理的旗號讓人不通情理。這會讓人開始思考一個問題：有沒有辦法在維持言論自由的狀況下，像禁止使用蔑稱那樣

禁止這類宣傳？這個問題複雜到無法在這裡討論，最多只能簡述一下它的複雜程度。

社會意義無所不在。伊莉莎白・安德森和理查・皮德斯（Richard Pildes）列出了好幾個例子，說明很多法官和律師是怎麼用社會意義傳遞的偏見來影響判決。[37]這告訴我們，社會意義所帶有的偏見，的確可以像典型的宣傳言論那樣影響辯論，而這也提醒我們社會意義在辯論中有多常出現。他們在描述關於聯邦制度的辯論時，就提到「史卡利亞大法官（Antonin Scalia）在普林茨訴合眾國案（Printz v. United States）中說，國會『強迫』各州官員聽令辦事，把州政府變成『國會的傀儡』，違反『各州政治獨立』的原則。」[38]而且，討論州政府到底有沒有被不當宰制時，史卡利亞大法官又用了帶有「降格、從屬、支配」等社會意義的語詞試圖歪曲討論，刻意讓人們把降格與從屬等指控當成既定事實。

正如安德森和皮德斯所言，我們很難事先知道有哪些字詞的非核心政治語意會在辯論中歪曲討論，也很難事先得知是用怎樣的機制來歪曲。二〇一三年，哈斯藍爾就在美國哲學學會主席演講（APA Presidential Address）中指出，雖然「蕩婦」這類蔑稱顯然帶有非核心政治語意，但「母親」這種表面上人畜無害的詞也有——它預設了「我們的性別會影響帶小孩的能力」。[39]說出「母親」這個詞，就會在我們對話的共同基礎上新增某些內容，或者會讓我們把母親具有某些特質的可能世界，排在沒有那些特質的可能世界前面。哈斯藍爾之所以要舉這個例子，是要提醒我們有很多詞都在其非核心語意中帶有某種社會意義，即使是「母親」這種看起來完全正常的詞也不例外。而且，這些詞的社會意義就跟蔑稱一樣，與使用它們的方式息息相關。也許那些乍看之下無

關痛癢、但其所帶有的社會意義卻能夠束縛人們的詞彙，反而能夠最有效地產生政治影響。

那麼，如果禁止使用那些帶有會傷害自由民主的社會意義的字詞，是不是就能解決問題呢？我很懷疑。舉例來說，如果我們不說「我老婆」跟「我老公」，改說「我的配偶」就會比較好嗎？前者那組說法帶著會束縛人們的社會意義，後者那組沒有，但這些意義其實深植在各種讓人不自由的現實做法之中。如果你想要消滅這些字詞的社會意義，唯一的方式是讓**老婆跟老公所扮演的社會角色**不再那麼束縛人們。

如果我們真的想要，我們的確可以把字詞當成屬性和事物的名字。但如果要這麼做，就必須同時記得字詞**不只是屬性和事物的名字**。語言學家早川一會在他於一九三九年發表的〈普通語意學與宣傳〉（General Semantics and Propaganda）中就寫道：

> 事實上，我們不可能在不涉及語言脈絡的情況下去命名任何一件事物，更不可能去描述它。「錢」是什麼？「矯正院」是什麼？「教授」是什麼？「音樂家」是什麼？「Tomboy」[16]、「貸款」、「貓」又各是什麼？[40]

「教授」這個詞的確可以用來形容很多人，因此我們可能會以為，稱某人為「教授」只是說他屬於那一群人而已。但光是用**這種說法**把他劃歸到那一群人裡面，就會同時產生很多效果。我們會因此預設許多關於大學體制的事情，譬如讓聽眾覺得這個人

---

16 譯注：Tomboy指的是性別表現樣貌有如男性的女同志。

有在開課教書。這麼做同時也會傳達某些社會意義，譬如讓聽眾覺得他的政治立場偏自由派，但事實上可能完全搞錯。詞彙是人類文化的產物，現實中的推理遠比邏輯學課本寫得複雜太多。

　　語言可能會對說話的脈絡產生好幾種不同影響；我們可能說出一句願意講道理的話，卻把脈絡搞得更不通情理。有些人也會用這種機制，用乍看之下講道理的語言，讓人們變得不通情理。但除此之外，社會意義的無所不在，以及詞彙所帶有的各種制度性預設，其實還會讓我們很自然地推論出一個更悲觀的結論：現實中的溝通過於複雜，公共理由的理念**根本無法實現**。這項結論也許為真，但至少到目前為止都毫無根據，只能算是猜測。

　　此外，這還會讓我們很自然地推論出另一種悲觀的結論：自然語言影響信念的方式過於多元，無法符合理想的溝通標準；如果想要符合理想的溝通標準，就必須捨棄自然語言，改用沒有這些性質的理想語言（ideal language）來討論事情。但是，想要讓現實中的討論變成像邏輯算式一樣，是不可能成功的。而且就算沒有理想語言，我們也未必要接受這個悲觀結論。語言對說話的脈絡所造成的各種影響未必會彼此抵消，在宣傳中也是如此。

————

　　我們經常會以為，那些用邏輯與語意學工具去研究溝通與溝通障礙的方法，都預設了自然語言就像單純的邏輯語言一樣。有個傳言說，大衛·路易斯之所以把他在形式語意學領域中的開創性論文叫做〈普通語義學〉（General Semantics），有一部分就是為了嘲諷阿弗雷德·科基布斯基（Alfred Korzybski）在兩次大戰

期間所創立的普通語義學流派。科基布斯基想做的，是試圖描述宣傳的作用機制，並用邏輯與心理學來設計反制方法。但有趣的是，大衛·路易斯提出的形式工具，尤其是〈語言遊戲中的計分方式〉裡面的模型，其實反而像蕾·藍騰、瑪麗·凱特·麥高文（Mary Kate McGowan）、伊夏妮·麥特拉說的一樣，在分析語言產生的各種負面效果時非常有用。

本章要做的，也是嘗試指出語意學和語用學工具在幫助我們理解語言的宰制機制時多麼有用。我所使用的工具以真值條件框架為核心，它可以讓我們了解正常而成功的審議是怎麼發生的。成功的審議過程，是先提議在對話的共同基礎上新增一項內容，然後大家開始辯論要不要新增。如果辯論的結果是要新增，參與者就從此排除了那些該內容為假的可能世界，然後開始處理下一項問題。這種認知框架讓我們至少可以清楚地了解審議**結構**的其中一部份。

語言所傳達的許多資訊都不會「被人拿來討論」。在一般的狀況下，這些內容都無關緊要。舉例來說，我說話的時候，人們不會去討論我是不是正在說話。當我說「他媽的桌子」，人們不會去討論我是不是對那張桌子產生了負面態度。當我說「外面一定在下雨」，人們可能會討論外面到底有沒有下雨，但不會去討論這句話是不是我的猜測。我們可以去質疑這些「不會被人拿來討論的內容」，但通常這會讓討論偏離原本的主題。

由於真值條件框架至少讓我們了解公正無私的溝通是怎麼一回事，有人可能會以為這表示有某些方式可以讓現實中的溝通不要夾帶偏見。[17]不過，我們可以用精確或簡單的工具，成功描述語言的複雜性如何讓宣傳產生效果，並不代表我們的日常語言是由

這些精確或簡單的工具構成。歧義詞就是個好例子，日常語言中有很多詞至少都可以用兩種不帶歧義的精確方式來重新描述。本章已經試圖用形式語意學和語用學，描述了各種宣傳效果。我試圖說明，用系統化的方式整理語言的各種非系統性運作機制，可以讓我們更容易看到人們什麼時候是在用語言操弄他人。

然而，自然語言所產生的各式各樣不同影響，也讓政治理論出現了一個重要問題：公共理由的理念到底扮演著什麼角色？羅爾斯認為理念必須「可以落實」。但如果語言像我前述說的那麼複雜，我們真的能在現實中遵循「願意講道理」、「客觀」、「理論理性」這些規範嗎？這個問題大到無法直接回答。在回答之前，我們必須先進一步了解「在怎樣的情況下，言論才算是有遵循某種規範」。

我們可以把願意講道理、客觀、理論理性都當成理想的審議規範。但現實溝通的複雜性，可能會讓這些規範變得無法實現或不切實際。如果現實的溝通都很複雜，而且經常用拐彎抹角的方式傳遞資訊，這些公共理性的規範到底有什麼用？

指引溝通行為的規範中最明顯的一種，就是指引語言行為的規範，譬如**提出主張**與**做出承諾**時必須遵守的規範。人們通常都認為，為了確保言出必行，發言者與聽眾之間必須有一種哈伯瑪斯所說的「人際之間的約束力和紐帶」。[41]不同的語言行為會產生不同的人際關係，並且必須遵守不同的規範：

---

17 原注：當然，即使討論只會排除原本脈絡中的某些可能世界，也不代表這種架構下的所有討論都是理想的溝通。因為參與者可以重新描述脈絡中的可能世界，讓參與討論者認為某個群體總是次人一等，其觀點都不值得列入討論。感謝伊夏妮・麥特拉跟我討論這件事。

如果發言者願意透過發話行為（illocutionary act）[18]的表現，去接受人際之間的約束力和紐帶，就表示他願意為了說出這些話去遵守某些規矩。譬如只要有人給出滿意的答覆，他就會認為自己提出的問題已經解決；只要有人證實他所言為假，他就會放棄自己提出的主張；只要受眾與他的處境相同，他就會遵守自己提出的規則。**因此，如果某項可以由受眾決定要不要接受的語言行為，擁有某種字面上沒有寫明的力量，就表示這項行為可以讓受眾相信發言者會履行典型語言行為帶有的義務。**[42]

正如哈伯瑪斯所言，一種語言行為在某個社群中是否存在，取決於該社群是否要求發言者至少在某些經常出現、一旦看到就認得出來的脈絡中做出該行為時，履行相應的義務。蒂莫西·威廉森也提出了類似的說法；他認為我們只有在「一般來說至少可以辨別」怎樣算是違反相關規範的時候，才會把某些語言行為當成是在「提出主張」。如果某個社群幾乎完全不會去懲罰公開說謊的人，或者該社群幾乎沒有人會在發言時盡量只說實話，我們就會說這個社群根本不存在「提出主張」這種語言行為。

雖然溝通像前文講的那麼複雜，但這種複雜度並不會影響怎樣才算是一項主張。主張是語句的核心語意。我認為宣傳影響的部分則通常是非核心語意，它繞過宣稱，直接加到對話的共同基

---

18 譯注：發話行為指的是像告知、命令、警告、許諾之類，具有某種約定成俗力道的話語。針對言語行動的探討，請參考J·L·奧斯汀的《如何以言語行事》（*How to Do Things with Words*）。

礎之上。事實上，這就是本章所討論的惑眾妖言的關鍵機制。宣傳言論必須擁有願意講道理的核心語意，必須提出願意講道理或符合其他審議理念的主張，才能有效地在另一個層次上讓討論變得不通情理。

如同哈伯瑪斯所言，人們普遍認為如果某個社群存在某種語言行為，那個社群就一定有與該行為相關的規範。這很可能也適用於民主理念，畢竟民主理念都是為了規範公共溝通。因此，我們在看一個社會有多麼符合理性、願意講道理這些民主理念時，可以從在該社會中發表公共政治言論的人有多麼願意遵守相關規範，以及違反這些規範的人會受到多嚴重的制裁來判斷。

當然，有人可能會擔心，如果溝通像本章說的那麼複雜、宣傳像本章說的那麼常見，而且只有像是在提出主張時承擔相應責任的語言行為才算是有遵守相關民主規範，那麼現實中就沒有任何國家算得上民主了。如果把語言的複雜性納入考量，那麼至少美國在制定絕大部分政策時都沒有嚴格遵守公共理由的審議規範，甚至可能在制定每一項政策時都沒有這麼做。安德森和皮德斯就曾指出，最高法院的討論經常因為語言的社會意義而變得不通情理。但我們也知道，當某個社群裡大部分的陳述都為假，而且說謊的人從來不會受到制裁，該社群就根本不存在「提出主張」這種語言行為。現實中似乎沒有社群能滿足這種標準，那麼有沒有寬鬆一點的規範標準呢？

————

約翰・杜威（John Dewey）在一九二七年的《公眾及其問題》

（*The Public and Its Problems*）中，回應了李普曼在一九二五年的《幻影公眾》中提出的一項民主大問題。李普曼認為「公眾」根本就不存在，所謂的公眾充其量只是**幻影**。工作分工、所在地分散等諸多事實，讓來自各地的大量群眾很難交疊出共同利益。所有能夠讓百分之五十一的人支持的事物，從來都不是公共財，不是一組重要、有價值的共同利益，而是某種情感訴求，某種「戰鬥號召」。「公眾」、「民主社群」、「民主社會」這些美麗的概念都是空口白話。所謂的爭取公共財，其實是什麼都沒在爭取。

　　李普曼提醒我們，如果沒有任何一組利益可以算是公共利益，自然也就不可能有人自願去遵守那些為了促進公共利益而做出的審議結果。但這卻剛好符合杜威的審議理念。為了回應這種也許真的足以聲稱公眾和公共利益根本就不存在的說法，杜威建議，如果我們想讓這個社會變得更民主，就該讓日常生活中的行為符合民主的某些特質：

　　　有一種說法認為，如果民主真的能算是一種理念，就表示現實中已經有某種趨勢將其帶到完美之境，並認為它已經發展完全。但現實中不但沒有這種趨勢，反而一直有人在擾亂、阻礙它，所以理想中的民主從來不曾出現，也永遠不會實現。但根據這種觀點，世界上也就永遠不可能有一群人可以稱為真正的社群了，畢竟外來的雜質總是會出現。現實中的社群概念或社群理念其實不是這樣，而是每個人在生活中不斷屏除那些會擾亂、阻礙民主的東西，並且相信這就是當下能做到的最佳狀態。[43]

杜威認為民主是一種讓我們去追求的東西。他甚至還提出實際建議，指出我們在這個「深受民主之苦」的社會中應該如何遵守那些民主規範。雖然我們每天都看到民主理念注定與現實相距甚遠，我們依然應該堅持這些理念，信任一起審議的夥伴，遵守審議產生的結論。如果這就算是遵守了審議理念，那麼即使這些理念總是無法完美落實也無所謂。我們可以說這叫做**對民主過程保持信任**，而且很容易讓我們想起杜威的另一句名言：「治療民主之病的良方就是更多一點民主」。[44]這句話的意思是，即使「理想中的民主從來不曾出現，也永遠不會實現」，我們依然必須在政治討論時信任民主規範。他認為在某種意義上，理念可以指引我們的行為。但那究竟是什麼意義呢？

　　蘿拉・布查克（Lara Buchak）描述信仰的方式，可以讓我們把這個問題說得更精準。她的描述完全適用於描述所有能夠算是信仰的事物，包括人與人之間的信任、相信某個命題為真的信念等：

　　一個人的行為A代表他信仰X的充要條件是：這個人在可以做A、也可以做B的情況下，嚴格偏好A&X勝過B&X，且嚴格偏好B&~X勝過A&~X。此外，這個人偏好在檢驗額外證據前先去做A，而非在檢驗額外證據前暫不決定要不要做A。

　　如果我們說，只要某項討論過程符合願意講道理或理性的標準，或至少沒離這些標準太遠，該過程就具備民主正當性，那麼根據前述對信仰的敘述，如果你信任某項審議過程具備民主正當性，或者信任它沒有離理想的審議程序太遠，就表示你在做事的

時候，會偏好用符合民主規範的方式，而非違反民主規範的方式。

這種判準不要求參與審議者的語言行為必須滿足某些條件才算是民主的，只要參與者信任審議過程會去遵循公共理由就可以了，標準寬鬆很多。即使現實中制定政策的過程**全都不符合**公共理由，甚至全都離公共理由的標準很遠，只要有夠多的參與者信任人們在審議過程中會去遵循相關理念，並且以此決定自己如何行事，審議過程就算是民主的。

但杜威式的這種，用人們的信任去判斷社群是否在遵循某種理念的方式，實行上有太多問題。**信任這個社群會去遵循民主理念，會讓我們對那些違反民主理念的狀況視而不見。**直接假設那些基於偏見，或基於特殊利益的政策具備民主正當性，很可能會讓我們忽視許多現實中不公不義的事情。這種風險太高，不值得冒險。

另外我們也可能會說，理念即使無法落實，對我們依然有用。譬如，許多從來不曾合乎現實的科學理念，對科學都很有用。[45]但用這種方式幫政治理念辯護相當危險。克瓦米·安東尼·阿皮亞在尚未出版的著作中指出，抽象的科學理念之所以有用，是因為它們所捨棄的細節，對於理解物理世界的整體樣貌並不重要。政治理念則完全不同，它捨棄掉的細節都是真實社會中的不公不義。科學理念無視的是摩擦力，政治理念無視的是被壓迫的少數族群。[46]

不過儘管如此，還是有許多其他方法可以去描述怎樣叫做符合規範。即使語言像前文所說的那麼複雜，可能還是有一些方法可以讓人們盡量遵守理想審議規範，譬如**以系統性的開放態度，**

**去承認我們每個人都可能不經意地被心理偏誤所影響**。照此標準，民主文化的特徵就是參與辯論的人會不斷反思自己是否帶有偏誤，並以同樣嚴格的標準檢查自己與他人的語言和信念，看看是否不知不覺地犯下了錯誤。而審議理念可不可能實現，就變成了我們可不可能在現實中用這種方式監督自己與他人。而且該監督的不只是語言而已。如果一句話是否屬於宣傳，取決於那句話是否利用了有問題的意識形態，那麼審議理念能不能在現實中落實，最終就取決於我們能不能發現那些有問題的意識形態是否影響了我們自己的信念體系。

接下來的兩章將轉而討論意識形態的問題。我認為，社會上只要還存在嚴重的不平等，那些侵蝕民主的意識形態就不會消失。這表示現實中的民主理念能不能落實，取決於人類有沒有辦法降低不平等所帶來的影響。

第五章

# 社會中的意識形態

　　顛覆型宣傳就是那些打著某種政治理想的旗號，讓該政治理想更難實現的言論。這表示顛覆型宣傳的成功仰賴以下兩件事情：首先，即使有證據指出這類宣傳的目標與高舉的理想之間存在衝突，民眾也不願意相信。其次，這些讓人不願意面對證據的信念一定暗藏了某些問題，這樣顛覆型宣傳才能利用這些問題，遮蓋目標與理想之間的矛盾。

　　本章會解釋一種讓我們在看到證據之後，卻依然不願回心轉意的典型原因。意識形態對哲學帶來的難題，一直都是為什麼有些信念會讓我們不願意相信擺在眼前的證據。這也是許多哲學領域思考的核心問題。譬如大衛・休謨的研究就是；他在〈感官懷疑論〉（Of Skepticism with Regard to the Senses）中提出的問題，並不像某些時候人們以為的那樣，是關於外在世界是否存在。休謨

並不認為外在世界懷疑論是哲學難題；真正的哲學難題是，我們明明一旦檢視自己對外在事物的信念，就會發現它們與我們能夠獲得的證據並不相符，但我們會繼續相信外在事物存在著。休謨的〈感官懷疑論〉就是要回答：為什麼我們相信外在事物存在的信念，會拒絕接受證據的理性修正？而我們的某類信念為何特別不願意接受被證據修正，也正是哲學自古以來常問的問題之一。

哲學家好奇的是，為何我們會因為某些混淆或錯誤而無法理性地修正信念。其中最費解的問題，就是我所說的**有問題的意識形態**。休謨的〈感官懷疑論〉認為，那種相信外在事物存在的意識形態，是我們的心理機制造成的。但本書所討論的意識形態，卻是外在的社會不正義所造成的。休謨在〈感官懷疑論〉中解釋，我們的心理機制不完美，所以必然會產生有問題的意識形態信念。我的論述在結構上也相似，只是我關注的是**不完美的社會結構**，而非不完美的心理機制。在本章之後，我將以兩章去解釋不完美的社會結構如何孕育出有問題的意識形態。

────────

休謨的〈感官懷疑論〉認為，個體心理上的缺陷造成了有問題的意識形態。他認為人們之所以無法修正這些有問題的意識形態信念，轉而相信外在事物並不存在，是因為我們無法改變這些信念背後的心理機制漏洞。我關注的有問題意識形態，則是**社會中的缺陷**，也就是所謂的社會安排（social arrangement）造成的。本書所提到的案例將告訴我們，人們之所以無法理性修正信念，都是因為社會中的某些結構特徵阻止了身處其中的我們這麼做。

就像休謨說，不完美的心理機制會催生出有問題的意識形態，讓我們堅信外在事物的存在，我接下來也會指出，有缺陷的社會結構很容易催生出有問題的意識形態，只不過這些意識形態可能不像相信外在事物的存在那麼不可避免。休謨說，雖然我們在明確地理性反思這樣的信念是否合理的時候，能夠暫時將它擱置一旁，但我們一旦回到日常生活當中就會被打回原形，再次相信外在事物存在。同理，雖然我們在明確且理性反思社會上的結構不正義所造成的有問題的意識形態時，往往對其抱持否定，但我們一旦回到日常生活當中就會被打回原形，再次相信那些東西。

　　本書的目的是指出，宣傳之所以有效，核心原因之一就是物質上與政治上的不平等。不平等經常會催生出有問題的意識形態，讓宣傳有機可乘。要消除那些對民主社會而言最麻煩的有問題的意識形態，就得讓社會在結構上足夠平等。我在這一章會試圖闡明，有問題的意識形態如何利用嚴重的不平等，打造出反民主的有效宣傳。

　　但在那之前，我得先回應一個嚴重的質疑：可能會有人認為我的主張微不足道。如果有問題的意識形態在道德或政治上本來就不好，而且所有型態的不平等、甚至是物質上的不平等，在道德或政治上都不好的話，那麼從正義的落實需要物質平等的觀點，以及我們對有問題的意識形態的道德觀點來看，那些物質上不平等的社會所擁有的意識形態即使看起來很有問題，也絲毫不足為奇。此外，那些物質上不平等的社會，會催生出一種意識形態，讓身處其中的人們認為正義的社會可以容忍物質上的不平等，這樣的狀況也絲毫不奇怪。但是，我的主張比這些都更強

力。我關注的重點並非某些意識形態在政治或道德上的缺陷，而純粹是這些意識形態造成的認知問題。我認為那些有問題的意識形態，除了具備所有意識形態都會產生的認知過程問題，還具備一些額外的認知過程問題。其中，某些有問題的意識形態對民主造成的麻煩特別嚴重（我將在下一章論述這件事）。

此外，如果我**預設**了物質不平等對民主有害，我的論證也會變得微不足道。如果我預設了這點，那麼只要某個意識形態認為民主社會可以接受物質不平等，這個意識形態就當然會給民主帶來麻煩。但這並不是我的預設，而是我的論證要提出的**結論**，而且我的論證並沒有預設這項結論。物質或其他形式的嚴重不平等之所以會給民主帶來麻煩，是因為它們通常都會催生出有問題的意識形態，協助惑眾妖言成功散布在社會中。還有，正如我在前言中所說，惑眾妖言對所有類型的民主而言都是敵人。

————

認知過程中出現偏心，也就是對某方利益的偏袒，會讓人們無法理性地討論政治問題。我們在日常生活中必然會對某些事物有所偏袒。譬如我所引用的關鍵實驗之一就指出，球迷在判斷球隊能力時會變得不理性；另一項實驗則指出，人們因為不想譴責自己的父母，所以無法推論出理性的結論。這些偏袒都是球迷或家人會有的正常反應；如果你在思考相關事情時，不會偏袒你喜歡的球隊或你的家人，其實反而是你思考的方式有哪裡怪怪的。

我們經常聽人說，自由主義需要明確區分私領域與公領域。凡是在私領域做出偏袒判斷，譬如偏袒球迷或家人，都不會與自

由主義相衝突。但如果是在討論公共政策的時候，做出了自然而然會做、甚至刻意想做的偏袒判斷，就會與自由主義衝突。典型的自由主義政治學者不會反對億萬富翁平常偏袒兒子的行為，但只要這位富翁試圖讓公共政策對他兒子帶來的好處，比對其他人帶來的好處更多，自由主義學者就無法接受了。[1]

接下來我將解釋，某種類型的偏心如何讓我們無法順利地審議那些會影響到每個人的公共政策。不是每一種偏心都會有這種效果，像是理性的自利偏好就沒有。那些會阻礙審議的偏心都與我們的**自我認同**信念有關，它們通常會讓我們幫自己的身分處境**找藉口**。我們每個人都有這些信念，其中一些對民主是無害的，但它們一旦阻礙我們認知重要現實，尤其是重要的社會現實，就會給民主帶來麻煩。如果我們在不知道某些社會現實的時候，會特別容易接受某種意識形態，而我們的身分認同又跟這種意識型態綁在一起，這種意識型態就經常會給民主帶來麻煩。

譬如，下述這種偏心就會給民主帶來麻煩。我沒說現實中真的有人這麼做，但我在引言中提過，政黨認同的確可以用來欺騙

---

1　原注：有些批評自由主義的人拒絕把個人事務和政治事務分開來看，因為「個人事務就是政治事務」（或者說，「就是因為政治，我們才會認為某些事情是個人事務」）。以這個例子來說，當事人的政治考量是否公平，顯然與他的家庭關係有關。這種對自由主義的批評與本書的說法完全相容。我只是為了說明起見，才在這裡把家庭假設成跟政治無關。我認為自由主義的核心是，我們在思考政治上該怎麼做時，態度應該不帶偏私，不應該像是球迷在看運動比賽時那樣。但我不認為球迷與球隊之間的關係，很適合拿來類比家人之間的關係。家庭結構顯然是所有人都重視的事物，因此說它是個重要的政治議題不太會有爭議。但球隊忠誠度就不是了。感謝林達·澤瑞里（Linda Zerilli）跟我討論這件事。

人民，讓人民像是球迷偏袒支持的隊伍那樣，把在某些領域中自然而正常的偏心判斷，用在不適合的政治決策上。這種時候，政黨認同就傷害了自由民主。我們很難放棄那些與身分認同相關的信念。一旦我們認為自己是某政黨的夥伴，想要無視這項信念就相當困難。但這些信念會產生重要的政治影響，而且不太容易接受理性修正。當某些政策打算處理偏心的意識形態讓人看不見的不公不義，這些意識形態卻影響了我們在政治上的判斷，這些意識形態就給民主帶來了麻煩。在某些地方帶有偏私是正常的，譬如體育頻道偏袒某球隊沒有問題。但在討論公共利益的時候帶有偏私，就會妨礙自由民主。

我這整本書就是在細細論證為何應該支持平等。不平等往往會催生出有問題的意識形態，讓破壞民主的惑眾妖言能成功散布在社會之中。我在前幾章透過描述宣傳具有哪些特徵，講完了這項論證的前半部。現在，我則要透過講述有問題的意識形態有那些特徵，來講論證的後半部。我對意識形態的看法與對宣傳的看法彼此獨立，但兩者在本書討論平等的論證中相輔相成。

————

本章開頭提到，啟蒙時代蘇格蘭哲學家大衛·休謨在許多著作中解釋了我們為什麼會產生某些意識形態信念。我們已在前文討論過，這些解釋在休謨對知識論最著名的貢獻中扮演多重要的角色。此外，這些解釋顯然也是他以基於自然科學的方式（Naturalism）來描述宗教信仰的核心。他說，我們的狂熱與迷信，分別來自「在我們型塑關於**希望**與**恐懼**的信念時，所闖進來

的事物」。[①]迷信是一種「在情緒下的過度輕信，讓我們不願意根據反思來修正判斷」，譬如他認為宗教信仰就是一種迷信。[②]狂熱與迷信的信念都源自於激情，尤其是源自希望與恐懼，而非理性，所以這些信念屬於意識形態。休謨用基於自然科學的方式來解釋宗教信仰時，就是以此為本。

我們很容易以為，休謨認為宗教信仰的問題主要來自個體心理層次，畢竟休謨寫說，宗教信仰所仰賴的恐懼與迷信，是人類與生俱來的特質。但是，即使是休謨對意識形態的討論，社會中的習俗與習慣依然相當重要。畢竟人們就是參加了宗教活動，才持續保持宗教信仰。而且休謨也顯然知道，社會實踐與我們的心理缺陷，同樣都會讓有問題的意識形態繼續維持下去。[③]

至於我在意的，則是那些容忍嚴重不平等的社會所造成的問題。這類問題經常涉及社會不正義，而認為社會不正義源自於意識形態的代表人物，莫過於馬克思。他在經典作品《德意志意識形態》（*The German Ideology*）中，用了好幾種方式闡述了意識形態，其中這句更是對於我們討論的問題來說非常受用：「無論在什麼時代，統治階級的思想都占有統治地位。那些在**物質面**具備統治力量的階級，總在**知識面**也具備統治力量。」[④]馬克思認為，統治階級用各種意識形態信念來幫自己想要的世界面貌找藉口，甚至合理化那些面貌。休謨和馬克思都注意到，那些來源可疑的意識形態信念，會讓我們陷入認知上的困境。但我認為馬克思所關注的那些意識形態，對民主的威脅特別嚴重。

馬克思的《德意志意識形態》一書的討論焦點，是那些「在物質面具備統治力量」的人打造出來的意識形態；他們用這些意識形態去催眠自己，去相信那高高在上的地位是自己理所應得

的。而關於什麼是意識形態，我喜歡下述這個大幅受到莎莉・哈斯藍爾和湯米・謝爾比影響的說法。[2]如果某則信念接受了既有的說法，認為我們應該用目前約定俗成的方式去分配社會上的各種資源，進而滿足人們的預期，那麼這則信念就屬於某種意識形態。我們在社會世界（social world）[3]中做事時，總是不假思索地受到這類信念所引導，而既然每個人都有自己的社會世界，每個人也當然都具備意識形態。我們之所以會有各種意識形態，都是因為我們想保持現狀，尤其是現狀對我們有利的時候更是如此；所以，我們的意識形態，通常都會用馬克思說的方法，讓我們產生一些與正面自我形象相關的信念。而這類信念，很可能就是有問題的社會結構如何催生有問題的意識形態的典型例子。

哲學家一直都有在討論**意識形態信念**，我之後也會討論到。但把信念當成意識形態的核心很危險。意識形態信念的典型特徵，同時也是意識形態理論想解釋的特徵，就是它讓人們即使看到反例也很難理性修正。而且，這種特徵如果出現在有問題的意識形態就更麻煩；明明證據就在眼前，我們依然拒絕回心轉意。休謨至少在他無關政治的作品中提到有問題的意識形態信念時，

---

2　原注：湯米・謝爾比說過，意識形態信念「會影響行為主體如何理解社會生活，往往在構成個人身分與社會身分的過程中影響重大。意識形態信念會調解相關的社會交流，是「生活世界」（life-world）或「共同意義」（common meanings）的一部分，影響人們如何過生活、如何做出行動。見Shelby, "Ideology, Racism, and Critical Social Theory," pp. 159–60。謝爾比把意識形態視為貶義詞。我則是和哈斯藍爾等人一樣，視其為中性詞。

3　譯注：社會世界指的是一群一起生活、一起做事，而且在乎彼此的人所產生的環境。

都致力於解釋這些信念如何來自我們心理上的不完美。但本書所在意的意識形態與不完美，卻都源於社會。如果我們把討論的焦點放在意識形態信念，就很容易認為那些可以接受理性修正的正常信念，和那些難以接受理性修正的意識形態信念，有本質上的差異。我們甚至可能以為後者是一種完全不同的心理狀態。但在我們要討論的狀況中，沒有理由可以這樣想。

某些信念難以修正的重要原因之一，是它們與**社會實踐**有關。我們需要抱持某些信念，才能繼續做某些事情。以下我將延續丹‧卡韓的論述，指出我們在社會中的身分（social identities）是意識形態信念的主要來源之一。社會中的身分對我們很重要，它是由我們在日常生活中與身邊的人互動時的方式與習慣構成的。如果我們要用既有的方式與他人互動，就得把某些命題當真。一旦捨棄某些信念，就等於捨棄了與其相關的互動方式與習慣，捨棄了身處的社群，捨棄了我們認同的每一個人。我們很難想像這樣的狀況；所以，通常只有在別人明確要求我們理性反思這些與自己在社會中的身分密切相關的信念時，我們才會嘗試暫時擱置這些信念。不過，只要我們一回到日常生活中，就會又開始用那些讓我們之所以成為我們的方式來做事。

這就表示，如果某個有問題的意識形態信念來自於有問題的社會結構，修正該信念就會非常困難，甚至可能和修正那些來自心理機制缺陷的意識形態信念一樣難。如果上述推論正確，那麼我們當然就很難光是靠著分析一則信念具備哪些內在特徵，或者一個人的整體心理結構的樣貌，就知道為什麼明明很多意識形態信念一看上去就很有問題，人們卻極不願意修正。很多意識形態信念「在心理上」就跟正常的信念沒兩樣。人們不想拋棄這些信

念，是因為不想捨棄他們的朋友。

因此，我很懷疑單一個體可以靠任何一種心理學的方式「免疫於」各式各樣有問題的意識形態信念。意識形態信念所具備的特徵，經常來自於你與親朋好友和與你類似的人相處時的行事作風。想消除有問題的意識形態信念，就得慢慢地同時改變一大群人的做事方式，以及這些人的社會認同。我很難想像要怎麼用改變單一個人心理的方式，去滿足這項條件。

綜觀來看，雖然我在理論中把某些信念歸類為意識形態信念，並在緊接著的論證中捍衛這種做法，但我未必認為意識形態是心理狀態的固有屬性。當然，我之後還是會說，某些有趣的自我強化心理機制跟這種信念之所以能延續有關。我之後在解釋哪些東西會讓信念變成具備意識形態的特性時，會強調意識形態理論在解釋許多有趣的屬性時，都必須去觀察現實中的各種實踐。在我看來，信念的意識形態特質是**偶然帶有的**，不是本身就具備的。

————

哲學家泰瑪・甘德勒提出了「引念」（alief）的概念，她認為在很多時候，這個概念可以把意識形態信念的哲學意義解釋得更好。她用很多日常生活中無關政治的例子，來說明意識形態信念為什麼那麼不願意接受理性修正。譬如她在〈引念與信念〉（Alief and Belief）的開頭提到了美國大峽谷的透明天空步道。這座步道由好幾層厚玻璃組成，走起來是完全安全的；但即使我們知道它完全安全，我們的行為似乎還是會受影響，走在上面的時候依然會覺得十分危險。當然，我們不可能直接持有兩種彼此矛

盾的信念，不可能既相信它是完全安全的，又相信它是危險的。因此，甘德勒用了很長的篇幅去說，也許除了信念以外，我們還有另一種心理狀態，她稱之為**引念**。走在天空步道上的人相信步道是安全的，否則就不會抱著生命危險繼續走在上面；但同時他的引念也告訴他，天空步道會讓他摔死，藉此影響了他的行為。無論走在上面的人用多強大的理由說服自己現在很安全，他拒絕承認的引念都會讓他事倍功半。

意識形態信念的明顯特徵就是拒絕理性修正，但這個特徵也引發了爭議。許多懷疑意識形態理論的人都認為，這類類似信念的心智狀態其實都理性地拒絕修正，而研究意識形態理論的人之所以會想把這類心智狀態稱為意識形態信念，只是不願意接受這類信念本身其實很可能相當合理。但這種說法可能會自我矛盾，因為說出這種看法的人通常都認為，研究意識形態理論的人無法理性評估一則信念的合理性有多高。不過，意識形態理論剛好就是研究這個問題的。這種懷疑論很常出現，但自我矛盾，而甘德勒的研究更是毫無疑問地證實這種懷疑論搞錯了。它提出許多現實世界中的鐵證，證實某些心智狀態的確擁有意識形態信念的爭議特質。大量的證據都告訴我們，這類懷疑論沒有存在空間。

甘德勒的作品對意識形態理論很重要，它應該可以解決關於意識形態理論的預設的漫長哲學辯論。而且，它也提供了大量素材，讓我們研究意識形態的結構，而這正是下兩章的重點。[5]不過，我不同意她對心智狀態的「本體論」看法。尤其是甘德勒用「可以及時理性修正」（immediate rational revisability）與否，來判斷一個心智狀態是不是信念，並且依此論證引念和信念是兩種不同的心智狀態。我並不同意這點。因為信念只要和身分認同扯上

關係，就會或多或少變得帶有意識形態。再加上，信念與我們在社會中的身分之間的關係是否緊密有著程度差異，因此信念的意識形態色彩可能也有不同程度。那些和你的身分認同連結比較緊密的信念，可能比你的其他信念有更明顯的意識形態色彩。如果我們無法將信念是否帶有意識形態看作一道是非題，那麼一個心智狀態能不能理性修正，也就不會是可以黑白二分的了。

更重要的是，用人們能不能根據眼前的證據來修正某個心智狀態，去判斷該狀態是不是信念，這種方法和我對意識形態信念的看法格格不入。人們很自然地會說，有些信念與我們的身分認同有關，有些則無關。而我認為這不是讓某些心智狀態不成為信念的原因，反而是我們無法理性修正信念的原因。我們很難直接放棄自己的身分認同，所以很難逐一修正那些與身分認同有關、和其他人共同擁有的信念。

甘德勒對此的回應方式，是指出我的敘述違反信念的定義：「根據定義，信念必須滿足以下條件：信念必須緊盯真實，一旦我們在全盤考量後發現證據與其衝突，就會立刻修正信念。」⑥她根據信念必須「緊盯真實」（tracking the truth）這一規範性標準，論證出如果某個心智狀態是信念，那麼我們只要找到反證，就一定必須立刻修正它。我不會質疑這項推論的有效性，但我認為信念的規範性標準，甚至知識的規範性標準可能有問題。我認為信念未必需要緊盯真實。

有很多種方法可以解釋什麼叫做「緊盯真實」。其中一種涉及知識論學者所謂的敏感性（sensitivity）：如果你相信P，那麼只要P是假的，你就不會繼續相信P。許多人都同意敏感性不是判斷一個東西是否為信念的好標準，因為反例太多了。但除此之外還

有一個較弱的判準：如果你相信P，那麼只要你看到足以合理反對P的證據，你就會修正信念。這種判準也有反例，正如蒂莫西‧威廉森所言，所有用假設性（counterfactual）的方式寫成的明確知識論判準，都會碰到反例。[7]接下來，我也將延續威廉森的看法，提出一個更合理的、不涉及「緊盯真實」的判準來判斷一個東西算不算是信念。

首先，我們先假設一個乍看之下很合理的規範性理念：信念的目標都是成為知識。[4]那麼，信念要滿足什麼條件才算是知識呢？除了敏感性條件以外，分析哲學的知識論又找出了一種叫做「安全性」（notion of safety）的條件；它有許多種版本，最有名的是恩斯特‧索沙（Ernest Sosa）和蒂莫西‧威廉森的版本。[8]我認為威廉森說得沒錯，用假設性條件句來判斷一個東西是否屬於知識通常都會碰到問題，所以接下來我會採用他所提出的安全性條件，來判斷什麼才算是知識。

威廉森的安全性判準可以說成，「如果你真的知道某件事，就表示你不會在類似的情況下輕易搞錯」。[9]舉個例子，我進入一個體育場，裡面有10387人。我放眼望過去，就能知道裡面超過一千人，而且不足十萬人。但我不可能光靠看的就知道正確的人數是10387人，即使我碰巧矇對，在類似的狀況下也很容易猜錯，譬如猜成10388人。在討論這個例子的時候，我們不需要討論知識論的相關細節也能了解，即使信念都想成為知識，而且只有滿足

---

4　原注：我們很容易會用「跟著」（tracking）的概念來思考這種規範性理念，譬如「信念跟著知識走」（belief tracks knowledge）。這種傾向不值得鼓勵。許多反例都證明，信念應該跟著知識走，只是一種未必符合事實的可能性而已。

安全性判準的才算是知識，也不表示唯有能夠及時理性修正的東西才算是信念。我的身分認同可能跟某些社會實踐有關，而這些社會實踐可能涉及一些在類似狀況下不會輕易出錯的信念；但這跟我碰到**並不類似的狀況**時，會不會去修正這些信念沒有關係。一個東西算不算知識，最重要的是它有沒有用正確的方式連結到這個世界，而不是會不會被某些離現實很遠的假設性狀況，揪出背後認知機制上的瑕疵。能夠及時理性修正，可能是很棒的認知機制，但不會是判斷一個東西算不算信念的好判準。

───────

意識形態理論要面對的核心難題是：為什麼某些似乎讓我們不太在乎眼前證據的心理狀態，經常會主導我們的行為？甘德勒對於意識形態的本體論觀點，無論我們是支持或反對理由，都還有很多值得進一步探討之處。但我在這裡只是要說，為什麼我在探討這個難題時，主要還是會把意識形態當成**信念**而已，而這部分我可能已經說得夠多了。

甘德勒的理論把重點放在意識形態理論的心理學本體論；她認為需要劃出一個新的心理類別，才能解釋意識形態的特徵。其他研究意識形態的理論家則將本體論的重點放在別處；譬如，路易・阿圖塞（Louis Althusser）、布迪厄、哈斯藍爾等理論家認為，意識形態的重點在於**社會實踐**，我們應該要用獨立於行為主體心理狀態的方法，然後把這些與主體密不可分的社會實踐化為理論。[10]意識形態理論是用來解釋那些最費解的行為的，而其中最有趣的部分，就是解釋為什麼有時候擺在眼前的證據明明已經強

烈暗示、甚至直接打臉我們，我們還是會用似乎明顯違反理性的方式，繼續死鴨子嘴硬。上述理論家認為，意識形態理論如果要解釋最核心的問題，就必須給予社會結構足夠的理論關注。

如果意識形態理論只去解釋個體的心理狀態，除了可能會把意識形態信念中會造成傷害的特徵當成個體心理的內在特質，可能還會忽略掉那些最危險的意識形態究竟**源自何處**。而我們知道，最危險的意識形態都是不公不義的社會結構所造成的，譬如哈斯藍爾所說的壓迫。[11]但儘管如此，我們還是可以用討論意識形態信念的方式，整理出意識形態的理論；只是在理論化時必須注意，不要期待可以光靠心理狀態的內在特徵，就完全解釋為什麼意識形態信念**難以理性修正**，或者為什麼人們在社會不正義的環境下難以修正這些信念。接下來，我就會帶著上述但書，以討論意識形態信念的方式來討論意識形態。

我將指出某類意識形態信念特別容易給民主帶來麻煩，而且我並不是第一個提出這類主張的人。亞里斯多德早在《政治學》第五卷第二章就提過革命的「常見主因」，而且一次還提出了兩個。第一個是「當人們覺得自己和擁有更多東西的人平等，就會渴望平等」；第二個則是「當人們覺得自己比擁有相同或更少東西的人更優秀，就會不希望與那些人平等，或希望自己比其他人更優越」。這些都是「人們的自命不凡，其中有些正義，有些不正義」。而他認為「擁有較少東西的人要求與擁有較多的人平等」或「擁有一樣多東西的人要求高人一等」所引發的革命是**不正義**的。這兩種引發不義革命的「常見主因」剛好可以當成例子，來討論我認為給民主帶來最大麻煩的有問題的意識形態信念。而且亞里斯多德也知道，兩者都源於嚴重的不平等。本書的

論證其實並不新奇。

　　亞里斯多德之所以認為這些原因造成的革命違反正義，是因為他相信人類本來就不平等。如果人類本來就不平等，當然就會有一些人因為某些原因而比較沒有價值，也因此拿不到資源。他們很難在這個社會寫好的劇本裡找到食物和住所，但他們不願傷及自尊，因而不承認這是自己的無能造成的。他們會把問題歸咎於社會資源分配的不正義，於是產生有問題的意識形態，相信富人的財富一定是用不當手段獲得的。

　　這種時候，即使證據明顯顯示富人致富的手段沒有任何問題，那些抱持有問題的意識形態的人也不會改變看法。如果證據顯示每個人只要做對選擇，都能成就一番事業，這些人就會說證據沒有說服力。畢竟，如果他們承認自己錯了，就表示自己做錯了選擇，而眼前的慘局是自作自受。他們會繼續對統治階級充滿妒意與怒火；這些妒意並不正當，但依然非常真實。

————

　　馬克思提到的意識形態講的是亞里斯多德舉出的第二個例子：掌控物質財富的人把自己的優勢合理化。我接下來會說，這也是一種有問題的意識形態。這種自我合理化顯然違反正義。譬如，美國內戰前的南方農場主靠著奴隸照顧莊園、種植作物、打理家務，過了好幾代富裕的生活。在這種家庭中長大的人，會期待奴隸幫他們煮好飯、打掃好房子、照顧小孩、種出農產品，免費提供他們健康幸福的家庭生活。

　　我認為這種家庭的意識形態，是他們賴以維生的信念以及他

們用來形塑身邊環境的概念。譬如他們會相信：（1）奴隸會幫他們煮好晚餐；（2）會把房子打掃乾淨；（3）會在田裡種好棉花然後採收起來，讓他們拿去市場賣，錢落入他們的口袋。前述信念構成了這家人的意識形態。就像哈斯藍爾說的，這些信念「代表了以某種方法讓他們得以如此行事的生活方式」。[12]他們啥都不煮就直接坐上餐桌，因為他們認為奴隸應該已經把飯做好了。他們啥都不做就直接躺上床，因為他們認為奴隸應該已經把房間整理好了。他們整天待在家裡不去下田，因為他們認為奴隸應該已經在烈日下把棉花種好了。他們擁有這些信念，所以他們這樣過日子。在此，我暫且用這種方式去看他們的意識形態。

在了解這個家庭的意識形態之後，我就要解釋這種意識形態為何會包含，以及為何會產生一些信念去妨礙這家人了解社會現實。

這家人連續幾代都靠著奴隸的勞動來維持他們的財富與生活，如果奴隸制是不正義的，他們的財富就是靠不當手段獲得的。他們的祖先與父母靠著奴隸制建立家業，如果奴隸制極其不正義，他們的直系祖先就是大罪人，而他們所習慣的貴族式舒適生活，也是不正義的。

我們很難相信自己的爸媽是壞人，也很難放棄享受了一輩子的奢侈生活。所以即使農場主根據原有的意識形態形成一些信念，讓自己不去思考奴隸制會不會違反正義，也沒什麼好奇怪的。這種意識形態可能會讓農場主相信黑人天生懶惰，需要奴隸制才能獲得努力工作的精神。農場主也可能因此相信，黑人因為文化或基因而無法自己管理自己。又或者，他們會相信，黑人天生就危險而暴力，需要嚴刑峻法去防止他們對公民社會造成威

脅。這些信念還可能會讓他們相信，奴隸制是因應黑人天性的必要措施，奴隸制是正義的。

我們可以說，農場主的意識形態就是他們的社會實踐，加上引導他們用這種方式生活的信念。這包括他們對生活的期待：啥都不用做就有飯吃、有錢拿、有乾淨的房子住等。他們會試圖把這些期待**合理化**，相信讓黑奴幫你免費煮飯、掃地、帶孩子、在烈日下種田都再正當不過，因為黑人太懶惰，管不好自己，不靠這些方法就會對社會造成威脅。奴隸制對社會有益，對黑奴也有益。哲學家克里斯多福・勒布朗（Christopher J. Lebron）稱其為合理化迷思（legitimizing myths），「這種方法讓具有優勢的團體相信自己對社會有益……他們所描述的對象的社會地位則本來就應該比較低。若沒有合理化迷思，階級就只是單純的層級劃分而已。但合理化迷思讓人們相信上層比較優越，下層比較低劣，而劃分層級的方法就帶有了規範性的意味」。[13]

沃特・李普曼在《輿論學》（*Public Opinion*）中提出的刻板印象一詞，跟我所描述的意識形態同義。他認為：

> 刻板印象是一種井然有序，並且一定程度上自我一致的世界觀。我們會根據它來調整自己的習慣、品味、能力、物質享受與希望。刻板印象未必描述世界的全貌，但卻呈現出一幅我們已經適應的世界圖像，其中人事物各得其所、各安其份。它讓我們感到自在，覺得屬於彼此、屬於這裡，覺得知道每件事該怎麼做。它像一個模子，讓我們對一切感到熟悉、自然而可靠，知道哪邊該走、哪邊該停。我們明明捨棄了很多可能想要的東西，才成功適應了那個模子，但一旦陷

入其中，它穿起來就像舊鞋一樣舒服。

　　可想而知，任何想要挑戰刻板印象的行為，都像是在打碎整個宇宙。而在重要的事情上，我們不會承認自己和那個宇宙之間有任何區別。要承認我們尊敬的人寡廉鮮恥，我們鄙視的人高風亮節，實在太痛苦了。

　　李普曼清楚指出，刻板印象是社會寫好的劇本，它讓我們了解世界，讓我們知道該怎麼走，讓我們相信自己的做法是正當的。[5]他也解釋了刻板印象為什麼很難理性修正：捨棄它會讓人不安，而且可能是一種非常特別的不安。刻板印象與我們的身分認同息息相關，譬如前述那名南方農場主一家人的某些信念就與**自身利益**有關；他們希望繼續維持貴族般的生活，不希望去譴責自己或祖先的道德問題。只要他們繼續用那種身分生活，那些信念就會繼續和他們的身分認同綁在一起。

　　蘇珊·斯特賓提出了一個很受用的看法。她把意識形態信念視為人們珍愛的信念（cherished beliefs）。[⑭]「擁有這些信念讓我們快樂，我們不想捨棄。」她還提醒道，「我們不願意相信珍愛的信念可能為假，因為它如果錯了就太可怕了。」這跟李普曼的說法不謀而合。李普曼說，挑戰刻板印象就像在「打碎整個宇

---

5　原注：見Fricker, *Epistemic Injustice*, p. 37。弗里克主張，由於「無意識的信念藏得相當隱密」，我們應該把社會中的刻板印象當成意象來看。她認為意象、甚至是意象式的概念，都與意識形態密切相關。克蘭普勒筆下的「英雄形象」也符合她的說法，但我還是傾向像莎拉－簡·勒斯里那樣，用上一章提到的維特曼建議的方法來看刻板印象，把刻板印象當成泛用性的主張。

宙」。斯特賓則更進一步點出李普曼所說的刻板印象的未及之處，她以「珍愛的信念」指出刻板印象的特質就在於我們**不願捨棄**它們。斯特賓的說法點出了這種信念難以理性修正的原因非常獨特。李普曼與斯特賓都指出，意識形態信念與身分認同息息相關，而斯特賓則額外提醒我們，與身分認同相關的信念在情感上很重要，與身分認同無關的信念則不然。我們很難捨棄前者。

斯特賓用「珍愛」這個詞指出意識形態信念的個人層面：當你對某則信念產生**情感依附**，就很難理性修正。當然，這可能會讓我們誤以為，是個體心理狀態的內在本質，才讓意識形態信念容易造成麻煩。但這種誤解很要不得。因為社會現實也能讓人們珍視信念。我們可以說，我們在社會中的身分是一套社會實踐與習慣。如果我們把社會實踐當成與其他人交流的外在社會關係，那麼這些構成社會實踐的社會關係，可能就是我們難以修正某些信念的原因。當你的社會實踐是以某種行為構成的，改變做法的代價又太大，你可能就會很難放棄某些信念。也許你完全不在乎這些信念本身，但你珍愛與這些信念相關的**社會實踐**。行為主體與社會實踐之間的關係，對於本書所討論的有問題的意識形態信念而言非常重要。

雖然斯特賓的用語和描述方式，可能會讓人們對這種信念的來源產生誤解，她的觀點卻相當敏銳。斯特賓在論述中指出，這類信念之所以難以理性修正，是因為人們無法捨棄**自己的身分認同**。不過，當然不是所有這種意義下的意識形態信念都會造成問題。譬如，我們可以假設我認為自己是個希望世上的願意講道理的觀點越多種類越好的人，我認為自己是一名兼容並蓄的人，我的社會實踐也與這項認同有關，我「珍愛」這些實踐，很不願意

改變。**這種身分認同不會帶來任何認知過程上的問題**，甚至在形塑信念時還是一種很棒的策略，因為這種身分認同會讓我獲得更多正確的信念，擁有更少錯誤的信念。它會讓我更為開放，更願意根據證據來修正信念。

———

意識形態可能帶來很多種不同的麻煩。有些麻煩是道德上的，有些是政治上的。然而我想著重討論的，都是某些意識形態在認知過程上造成的麻煩。

某種意義上，由於意識形態信念抗拒理性修正，它在認知過程中**注定會有**缺陷。但我們**不能**說，因為它注定有這種缺陷，它就一定不是知識。意識形態信念的內容可能為真，而且正如湯瑪斯・凱利（Thomas Kelly）在〈跟著論證走〉（Following the Argument Where It Leads）所言，意識形態信念也可以是知識。比較麻煩的是，目前的證據顯示，哲學家所深思的相關難題似乎都是某一類的意識形態信念造成的。所以，只要有人說某一類的意識形態信念有問題，我們很容易認為這類信念的問題一定是出在道德上或政治上。但我在意的那個類別，問題卻是出在認知過程中。即便它有道德或政治問題，也都是認知過程中的缺陷造成的。[6]可是，如果我們本來就知道所有意識形態信念在認知過程中都有缺陷，為什麼我還要特別挑一個類別出來，說它們對認知過程的傷害比其他方面更大？這些信念造成道德或政治問題的方式，跟其他意識形態信念有什麼差別嗎？如果沒有，我這本書就會有個大漏洞。畢竟本書的論證就是，某些意識形態額外具有一

些會阻礙人們認知真相的特質，所以這類意識形態在自由民主國家中會在政治上造成麻煩。那麼，這些特質到底是什麼呢？

前文說過，意識形態未必都會讓我們無法認識到真相。但有問題的意識形態就會，而且那就是它們「有問題」的原因。有問題的意識形態讓我們無法認識現實，包括社會現實。而其中某些意識形態，特別容易因為改變了我們的認知過程而妨礙民主決策的發展。我在下一章會專注討論某些有問題的意識形態，它們影響了民主決策的核心，所以最為麻煩。

接下來，讓我們看看幾個有問題的意識形態的例子。它們都包含了內容為假的意識形態信念，而這些信念會妨礙我們了解某些顯而易見的現實狀況。

假設我的身分認同裡有一條錯誤信念，認為法國人不值得信

---

6　原注：Fricker, *Epistemic Injustice*, p. 35 把「偏見」定義成「一種會帶來正面或負面效果的判斷。而且因為主體投注了情緒，即使看到反證也不容易回心轉意（根據知識論，通常是認知主體要為這時候的不回心轉意負責）」。弗里克的這項定義影響深遠，它與我的論述的關係如下。大體來說，我要討論的主題類似於意識形態會不會造成知識論上的問題（雖然我不確定適不適合用義務論的方式去討論這個主題，這也許是很個人的事）。弗里克提到的「負面身分偏見」意識形態會給民主帶來麻煩。但我認為還有其他意識形態也會給民主帶來麻煩，譬如石油公司為了抗衡氣候變遷相關的政治行動而做出了許多宣傳，能成功產生讓這些宣傳得以有效的意識形態，就給民主帶來了麻煩。最後，還有一件可能與弗里克的研究無關的事：我懷疑大部分的信念無論是否涉及意識形態，多多少少都不願意被反證修正。彼得・雷爾頓（Peter Railton）在即將出版的書中指出，信念遇到反證之後，之所以還會像弗里克說的那樣，擁有一段「合理的預期餘命」，部分原因可能是主體的情感依附造成，讓信念總是會多多少少偏離證據。

任。這條信念很難修正；舉例來說，它會讓我拒絕檢視來自法國人的資訊，因此即使有些法國人值得信任，我也不會知道，而且我會很難獲得反駁這條信念所需的證據。這就是這種意識形態信念會造成的麻煩：它阻礙我們認知真相，所以即使為假，我們也不會知道，自然也難以修正。

再舉一個例子：假設我在宗教狂熱的社會中長大，因而拒絕相信所有物質科學與生物科學好了。那麼可想而知，我的信仰中即使有一些東西為假，我的身分認同也會妨礙我接受物質科學與生物科學提供的反證，讓我無法去修正這些信念。

社會的結構缺陷不僅會讓人們的某些信念難以修正，因而變得**帶有意識形態性質**，它還可能讓人們難以理性修正其意識形態中既有的錯誤信念，因而使其變成有利於既得利益者的**有問題的意識形態**。這種事情可能常常發生。耶魯大學歷史學家大衛・布萊特（David Blight）就說道：「奴隸在 八六〇年作為資產的價值，超過美國所有製造業、鐵路、以及所有生產力的總和。」[15]在南北戰爭前的南方各州，質疑奴隸制的人會被制裁，所以社會上普遍認為黑人天生適合當奴隸。南方州的白人小孩一出生就被灌輸這種信念，而且社會禁止他們辯論這到底對不對，因此明明這種信念是錯的，他們卻很難發現。有時候，社會結構會阻礙我們修正某些信念，讓世界繼續維持既得利益者想要的模樣，此外它也會用許多其他方式，讓我們難以理性修正錯誤信念。[7]很多時

---

7　原注：社會結構可以透過很多種方式，阻止我們理性修正信念。它可以讓我們拒絕相信反證，或者如麥特拉所言，可以讓我們不想去檢查那些唾手可得的反證。見Maitra, "Subordinating Speech," p. 206。

候，我們之所以會抱持有問題的意識形態，都是因為社會中有很多人和自己的心智狀態一樣；如果我們換到了另一個社會，自然就不會抱持那個意識形態了。社會的結構特徵不僅可以**醞釀出**有問題的意識形態，也可以**構成**那些意識形態。

―――――――

我提這些論證是要說，某一類意識形態會帶來一些額外的認知過程問題，因此我們可以說它們是有問題的意識形態。當然，也許所有類型的意識形態都或多或少會造成一些這類問題。不過在我的用法中，意識形態只是支配我們去期待世界該長成怎樣，以及實際會長成怎樣的社會「劇本」而已。在這個意義下，每個人都具有意識形態，而其中只有一些會真的阻礙我們獲得知識的意識形態，才會在相關脈絡下帶來麻煩。

當然，即使這些錯誤的信念不屬於任何意識形態，它們**依然會**妨礙我們獲得知識。但有問題的意識形態之所以更麻煩，就是因為這種意識形態包含了一些**阻礙**我們獲得關鍵知識的信念。某些修正一般錯誤信念的方法，沒有辦法用來修正錯誤的意識形態信念。而拒絕理性修正，加上妨礙我們獲得知識，就讓有問題的意識形態信念帶來了認知過程中的麻煩。

我已在前文解釋了意識形態信念為什麼很難理性修正。這些信念與身分認同、自身利益有關，它們會設法讓自己繼續存在。此外我也解釋了，屬於意識形態的信念在某些時候會特別容易帶來認知過程中的麻煩，譬如讓我們看不到重要證據。但除了這些之外，意識形態也可能帶有其他類型的缺陷，譬如包含某些概念

或欠缺某些概念。

哲學家艾瑞斯・梅鐸（Iris Murdoch）在〈什麼叫完美〉（The Idea of Perfection）中提過一個例子：有一位稱為M的婆婆反對兒子跟D結婚。[16]M一開始認為D「不莊重、沒教養」、「聒噪」、「粗俗」；但過了一陣子之後，她發現自己會做出這些判斷，可能是因為她「過時而老派」、「心胸狹窄、帶有偏見」，或者「勢利眼」、「嫉妒」。她決定修正自己的判斷，最終發現D其實「並不粗俗，而是單純到相當有趣的程度」、「並非不莊重，而是很自然」。那麼，原本拒絕看見真相的M，到底是怎麼讓自己的世界觀變得反映真實呢？

梅鐸指出，「粗俗」與「自然」等「帶有規範意味的描述性詞彙」（normative-descriptive words）影響了M的觀點。[17]這些詞彙「只有在人們接受了某些設定或模式的狀態下，才有辦法理解」。[18]譬如，「粗俗」所表達的概念就屬於某個特定的概念架構（conceptual scheme），而這個架構中的概念認為社會應該要長成某個樣子。M發現了這個概念架構「過時而老派」，於是願意修正判斷。此外，她也發現自己之所以難以脫離概念架構乃是因為嫉妒，是為了維護自己的利益。

M之所以能用更準確的方式看社會，是因為捨棄了之前那個包含**粗俗、平凡、不莊重**等概念的概念架構。這些概念認定社會的階層是高低分明的，因而阻礙了M去認知世界。當M處於這個概念架構中，她難以得知相關的知識。但後來，M改用了另一個概念架構，而這個架構裡面的概念包含**自然、歡樂**等，它們都不預設社會的階層高低分明。於是，M發現自己過去以為的粗俗其實是自然不做作，過去認為破壞莊重家庭應有寧靜的「聒噪」其

實帶來了歡樂。她觀看社會的方式變得越來越準確。

　　梅鐸認為，利己之心不僅能讓我們在看到相反的證據之後，繼續相信既有的**信念**，像嫉妒這樣的利己之心甚至還能讓我們**維持某些概念架構**，而這些概念架構裡面的規範性概念會讓我們誤解社會。根據梅鐸的看法，前述範例中的M之所以可以改變觀念，是因為捨棄了自利，改為追求正義或愛，「用一套新的規範性詞彙取代那套舊有的詞彙」。[19]簡而言之，我們在社會中的身分和自利之心會讓我們持續抱持有問題的信念；此外，自利之心還會讓我們接受一系列概念，因而難以了解社會的真相。梅鐸認為，我們應該在與人交流時，用愛來取代自利。她清楚指出像自利這種東西，不僅會孕育出有問題的意識形態信念，也會孕育出有問題的概念。

　　有時候，一套概念架構會因為裡面的某些概念誤解了社會現實而變得有問題；譬如，裡面的概念幻想出一套階層關係，以為有些人天生高尚有些天生卑賤。但正如梅鐸所說，有時候概念架構也會因為**欠缺某些概念**而出現問題。米蘭達‧弗里克最近就從婦女解放運動的回憶錄中，找到一個很明顯的例子。有一名在康乃爾大學工作的女性，長年以來一直受到系統性的性騷擾；但當時性騷擾的概念還沒清楚建立，所以這名女性自然無法說出自己「正在遭受的不當對待」到底是什麼。這個例子明顯顯示，當這名女性的意識形態中缺少某個概念，就會無法用那個概念來了解她自己遭遇到的相關壓迫。用弗里克的話來說，這表示缺少概念也可能會造成「認知失能」（epistemically disabling）。[20]

　　中國政府在二〇一三年秘密地向高等教育部門發布了一份《關於當前意識形態領域情況的通報》，獨立記者高瑜獲得該文件

之後，在同年八月將其公布在德國的《明鏡》（*Der Spiegel*）雜誌上。這份文件列出「七不講」，要求大學教授避免談論以下七類主題：普世價值、新聞自由、公民社會、公民權利、中國共產黨的歷史錯誤、裙帶資本主義、司法獨立。這顯然是為了避免學生獲得關鍵政治概念，進而無法批評中國政府的相關政策。這是在試圖向中國學生灌輸一種缺乏相關關鍵概念的有問題的意識形態。

上述例子顯示，當弱勢族群缺乏相關的概念框架，進而無法解釋他們在社會中受到怎樣的壓迫時，他們就更難挺身捍衛自身利益。弗里克確定這是一種獨特的「詮釋的不正義」（hermeneutical injustice）。不過，梅鐸針對「粗俗」、「聒噪」這些概念架構的討論也提醒我們，即使是優勢族群也常會被有問題的概念架構所害。[8]

---

自利心或嫉妒會讓人接受並死守某些概念架構。也許從概念與身分認同之間的關係，我們可以更清楚看見概念是怎麼變得帶有意識形態。某些用概念來描述世界的方式顯然和個人的身分認同有關，像是凱瑟琳・波金（Kathryn Pogin）就在〈贖罪的概念

---

8　原注：哲學家荷西・梅帝納在討論弗里克的論點時詳述了此事。在梅鐸的例子中，M女士因為嫉妒心而不願放棄那套「過時」的概念。梅帝納也同樣指出，很多時候對優勢族群來說，因為欠缺某些概念而看不出自己的優勢地位違反正義，反而比較有利。譬如對美國白人來說，不知道白人特權的概念反而比較有利。見Medina, "Hermeneutical Injustice and Polyphonic Contextualism," p. 215。

化〉（Conceptualizing the Atonement）中指出，贖罪的概念與身為天主教徒有關。正如與身分認同有關的信念很難理性修正，而且這些概念會設法讓自己繼續留存一樣，某些概念也很難捨棄，也一樣會設法讓自己繼續留存下來。

艾瑞斯・梅鐸舉出的例子告訴我們，有時候麻煩會出在概念上。婆婆M原本持有的概念架構包含了**粗俗**與**聒噪**這些「具有規範意味的描述性概念」，這個舊有的概念架構妨礙M正確理解D的本質。

對概念最有名的批評之一，是美國黑人知識分子索傑納・特魯斯（Sojourner Truth）討論**女人**這個概念的演講。一八五一年，她在俄亥俄州的全國女權會議（Woman's Convention）上發表〈所以我不是女人嗎？〉（Ain't I a Woman?）：

> 那邊那個男人說，女人上馬車要有人扶、過溝渠要有人扶、去哪裡都要有最好的位置。但從來沒有人扶我上馬車、過泥坑，沒有人給過我最好的位置！所以我不是女人嗎？看看我！看看我的手臂！我下田、耕地、把穀子收進穀倉裡，沒有哪個男人比我更能幹！所以我不是女人嗎？我做得跟男人一樣多，吃得──如果有得吃的話──跟男人一樣多，也受得了鞭笞！所以我不是女人嗎？我生了十三個小孩，大部分都被賣去當奴隸，當我像母親一樣哭喊時，只有耶穌聽得到！所以我不是女人嗎？

特魯斯提醒聽眾，社會把女人這個概念跟女性式的無助綁在一起。所以，即使她毫無疑問地經歷過只有女人才會經歷的最沉

重的痛苦，也就是「母親的傷慟」，卻依然不被當成女人。特魯斯藉此在演講中指出，**女人**這個概念是有問題的。接下來，我們就來看看，當人們無法知道社會的真相時，概念可能會出現怎樣的問題。

概念是一種**思考屬性的方式**。譬如，「桌子」的概念是一種思考桌子屬性的方式；「水」的概念是一種思考$H_2O$屬性的方式。而我們可以說，如果概念不指涉任何屬性，它就是空的。為簡單起見，我接下來暫時同意，如果世上從來沒有任何東西符合過某屬性，該屬性就不存在。世上從來沒有過獨角獸，所以獨角獸的概念是空的；[21]相較之下，桌子和水的概念則不是空的。

接下來，我會把信念的內容叫做「命題」（proposition）。譬如，如果有人相信泰隆會當上執行長，就是對「泰隆將當上執行長」這則命題抱持了立場。在討論中，我們會把命題當成是由**概念**構成的，而不是由概念指涉的屬性或對象構成的。譬如，世上並沒有「是獨角獸」這種屬性，但「獨角獸有角」這則命題是由概念而非屬性構成的，所以人們還是會相信獨角獸有角。

在用這種方式來解釋有問題的概念時，概念的**推論角色理論**（inferential role theory）很有用。這項理論指出，「我擁有某概念」其實就是「我會用它來推論」，而該概念所指涉的屬性，是推論得以有效的原因。

讓我們拿「且」這個概念，也就是交集的概念，來示範概念的推論角色。根據概念的推論角色理論，「且」這個概念表達的屬性，可以讓我們從命題「P且Q」推論出命題P、命題Q，以及命題P加上命題Q。交集的概念指涉的是一個真值函數（truth-function），也就是一個像真值表（truth table）說的那樣從真值推

論出真值的方式。交集指涉的真值函數，會讓相關的推論變得有效。那麼如果是有問題的概念，在推論時會變得怎樣呢？

在這裡，我沿用索傑納・特魯斯的著名例子。假設「女士」這個概念讓我們從「X是一位穿著考究的白人女性」推論出「X是一位女士」，並讓我們從「X是一位女士」推論出「X是順從的，而且需要保護」。這個概念有兩類問題。第一類問題是，它讓我們推論出錯誤的信念：穿著考究的白人女性未必都是順從的，這些人也未必都需要保護。第二類問題是，這類概念是空的：它讓我們做出無效推論，而且世上不會有任何屬性能讓這些推論變得有效。我所敘述的那種「女士」的概念根本不指涉任何屬性，所以是空的。這就是其中一種有問題的意識形態概念：它是空的，而且會讓人推論出某些錯誤的信念。

根據我概述的推論角色理論，有問題的概念不包含任何內容。譬如，讓我們做出前述那段推論的「女士」，就沒有指涉任何屬性。我在第四章中說過，某些詞有些時候表達的是具有內容的概念，但有些時候也會表達出有問題的概念。我們在思考宣傳的時候必須知道這件事，因為宣傳使用的某些辭彙，經常與有問題的概念或有問題的信念相關。

有時候，**辭彙**也會具有問題。第四章就提過，有時候辭彙雖然確實表達出內容，表達的內容卻有問題。譬如，「女士」一詞可能指涉的是性別為女性的人，所以確實是有內容的；但它的內容會讓我們推論出，只要某人的性別是女性，她就是順從且需要保護的。如此一來，用「女士」來描述人的時候，就會讓我們推論出所有女性都順從，而且都需要保護。

此外，概念還會出現另一種問題。我們可以說，一個概念是

否恰當，是由這個概念到底會讓我們更容易獲得知識，還是更難獲得知識來決定的，無論是直接影響或者是訴諸情緒的間接影響都算數。越容易妨礙我們獲得知識的概念，就越不恰當。用來解釋一個概念並不恰當的方法，也可以用來解釋有問題的意識形態如何產生出有問題的意識形態信念。前述提到的「空的概念」就是一種不恰當的概念，這樣的概念會催生出有問題的意識形態信念。但有時候，概念即使確實指涉屬性，依然並不恰當。

人們說十九世紀至二十世紀的德國邏輯學家弗雷格是個超級理性主義者。他試圖證明，只有分析性判斷、定義、邏輯才能夠拓展知識。他在簡介為什麼定義可以拓展知識的時候，提到一些「數學中真正有意義的定義」，譬如「函數的連續性」：

> 定義裡面的東西不只是一系列屬性而已，裡面的每個元素都幾乎可說是有機地與其他元素緊密相連。我們可以用圖解的方式，一眼看出兩者有何差別。如果平面上的一個圖形或一塊區域，代表一個概念或概念的外延，那麼由一系列屬性來定義的概念，就是由分別代表其中每個屬性的區域所交疊出來的那塊區域。有了這樣的定義，接下來我們就只需要用各個區域的邊界線，指出這個概念的邊界就可以了。但這種方法不會產生什麼新東西。更有用的定義方法，是去劃出之前還不存在的邊界線，藉此推論出更多原本無法預先知道的東西，這樣就不會變成只是在把剛放進盒子的東西重新拿出來而已。[22]

弗雷格討論概念的方式很受用，可以讓我們在推理過程中注

意到一些原本看不到的模式。但我們也很快會想到，概念的定義也可能會讓我們「看見」一些根本就不存在的模式。譬如，「X只能被1和17整除」這樣的概念在數論中沒什麼意義，真正有意義的概念是「X只能被1和X整除」，也就是質數。如果我們以為「X只能被1和17整除」很重要，就會看不到真正重要的東西。[23]

弗雷格討論概念有沒有意義的方式提醒了我們，即概念可能會讓我們誤解現實的結構。根據這種看法，那些沒有意義的概念不會點明「命題之間的依賴關係」，反而會讓我們看不見這種關係。這也是一種有問題的概念。如果我們用「X只能被1和17整除」的概念而非質數的概念來思考數學，一定會出問題；同樣地，如果我們的意識形態包含這類有問題的概念，也會更難理性地獲得、修正信念。梅鐸用包含「粗俗」、「文雅」這類概念的概念架構告訴我們的，正是有些概念架構會妨礙我們理性地獲得、理性地修正那些關於**社會現實**的信念。

———

應該有很多人在聽到我提出的有問題意識形態是什麼，以及這類意識形態有多少種可能的來源之後，就會覺得也許人類的所有意識形態都或多或少帶點問題。從李普曼到甘德勒，研究意識形態理論的人都強調，人類的工作記憶有限，必須靠刻板印象來快速做出反應，這是很自然的。刻板印象既能幫助我們，也會讓我們產生認知偏誤。同理，現實世界中的意識形態似乎也無法完全不包含有問題的概念。我們每個人都持有一些有問題的意識形態，都會讓我們在某些地方，因為這些意識形態而難以正常地獲

得知識。

我們現在可以開始討論曼佛雷德・史丹利所謂的「技術主義意識形態」（ideology of technicism）了。[24]這種意識形態指出，真正的公領域理性只能以科學概念或量化概念，不可以用個人經歷這類的東西為理由，去讓人持有信念或做出行為。這種意識形態不包含個人經驗的概念，因此用史丹利的話來說就是，它「討論起來很省事」（convenient rhetoric）。

曼佛雷德・史丹利認為，技術主義意識形態削弱了那些不熟悉技術主義概念的人的自主性，因而傷害了民主。這種意識形態會讓一般公民覺得，自己沒有資格跟專家一起討論那些會規範每個人的法律。派翠夏・希爾・柯林斯與卡利勒・穆罕默德則指出，技術主義意識形態貶低了個人敘事，讓我們難以用個人敘事去解釋為什麼某些統計數字會讓少數族群蒙受負面形象。如果這些理論家說得沒錯，技術主義這種概念架構就是一種典型地會在現實中被當成**意識形態**來用的工具。當權者用它來剝奪其他人的權利，並支配其他人。因此，技術主義與統治菁英這一社會身分有關。

派翠夏・希爾・柯林斯把技術主義意識形態稱為「以歐洲為中心的知識驗證過程」的概念架構。[25]她所使用的辭彙呼應了塞內加爾哲學家利奧波德・塞達爾・桑戈爾（Léopold Sédar Senghor）將歐洲所習慣的理性與非洲所習慣的理性拿來對比的方式：

> 也許非洲黑人的生命力以及臣服於客體的方式，乍看之下很不理性，但其實源自理性。說得更清楚一點，它不是**理性之眼**的歐洲理性，而是**觸摸的理性**，甚至更適合說成**擁抱的理**

性。這種理性具有同情心，它比起拉丁式的Ratio，更接近於希臘式的Logos……非洲黑人的言論，無論如何都不會在還沒接觸對象的時候，就用類別與概念來嚴格分類它，而是會打磨對象，恢復它原本的色彩、質地、聲音及芳香。非洲黑人的言論用明亮的光線，照耀出對象內部蘊含的水氣，顯露出它本質上的超現實感，或者更準確地說，它被隱沒的現實性。歐洲人的理性是用效益的角度來做分析與論述，非洲黑人的理性是用參與的角度來直觀認識它的對象。[26]

正如前文所見，史丹利、柯林斯、穆罕默德這些理論家的主張更強力。他們認為，人們會採取像技術主義這種極為貧乏的概念架構，並不只是歷史的偶然。人們之所以會說應該在公共理由中只使用技術官僚式的概念，其實只是為了保護統治菁英的利益。看看塞繆爾·杭廷頓是如何呼籲我們使用更多專業語言去解決如今「太過民主」的問題，就會覺得上述理論家提出的主張真的很難駁斥。如果他們的主張為真，那麼根據我在本章對意識形態的敘述，技術官僚的概念架構就真的很常被用來促進意識形態的形成。而且，它促進的是有問題的意識形態；即使統計數字事實上為真，這種意識形態依然拒絕讓我們去接觸敘事和個人見證，妨礙我們了解統計數字背後藏有哪些真實苦難。

————

自亞里斯多德以來，哲學家都認為某些特別重要的有問題意識形態會威脅民主。民主的隱憂之一，就是這些意識形態似乎無

法消除，總是得擔心它們給民主帶來麻煩。本書就是要試圖詳述這種自古以來的民主隱憂。我認為，說服與操弄，也就是我所謂的宣傳，都仰賴著有問題的意識形態才變得有效。當我們的身分認同讓我們相信在制定政策時不需要考慮某些同胞的觀點，我們就會覺得不通情理的政策似乎很願意講道理。而某些有問題的意識形態，則是會讓不理性的提議看起來很理性。即便是民主社會，似乎仍舊存在嚴重的不平等，而亞里斯多德說的那種有問題的意識形態，也總是會存在於這樣的環境之中，因此我們可以想像為什麼從古希臘以來，人們一直都說有問題的意識形態是威脅民主存亡的重大問題。

我們不難理解，社會有許多特徵會讓人陷入正當性神話，使我們無法看見正在發生的事情，或者無法獲得思考現實所需的正確概念。但我們可能認為這些過程不會影響我們的**知覺信念**（perceptual belief），反而認為知覺概念相當單純，經驗與信念之間的關係足夠直接，不會受到有問題的意識形態影響。因此，我們只要完全以知覺信念為基礎，就可以避開有問題的意識形態導致的認知錯誤。

但心智哲學（philosophy of mind）與心理學最近的研究發現，心理偏誤與偏見所造成的認知錯誤，似乎還是會影響到知覺信念。我們的知覺機制在傳遞資訊時會誤導我們，使知覺信念產生系統性缺陷。如今，「認知滲透」（cognitive penetration）這件事，也就是我們的背景信念會影響我們的知覺，已經是不太有爭議的共識。這表示，我們的知覺可能也會讓我們產生有問題的意識形態。

這個問題有很多種版本，每一種都很麻煩，接下來會一一解

釋。我們都認為自己是根據知覺提供的「事實」去建構理論。但如果我們的知覺機制本身就被偏誤影響，我們就可能使用帶有偏誤的方式來建構描述世界的理論，同時又以為這些方式是客觀的。於是，我們就會自然而然地把帶有偏誤的信念，當成是客觀的。

知覺信念會受意識形態影響，因此也可以用來強化意識形態，這時如果強化的是有問題的意識形態，就變成了沃特·李普曼在《輿論學》裡所說的刻板印象。他在書中，以亞里斯多德對奴隸的描述當例子：

> 這就是一種典型的刻板印象。刻板印象是一種知覺，在我們使用理性之前就產生了效果，在感官提供的資料還沒進入思考過程之前，就先染上了色彩。它就像波士頓燈塔街（Beacon Street）上的淡紫色窗玻璃，像化裝舞會門口判斷賓客扮裝是否得體的警衛。刻板印象是最難教化，也最拒絕批評的東西，它在我們調查證據的時候，就在證據上蓋下了自己的印記。

李普曼認為，刻板印象影響了從知覺產生信念的過程。而他所說的刻板印象就是我所說的意識形態；它抗拒理性修正（最難教化、也最拒絕批評），並「在我們調查證據的時候，就在證據上蓋下了自己的印記」，讓自己變得更難被修正。

奇斯·裴恩（Keith Payne）在二〇〇一年做了一個實驗，這實驗現在變得很有名。他發現，如果照片中出現的是黑人而非白人臉孔，美國人會更快發現照片中的槍枝。同一篇論文中的另一個

實驗則指出，在辨別時間有限的狀況下，美國人比較容易把跟黑人臉孔而非白人臉孔一起出現的工具誤認為槍枝。這項研究證實刻板印象會影響知覺判斷：美國人相信黑人很暴力，這種有問題的意識形態信念影響了他們的知覺機制。這項研究也顯示，「那是一把槍」或「那個人很危險」這種知覺信念，可能是有問題的意識形態信念，而它讓人認為遇到某些人時進入恐慌或恐懼相當合理。

我和李普曼一樣，都認為刻板印象或意識形態信念可以幫助我們在時間有限的時候快速概括事物、做出反應。[27]由於我們經常必須快速做出反應，這類信念必不可少。李普曼知道這表示刻板印象也會影響知覺判斷，裴恩的研究則證實了這一點。

裴恩的研究強力地證實刻板印象會影響知覺判斷。但影響的方式可能有很多種。最勁爆的一種解釋，就是受試美國人的刻板印象影響了知覺經驗的內容，**真的**把照片中的工具誤看成手槍。比較沒那麼勁爆的解釋，則是受試者的知覺經驗是正常的，但在形成知覺信念的過程中出了問題，使得知覺經驗裡面的東西明明是工具，卻由於社會意義告訴受試者黑人很暴力，所以那工具在形成知覺信念時就毫無根據地變成了手槍。不過，由於從知覺經驗產生知覺信念的時間非常短，即便比較沒那麼勁爆的版本說的才對，**受試者還是會以為具有偏誤的信念是公正客觀的。**

珍妮佛・艾柏哈特（Jennifer Eberhardt）等人的研究結果也符合李普曼的看法，支持刻板印象會「影響視覺，會決定我們把物質環境中的哪一些資訊當成重要的刺激。這是因為，由於知覺的資訊處理能力有上限，這些關聯性會決定我們在看東西的過程中認為哪些資訊重要、哪些資訊不重要。譬如，黑人與犯罪的關聯

性，會讓我們在看到黑人面孔時特別注意與犯罪相關的東西，在看到犯罪事物時特別注意黑人的臉」。[28]

艾柏哈特等人以不會進入意識或知覺的刺激方式，先讓受試者看見黑人臉孔、白人臉孔或沒有臉孔的照片，然後再給受試者看畫質非常粗糙的刀槍照片。他們發現，如果受試者先看到的是黑人臉孔，之後就會更快辨認出照片中的是刀槍。另一項實驗則發現，如果受試者先看見了刀槍或與犯罪相關的物品的照片，之後就會更快辨認出照片裡黑人的臉，但白人的臉則不會有這樣的效果。這表示李普曼說得沒錯，刻板印象的確會直接影響視覺注意力。實驗並未證實視覺經驗本身帶有偏誤，但證實了我們原本擁有怎樣的信念與刻板印象，**會影響後來獲得怎樣的視覺經驗**。

菲利普・戈夫（Philip Goff）、艾柏哈特與其他兩位研究者在二〇〇八年發表的一篇論文中，對史丹佛的大學生進行了一系列實驗，測試他們的知覺中對黑人與猿類的內隱關聯性。[29]實驗分為四次。第一次實驗找了一百二十一位大學生擔任受試者，發現他們看到黑人的臉之後，更容易辨別出照片中的猿類。作者將結果總結如下：

> 光是先看過黑人的臉，受試者就能在看了更少張照片的狀況下準確辨別出猿類。這在白人受試者與非白人受試者身上都發生。此外，無論受試者是否明確表現出種族偏見，或是否想要控制自己的偏見，都不會降低此效應。此外令人驚訝的是，受試者不僅在看見黑人的臉之後更容易識別出猿類，還會在看見白人的臉之後更難識別出猿類。[30]

研究者在第二次實驗則發現，受試者看過猿類的照片之後，會下意識地注意黑人的臉。後來，他們又做了第五項實驗，找了一百二十一位賓州大學的大學生，發現先看過猿類照片的人，比先看過大型貓科動物圖片的人，更傾向於認為警察毆打黑人是合理的。而且，先看過猿類的圖片，不會影響受試者判斷警察毆打白人是否合理。戈夫等人總結道：「黑人與猿類之間的雙向連結，可以下意識地對知覺造成顯著影響」。[31]

目前已有大量證據顯示，刻板印象會影響我們從知覺獲得的資訊。知覺判斷的形成機制，本身就會衍生出有問題的意識形態信念，甚至還會衍生出一種最糟糕的偏誤，讓人們相信知覺判斷完全客觀，因此「眼見即為真」。譬如，我們通常都不會認為原有的心理偏誤會讓我們特別注意某些事物，而會讓我們認為自己看到的就是全貌。

蘇珊娜・西格（Susanna Siegel）將這種針對「他群」（out-group）[9]的社會偏見影響知覺判斷的現象稱為「知覺鬧劇」（perceptual farce）。她的敘述讓人想起李普曼的看法：

在我說到的所有情況中，主體要嘛是知覺到她原本已經懷疑或恐懼的事物，要嘛就是用知覺到的事物去支持自己的懷疑或恐懼為真。無論哪一種，都可以稱為**知覺鬧劇**。知覺乍看之下讓我們看見身邊的事物，但其實不然。知覺聲稱告訴我

---

9  譯注：又稱「外群體」，指的是個人所屬群體以外的其他社會群體。與之對照的概念則是「我群」，又稱「內群體」，指的正是個人所屬的群體。

們世界的面貌，而我們如果需要，就可以用現實去檢查自己的信念、恐懼、懷疑，並以此做出行動，但其實並非如此。[32]

我們現在已經知道，各種無意識過程都會影響知覺信念的形成。

正如前文所見，有些討論偏見如何影響知覺信念的理論主張比較強，有些比較弱。西格在《知覺的理性》（ *The Rationality of Perception* ）中提出的版本最強勁；它主張心理偏誤會影響知覺經驗的內容，而人們得到的都是「帶有偏誤的經驗」。[33]該理論另一種較弱的版本則主張，心理偏誤會影響我們在視覺視野中關注的東西，進而影響知覺中接收到的資訊。此外，還有另一種理論則認為，心理偏誤會影響我們根據知覺經驗所形成的信念。在這些版本中，較弱的版本至少已知為真，較強的版本也可能為真。不過要採取較強的版本還是較弱的版本，對於處理我們關注的問題而言並不重要。無論哪一種版本的理論才正確描述了心理偏誤與知覺信念之間的關係，都足以指出我們的認知過程會阻礙我們獲得客觀的知識。

───────

我們的心理幾乎無法避免讓我們把自己的知覺信念，誤認為對於世界的客觀描述。但我們的背景信念會影響知覺的關注重點，使得知覺呈現的不會是客觀的世界面貌。因此，如果社會各群體之間層級分明，有著嚴重的不平等，我們就似乎無法避免把有偏誤的信念誤以為是客觀的。

社會的結構性事實，譬如各群體的層級分明的不平等結構，可能會讓即使是知覺這麼基礎的東西，都無法提供可靠的知覺信念。這很有可能是知覺的正常機制。[34]如果我們活在層級分明的不平等社會中，就會產生影響知覺的刻板印象。這不表示機制故障了。因為同樣的機制只要出現在結構不同的社會中，它產生的刻板印象就不容易出現這類錯誤。當我們生活在結構有問題的社會中，以知覺機制為基礎產生信念的認知機制，就會自然而然地用這種方式誤導我們。如果知識必須仰賴一種不會這樣誤導我們的知覺機制，那麼就沒有任何東西能算是知識了。如果我們要堅持認知能力必須完美無缺，只會變成懷疑論者而已。

　　我在這裡關注的重點不是所有有問題的意識形態，而是那些給民主帶來最大麻煩的有問題的意識形態。某些有問題的意識形態之所以會給民主帶來麻煩，是因為它會使許多人陷入理論上的不理性，進而陷入許多困境，譬如無法看見自己的利益。本書主張，在物質、社會、經濟不平等的社會中產生的許多意識形態，都會給民主帶來麻煩，所以我們必須守護平等。這項論證的細節留待下一章細談。

　　民主社會需要政治平等的文化。我將在下一章指出，即使只是物質上的不平等，都會催生出有問題的意識形態信念。[35]在功績主義的社會中拿不到資源的人，很容易產生一種有問題的意識形態信念，相信自己拿不到資源是因為社會不正義。而在並不符合功績主義的社會中，那些階層地位高得並不正義的人，像是那些擁有的地位比做出的「貢獻」高出許多的人，則可能會有另一種有問題的意識形態。譬如，他們可能會誤以為這個社會符合功績主義，而像他做出這麼多貢獻的人，在功績主義社會中當然應該

擁有他現在的地位。在真正根據貢獻來分配資源的社會中,缺乏資源的人所持的意識形態,會給民主帶來麻煩;而在資源分配不正義的社會中,資源豐沛者的意識形態,也會給民主帶來麻煩。

接下來,我將根據自己對政治現實的看法,也就是哪些狀況與政治特別有關係,來集中解釋為什麼那些相信社會用人唯賢的信念,在社會的不平等違反正義的時候,會變成給民主帶來麻煩的有問題的意識形態。簡而言之,我認為解釋這種狀況為什麼會帶來麻煩,比解釋那些「自己把自己搞窮」(undeserving poor)、而且還心懷怨恨的窮人所持有的有問題的意識形態更為重要。事實上,我懷疑很可能沒有任何一種功績主義的形上學主張,可以始終如一地支持社會中某些成員獲得的資源,應該比其他成員多出許多。而且,即使真有這種形上學,只要它帶有任何規範意味,它所描述的功績主義社會就會和現實中的每一種人類社會差異過大,甚至大到淪為空想。譬如,我不認為有任何主張功績主義的規範性概念,可以成功地主張富人生出的嬰兒比窮人生出的嬰兒對社會做出更多貢獻。

我前述舉出的那些會給民主帶來麻煩的有問題的意識形態,可能會讓人懷疑我的討論本身就帶有意識形態。但我只是在說,許多社會中的菁英分子都會用功績主義意識形態中的錯誤信念,來合理化自己擁有的地位。至於某些社會中是不是真的有一些「自己把自己搞窮的人」是因為抱持了有問題的意識形態而造成了更大的麻煩,則不在我的討論之列。或許我對功績主義形上學的懷疑,本身也源自於我的意識形態立場。

也許這是對的。也許我真的是因為自己的意識形態觀點,才會不相信功績主義。甚至,我對功績主義的懷疑本身,也可能屬

於某種**有問題的**意識形態。但即便如此也無關緊要。即使我真的相信某種有問題的左派意識形態，我的論證也不會因此變得比較不客觀。那充其量只能影響我的**舉例**。也許我的意識形態讓我以為自己舉出了最重要的例子，其實別的例子比它們更重要。但我描述這些例子的方式是另一回事，它並不會因此就變得更不客觀。

如果我選出來分析的例子不僅不重要，而且**不存在**，那麼我試圖去分析它們就只是在浪費時間。但是，無論你用哪一種站得住腳的規範性判準去判斷人們的貢獻，都毫無疑問地會同意，現實社會中某些人擁有的資源就是比他們應得的要多。億萬富翁的年幼小孩可沒有「自己掙來」他嘴裡的金湯匙。也許當代的民主國家已經不像我說的那樣，會去忽略許多違反正義的不平等現象。但無可否認的是，無論是現在還是過去，許多社會都不承認社會中有很多顯然違反正義的不平等現象。即使我抱持了有問題的意識形態，因而看見了一些實際上不存在的不平等，那最多也只是說，我的分析能適用的社會比我以為的少；但對於適用的社會而言，我對於它們如何忽略這些違反正義的不平等現象的描述，依然在我們理解這些社會的時候相當重要。我在整本書中只要提出現實中的不正義案例，都會舉證說明該案例為何違反正義。但即使我誤解了每一個我舉出的實際案例，我對這類例子的理論描述依然不受影響。對於這些實際案例的經驗性主張，並不屬於本書理論要處理的重點。

有人可能也會擔心說，我的意識形態不僅影響了我選擇的例子，還影響了我用來分析的**工具**。但我使用的分析工具，都是在顯然與政治無關的哲學領域中發展出來的。第四章使用兩種分析

一般非政治言論的必要工具，即形式語意學和語用學，來分析宣傳的其中一種機制。本章與下一章則使用分析式的知識論，來指出宣傳言論的特色就是根本什麼都沒說。因此，很難說本書的四、五、六章使用的工具帶有政治偏見。

此外，我也大量引用社會心理學的研究。我討論過的許多理論家都跟我一樣，對那些助長不正當權威的機制感到擔憂。社會心理學的研究與本書探討的主題的重疊之處，讓它提供了大量從經驗事實來探討此問題的材料。當然，人們可能也擔心我引用的社會心理學研究帶有偏誤，畢竟社會心理學的許多核心研究成果，都是為了解釋不正當的權威如何出現和維持，而也許這些理論家抱持了有問題的意識形態，造成他們研究結果不夠客觀。

但就像前文所說的，即使社會心理學家受到錯誤的信念影響，誤以為不正當的政治權威很常見、造成的威脅很高，我依然認為前文提到的研究結果的客觀性不受影響。這些錯誤信念真的會影響的，是社會心理學家主要挑選的研究對象，以及他們的研究結果是否適合用來討論現實世界中的政治。但我們必須找到一個完全不同的論證，才能相信這些研究結果不夠客觀；必須要有證據，才能說這些社會心理學工具本身帶有偏誤。畢竟，抱持不同意識形態的人都使用相同的社會心理學工具，如果這些工具真有偏誤，就表示社會心理學**本身**帶有偏誤，使得即使用社會心理學來討論完全不同的案例也會出現問題。

我想做的只是解釋，為什麼社會上只要有違反正義的嚴重不平等，它所自然形成的那些有問題的意識形態，就會給民主帶來麻煩。而且我也認為，去解釋那些「自己把自己搞窮的人」抱持了怎樣的有問題的意識形態，對現實很可能毫無任何幫助。但我

的選擇並不會讓我的分析不夠客觀。我猜只要研究意識形態，都得使用我所開發的工具，即使是要研究我所抱持的意識形態也不例外。

————

泰瑪・甘德勒說過，當你身處的社會「違反你抱持的規範性理念」時，「你的認知將無可避免受到影響」。[36]她整理了支持這項主張的心理學證據，指出這種時候「要嘛你得改變注意力和生活方式，刻意避開社會中相關的規範……要嘛就得想辦法找藉口……歪曲你原本的理念，以符合社會中的相關規範（譬如開始相信那些刻板印象連結背後其實都有道理）。」本章已經大致解釋了這樣的事情如何發生。下一章的重點，會是把本書支持平等的論證說完。該論證的結構很值得好好說明清楚。

本書開頭提到了馬丁・德拉尼的論證；他認為如果獲得成就的機會不平等，人們就無法彼此平等尊重，因為人們會誤以為掌控較少資源的人本身就低人一等，同時也會讓那些處於弱勢的群體喪失自尊。[10]讓人們無法彼此平等尊重，以及讓人失去自尊，毫無疑問地都是道德問題，但都不是本書反對不平等的理由。本書之所以反對不平等，是因為造成這些道德問題的信念，會讓反民

————

10 原注：德拉尼在本書引言討論過的段落中簡述了這個論證，本書也是因為如此才把用那段文章來開場。見Delany, *The Condition, Elevation, Emigration, and Destiny*。此外，湯瑪斯・史坎倫以「汙名化地位差異」為由反對不平等的討論也呼應了德拉尼的主張。更多見Scanlon, "The Diversity of Objections to Inequality"。

主的惑眾妖言成功產生影響，給民主帶來很大的麻煩。

　　在嚴重不平等的社會中產生的信念，譬如自己低人一等或別人低自己一等，往往會使民主理念難以實現，譬如會讓人變得不通情理。我們很自然地會覺得，那些認為某些人本來就低人一等，或者不值得我們平等對待的說法不通情理。但這也不是本書反對不平等的理由，至少這樣講並不精確。本書的理由是，這類意識形態信念會讓我們看不見某些主張、體制、政策在本質上不通情理之處。如果社會上真有不義之處，設法解決這些不義的政策就是願意講道理的；但如果社會上盛行的意識形態認為該社會沒有不義之處，人們反而會認為這些政策不通情理，甚至還會認為那些助長不義的主張，並沒有在助長不義。簡而言之，這種時候，惑眾妖言就成功了。

　　我想找出一個最好的版本來講述這個論證，反倒沒那麼想花功夫捍衛其結論會引發的反應。我之前說過，哲學上一直有人拿這個論證來反對民主。自古以來，哲學上就一直有人以個體的先天缺陷、能力差異等難以消除的不平等為由，來反對民主制度。但他們的論證也可以反過來看，可以說他們的論證是在說民主必須盡量縮小不平等，即使只是物質上的不平等。

　　前文已經提到，有好幾種狀況都會讓我們產生一些用各種方法拒絕修正的信念，而且這些信念很可能不是本身的某些屬性使它拒絕修正，而是某些社會結構阻礙我們去修正它。我們會抱持這些信念，可能是認知機制在社會中正常運作的結果。社會上的某些結構特徵讓我們看不見反證，或者讓我們以為眼前的反證並不重要。此外我們也看到了，我們用來獲取知識的正常機制，會讓我們**誤以為**某些帶有偏誤的信念背後有客觀的證據支持。接下

來，我要來談談從亞里斯多德到馬克思等哲學家都說過的意識形態作用機制：為什麼擁有大量特權的族群容易相信自己比別人優越，被壓迫的族群則容易相信自己比較低劣？我的論證將指出，不平等讓人們相信了這些意識形態，以及這些意識形態的確像亞里斯多德說的那樣，給民主帶來很大的麻煩。本書捍衛平等的論證，將在下一章完成。

第六章

# 政治意識形態

　　我在前一章說過，某些意識形態會不斷阻礙我們獲得相關知識，因而具有問題。我們在很多地方都能發現這種有問題的意識形態，某些不太需要擔心，某些則會給民主帶來麻煩。讓一個人怎麼看都看不出雪城大學橘子人隊就是不可能年年拿下全國籃球冠軍的意識形態，不太需要民主去擔心。但那些會影響自由民主的核心辯論，譬如影響社會資源該如何分配的討論的意識形態，就會給民主帶來麻煩了。本章會特別討論其中某些有問題的意識形態，並以社會心理學的工具指出這些意識形態通常都源於特定的社會條件。此外，本章也要用分析哲學的知識論工具，解釋為什麼這些意識形態會給民主帶來麻煩。

　　至少從亞里斯多德的時代起，就有兩種有問題的意識形態一直是政治哲學的討論核心。第一種意識形態是**掌握資源的人**很容

易產生的,第二種則是**無法掌握資源的人**很容易產生的。在這一章,我將討論那些在資源分配上違反正義的社會中出現的有問題的意識形態信念,不會討論亞里斯多德所說的那種、在資源分配上符合正義但不平等的社會中出現的有問題的意識形態。

我將討論所謂的「貢獻」(merit),譬如「德國的有錢人做出了貢獻,因而獲得財富」這種說法。我很懷疑「貢獻」這種東西本身可以獨立存在。而且,即使我們可以用世上的某些自然類(natural kind)來衡量每個人做出的貢獻,我認為許多狀況下的不平等依然不會這樣就變得正當;譬如,財富可以繼承,所以在人們還沒有做出任何貢獻之前,彼此之間就會有明顯的不平等。即使我們接受某些說法,承認有些人**真正做出了一些**貢獻,人們一出生就面臨嚴重不平等的例子,在每個現實社會中都依然數之不盡。而且除了家產以外,還有一大堆方式會造成不平等,因此我將討論的重點,放在人們出生時一切平等的狀態下的地位與權力的高低差異,而非出生時就已經有優劣之分的狀態下的地位與權力的高低差異。但我的核心論證,完全不需要去管現實世界中的不平等是否像我相信的那樣有很多都違反正義,只關乎是否存在嚴重的不平等,無論不平等的根源為何。

換句話說,我在討論嚴重不平等的影響時,不平等的正當與否並不是討論核心。掌控資源者的資源是否是他們應得(deserve)的,無法掌控資源者是否不應得資源,對我的討論並不重要。我的論證要說的是,無論個體之間的貢獻差異是否能讓不平等變得正當,嚴重的不平等都會給民主帶來麻煩。

———

社會學家馬克斯・韋伯（Max Weber）認為，握有特權的族群會為了社會性的需要，發展出有問題的意識形態信念：

每個人的命運並不平等，健康、財富、社會地位等各不相同。初步的觀察指出，無論在什麼時候，那些受老天眷顧的人都會認為得想個辦法把自己的處境說成是「正當的」，把自己的優勢說成「應得的」，把別人的劣勢說成是那些人「自找的」。處境的差異明明許多時候只是純然出於運氣，但這些人依然會這麼想。[1]

韋伯還說，「無論在哪個領域，穩定持有優勢的族群⋯⋯都會最覺得需要用他們訴諸的原理，幫自己的優勢合理化」。[2]而且，這種「需要」也會展現在他們「與其他握有特權的族群，以及劣勢的族群相處的方式之中」。[3]如果韋伯說得沒錯，那麼那些含著金湯匙長大的人，會抱持某些與其優勢相關的有問題的意識形態信念，也就相當正常。即使他們的優勢只是因為運氣太好，譬如出生在帝王將相之家，他們也會相信自己的優勢是應得的。

韋伯的假說是，支配他人的人會發展出一套勒布朗所謂的「合理化迷思」。這是一項關於信念形成過程的經驗性主張，但科學證據怎麼說呢？科學證據究竟會支持這項主張，還是會說我們人類並不會用這種奇怪的方式，產生有問題的信念？

社會心理學有一種叫做「自我肯定理論」（self-affirmation theory）的論述，可以支持我對意識形態的看法；這個理論源自史丹佛大學心理學家克勞德・史提爾（Claude Steele）在一九八八年發表的著名論文。自我肯定理論指出，人們會想一直相信自己是

一名「行事妥當的好人」。④該論文提出大量研究結果說明，「自我形象受到威脅時，個體會更嚴重地貶低他群，用更糟糕的刻板印象去看人」。⑤也就是說，自我肯定理論背後的大量研究結果顯示，人們在面對負面的自我形象（譬如種族歧視）的時候，可能會產生錯誤的刻板印象去幫自己的態度找藉口。這些證據顯示我們每個人都有強烈的自我肯定需求。那些掌控社會資源的人可能就是因為這樣而找了藉口，相信他們的壓迫式支配是正當的。[1]

自我肯定理論顯示，韋伯對於菁英族群的合理化迷思的說法很可能為真。此外，其他經驗證據也支持，我們的確會形成韋伯所說這種合理化迷思。

在每個國家，一個人的財富與他支持右派政黨的程度都呈正相關，相關性不高，但很穩定。不過，研究者在研究人們政治傾向變化與自身利益變化的時候，會碰到一個問題：幾乎沒有任何政黨是自然形成的，反而大多是在偶然事件中產生的。構成政黨的主要集團之間的利益往往相差甚大，這讓韋伯的主張難以驗證。[2]此外，「要找出一群具代表性的美國有錢人並去採訪他們，

---

1　原注：大衛・謝爾曼（David Sherman）與傑弗里・科恩（Geoffrey Cohen）在〈自我防衛心理學〉（The Psychology of Self-Defense）一文中認為，我們的自我肯定不僅會讓我們從政治意識形態中產生有問題的意識形態信念，更會讓我們產生「政治意識形態」。但他們跟我只有用詞上的差異。他們在前述這篇文章中把「政治意識形態」當成一套規範性信念，我則是把「有問題的意識形態信念」當成「有問題的意識形態」的產物。

2　原注：美國政黨的分類是偶然的產物。這解釋了「利益」這件事為什麼像Gelman et al., "Rich State, Poor State, Red State, Blue State"一文說的那樣，比物質利益更複雜。

實在太難了」。⑥

　　班傑明・佩吉（Benjamin I. Page）等人對有錢人的政策偏好的研究，調查了住在芝加哥、平均年收入超過一百萬美元，而且平均財富超過七百萬美元的人。⑦他們發現這些人非常熱衷政治，其中百分之六十八曾經捐助選舉經費，其中百分之二十一曾透過中間人捐款給政客。可想而知，這些人與政客的關係也非常好：他們之中有百分之四十的人可以直接連絡該州參議員，相當多的人可以與全國級的政要彼此直呼其名。最後，這些富人的經濟政策偏好強烈反應出他們的自身利益：百分之四十四的人承認自己在政治參與上都只關注和自身利害相關的政策（大部分都是金融管理政策），而他們的政治參與是為了確保聯邦的資金流向他們選用的金融機構，並盡量撤除政府監管。微妙的是，他們最擔心的事情竟然是聯邦政府的赤字，或許是擔心政府因此對他們增稅吧。

　　二〇一四年，倫敦政經學院的納塔武・波薩維（Nattavudh Powdthavee）和英國華威大學（University of Warwick）的安德魯・奧斯華（Andrew J. Oswald）兩位經濟學者，研究了人們在中樂透之後，在政治信念方面有何改變。⑧他們測試的假說是，「人們是否會先根據自身利益決定要投給誰，然後才編出一套道德說法，說自己為什麼要這樣投」。這句話實在是把我們討論的有問題意識形態信念描述得太棒了。由於從統計上來看，中樂透這件事對樂透得主來說，是終其一生最可能讓他們改變政治觀點的人生變故，所以這項研究可以讓我們知道，人們會不會光是因為突然獲得一大筆錢，就改變政治觀點。

　　波薩維與奧斯華用英國家戶長期追蹤資料庫（British

Household Panel survey）的數據來分析；該資料庫「對家庭進行具代表性的隨機取樣，找出兩萬五千名以上成人個體，從一九九一年開始，每年在九月與聖誕節之間對其進行調查」。研究人員從一九九一年開始訪問人們的政治偏好，從一九九七年開始調查受訪者是否中了樂透；整個資料庫還包含了接近十萬份的政黨傾向問卷，指出人們的政治觀點年復一年「非常穩定」。這似乎並不意外，不過其中那五百四十一位中過五百英鎊以上樂透獎金的受訪者就有趣了。波薩維與奧斯華發現，這些樂透得主的政治偏好，出現了微小但統計上十分顯著的右傾。此外，他們也發現「該年度家戶總所得的增加，會讓受訪者更認為當下社會的財富分配方式符合正義」。當然，光靠這樣的證據還不足以使這些看法成立。而且，如果英國社會其實完全符合功績主義，那麼財富分配不符正義的說法就是一種有問題的意識形態信念，而中樂透也許就有助於擺脫這種信念。但如果英國社會並不符合功績主義，那麼這項研究的結果就支持了韋伯的主張。[3]

––––––––

社會的資源分配大幅不均，會讓從中受益的人去高估自己應該獲得的資源。他們拿到的資源一旦比之前習慣獲得的更少，就

––––––––––––––––––––––––––––

3 原注：這套概念也和政治意識形態緊密相關。心理學家肯特・泰丁（Kent Tedin）把政治意識形態描述為「一套包含認知、情緒、動機，並且會彼此影響的道德與政治態度。也就是說，意識形態有助於解釋人們為什麼會做他們所做的事，它整合了價值和信念，並讓人做出政治行為」。見Tedin, "Political Ideology and the Vote"。

很容易讓他們誤以為社會不義。而他們的自身利益，會阻止他們去修正這種分配不均的「道德錯誤」。也就是說，嚴重的資源分配不正義，會讓受益者接受一種有問題的意識形態，而那些有問題的意識形態，可以解釋為什麼惑眾妖言能夠成功影響人民，進而妨礙民主審議。為了民主而捍衛平等，是一種政治上、而非物質上的主張。但是，有鑑於巨大的物質不平等會催生出有問題的意識形態，進而侵蝕民主，某種普遍的物質平等很可能還是符合民主理念所需的**先決條件**。

除了各種意義上的不平等以外，還有其他原因會產生有問題的意識形態信念。如果某個社會鼓勵單一意識形態，這個社會中的成員就會期待其他人的意識型態都跟自己一樣。[4]當他們習慣只跟意識形態相同的人為友、討論事情，遇到意識形態不同的人就會發生期待落空的狀況。當然，違反期待未必讓人不開心，像是有些人相信自己一搭飛機就會感冒，所以沒感冒的時候就會覺得很幸運。[9]但當你把某些自己已經習慣的常規當成了道德規範，狀況就不一樣：你會誤以為每個違反這些期待的人都應受道德譴責。在所有人的意識形態都相同的社群中長大的人，就是因為這樣而往往誤以為那些與自己意識形態不同的人在道德上有問題。因此，那些希望每個人都有相同意識形態的社會，往往會催生出有問題的意識形態，而這些有問題的意識形態包含了錯誤的道德

---

4　原注：大衛・休謨曾寫道：「這就是人心的本質，它總是想抓緊每顆接近它的心靈。它聽到相同的意見就更為堅信，遇到反駁就不安震驚。大多數人在爭論時就是因為這樣才會變得那麼急躁，即使討論的是最抽象、最無關緊要的主題，也不想去聽別人的反對意見。」見Hume, *Of the First Principles of Government*, 1.8.12.。

信念，或者會讓人產生錯誤的道德信念。

當整個社群都抱持相同的意識形態，在該社群中長大的人就會認同這種意識形態。幾十年來的社會心理學證據都支持，團體認同通常都會以非理性的方式影響人們形成的信念。艾伯特·哈斯托夫（Albert Hastorf）和哈德利·坎崔爾（Hadley Cantril）用兩所常春藤盟校的學生做實驗，發現受試者在看了兩校之間的橄欖球賽之後，對比賽中的爭議性判決看法完全不同；[10]光看受試者是哪個學校的，就能猜出他會做出怎樣的結論。也就是說，這些學生的學校認同，讓他們從相同的證據中導出不同的結論。心理學家席瓦·康達（Ziva Kunda）稱這種現象為「動機性推理」（motivated reasoning）。[11]

心理學家已經花費了很長的時間去研究動機性推理。法學家丹·卡韓與其同儕最近做了一個實驗，先檢測兩百零二位受試者的文化與世界觀，然後給他們看一部三分半鐘的影片，影片的內容是一棟大樓外的抗議活動。[12]看完影片後，他們請受試者想像自己是陪審團的成員，要決定警察的干預是否侵犯了憲法保障抗議者的言論自由。他們告訴其中一半的受試者說，那是在墮胎診所外面抗議墮胎合法化的錄影，並告訴另一半的受試者說，那是在軍隊招募中心外面抗議軍方禁止公開軍人同性戀傾向的錄影。卡韓等人發現，政治傾向嚴重影響受試者的法律判斷。政治主張與抗議主題相對立的受試者，「其反應與實驗操作的方向強烈地背道而馳」：[13]百分之七十的保守派受試者判決墮胎診所外的警察侵犯了抗議者的法律權利，但只有百分之十六的保守派受試者判決徵兵中心外的警察侵犯了抗議者的法律權利；至於強烈進步派受試者的判決方向，則與保守派受試者完全相反。這項研究顯示，

動機性推理可不只是看運動比賽時的專利。

　　丹・卡韓把動機性推理定義成「人們在無意識地處理資訊時……為了推動眼前任務以外的目標或利益，而出現的傾向」。[⑭]他認為，我們的目標會影響評估眼前證據的方式（像是讓我們在看到爭議性的裁判判決時支持某個運動隊伍），也會影響我們評估科學證據的方式（像是讓我覺得某些有神論者拒絕接受演化存在的證據，也讓他們覺得我拒絕接受神存在的證據）。[5]

　　卡韓找到了動機性推理的其中一個來源，他稱之為「身分保護認知」，這種動機性推理是為了「確保當事人屬於某個重要的相關群體」。[6]卡韓認為身分保護認知也許可以解釋所有與政治相關的動機性推理（不過我倒覺得不需要主張說，所有意識形態信念都來自身分保護認知）。

　　羅爾斯主張，「民主的公共文化永遠必須包含各種願意講道埋的宗教、哲學、道德觀」。[⑮]也就是說，民主的公共文化必須包

---

5　原注：丹・卡韓也把動機性推理的危險性簡述得很好：「動機性推理可能會讓個人不知不覺地無法做出冷靜、開放、公正的判斷。此外，人們不擅長發現自己的動機性推理，卻很擅長發現別人的，並經常將其誤認為偏見或惡意。因此，動機性推理可能會在集體討論中引發一種不斷自我強化的不信任與互相指責氣氛，妨礙文化背景相異的人一起達成共同目標。」

6　原注：「個體總是仰賴家人、大學教師、宗教宗派、政治團體等群體給予的各種物質與情感支持。如果一項命題質疑了這些團體的特質或能力，或者與這些團體的信念衝突，這項命題就會危及個體的福祉。個體一旦接受這項命題，可能就會切斷與該群體的聯繫。而群體以外的人一旦相信這項命題，則是會降低該群體的聲譽，進而危及個體因此獲得的社會地位或自尊。」見Kahan, "Neutral Principles, Motivated Cognition, and Some Problems," p. 20。

含各種不同的意識形態，也就是羅爾斯所謂的「願意講道理的多元主義」。如果你身處的社會中，每個人的意識形態都一樣，當你碰到新的意識形態，身分保護認知就會讓你產生有問題的意識形態道德信念。這種有問題的意識形態信念，就會讓惑眾妖言成功煽動人們，進而破壞民主審議。我接下來就會論證，為什麼有問題的意識形態信念，會讓惑眾妖言成功地侵蝕民主審議，為什麼只要不維持願意講道理的多元主義，惑眾妖言就能在民主社會中大行其道。

————

我們現在知道，社會中有兩種結構性因素會產生有問題的意識形態信念。第一種是各式各樣嚴重的不平等，第二種則是整個社群都活在同一種意識形態之中。我認為，鑒於我指出了嚴重的不平等的確會讓那些掌握資源的人產生一種獨特的正當化迷思，我已經說明了韋伯的說法有道理，因而完成了本章的第一項任務。

那麼，那些無法掌握資源的人所抱持的有問題意識形態呢？我在前文說過，在真正的功績主義社會中，那些掌握不到資源的人會產生一種有問題的意識形態。但在資源分配不正義的社會中，那些掌握不到資源的人，也會產生另一種有問題的意識形態。在後者這種社會中，掌握不到資源的人**事實上**受到了壓迫，但他們的意識形態卻會讓他們**難以發現**自己受到壓迫，或者至少**會去妨礙他們做那些減少壓迫發生的事情**。但這是為什麼呢？為什麼我們可以說，違反正義的不平等會讓這些人產生有問題的意

識形態，使他們看不到社會中的不正義？

　　大衛・休謨在〈政府的第一原理〉（Of the First Principles of Government）的第1.4.1節中說：

　　從哲學角度去觀察人類的人會覺得最不可思議的事，大概就是大部分人竟然會毫不在意地被少數人支配，甚至在情感上也很容易認同統治者。而且，當你一旦思考這種奇蹟到底是怎麼發生的，就會發現統治者雖然擁有力量，但他們手中的力量卻完全是靠某套說法來維繫的。也就是說，政府竟然完全是建立在某套說法上的，而且不僅最自由、最受歡迎的政府是這樣，就連那些最專制、最軍事獨裁的政府也是這樣。埃及蘇丹與羅馬皇帝都可以像驅使野獸一樣，讓臣民違背自己的情緒與意願來行事；但這些統治者必須編出一套說法來驅使手下的埃及奴隸兵、羅馬禁衛軍，必須編造出一套說法來驅使他的人民。

　　休謨在這段中提出的問題是：為什麼有時候菁英的統治明明沒有促進臣民的利益，卻還是能讓臣民抱持菁英想要的意見？馬克斯・韋伯的答案如下：

　　每一個握有大量特權的族群都會編織出一種迷思，說自己本來就比較優越，甚至是有著優越的血統。如果權力分布穩定，以至於當權者可以穩定控制人民，那麼處於弱勢的族群就會接受這種迷思。[16]

我們都會說，統治菁英傳播了某種有問題的意識形態，藉此維繫權力，讓人民把統治菁英的利益當成整個社會的利益。但韋伯討論的是其中的**機制**；他認為統治菁英用意識形態讓人民相信菁英比較優越，並相信這個社會是用人唯才的功績主義社會。除了韋伯，其他思想家也提過類似的觀點。[7]為了加強它的說服力，之後我會進一步討論該機制的一些細節。但在那之前，我想先澄清一下，下述這兩件事並不是我們目前要討論的。

　　首先，韋伯所說的是「血統的優越」，但其實從韋伯的時代起，社會就一直強力抵制血統優越論。至少在西方社會，握有大量特權的族群所說的血統優越論，已經無法再讓弱勢族群相信自己的血統比較低劣了。即使是最惡毒的種族主義者，也已經用**文化**之間的優劣來取代**基因**之間的優劣。譬如，「更好的匈牙利運動黨」（Jobbik）這一抱持邪惡種族主義與反猶太主義的政黨就說，羅姆人之所以注定比較愛犯罪，是因為他們的**文化**，而非他們的**血統**。西方世界已經完全用**文化優越論**迷思，取代了韋伯所說的「血統優越論迷思」。

　　其次，人們可能會誤解韋伯的話和我接下來的論述，以為這些論述想要**完全地**解釋弱勢族群為什麼在政治上的行為無法符合他們自己的利益。不，韋伯那句話沒想這麼做，我也沒有。除了那句話以外，韋伯還對民主有許多批評，譬如他認為官僚體系可能會妨礙民主。他在我前面引述的那段話中，也只是在解釋民主

---

7　原注：譬如「在達到某種平衡的靜態社會中，一定會有某些菁英領導階級的標準變得具有代表性；而那些被這些標準所征服，甚至注定因此受挫的族群，則會默默接受這些標準。」見Mannheim, "A Few Concrete Examples"。

的某些問題，並非所有問題。

「弱勢」（negative privilege）有很多種可能的意思。如果我們用每個人擁有的資源跟其他人相比來衡量誰才是「弱勢」，那麼許多人很可能都比一些自己從沒遇過的人更「弱勢」，反而跟遇過的人比起來並不「弱勢」。這會讓我們注意不到自己的弱勢，不會做出政治行動去糾正不正義的分配。此外，弱勢程度有高有低，有時候光是做出政治行動，可能也還不足以解決問題。弱勢族群之所以沒有做出行動，除了韋伯的解釋之外，還有許多其他可能的原因，本書也不會認為弱勢族群都是因為韋伯所說的原因才沒做出行動。不過韋伯幫助我們了解，統治菁英會讓弱勢族群接受菁英的意識形態，藉此完成統治菁英想要的某些目標。譬如，弱勢族群如果相信自己身處的體系，基本上是基於功績主義，會公平地根據每個人的貢獻來分配資源，就很容易被人說動而不想去改變系統的腐敗之處。對握有特權的族群來說，把這種說法灌輸給弱勢群體，相當符合經濟理性。而我在此引用韋伯的話，也只是因為這個原因。

————

我並沒有說韋伯的說法完整地解釋了人們為什麼不去反抗不義。但即便我的說法沒有韋伯那麼強力，大概還是有人會懷疑，弱勢族群怎麼可能會在接受了有問題的意識形態之後，就直接對自己受到的壓迫視而不見。這個說法可能面臨兩種質疑，以下我分別列出。

第一種質疑是：人們怎麼可能心甘情願地違反自身利益，相

信自己所屬的文化低人一等？第二種質疑則更難駁斥：弱勢族群顯然握有一大堆證據，能夠指出握有大量特權的族群的意識形態漏洞百出，既然如此，他們怎麼還會相信這種意識形態？我不會意識到美國街頭每一位無家者的膚色都跟我不同，但這對流落街頭的人而言再明顯也不過；他們顯然都會覺得，必須向握有特權的族群乞討相當丟臉，而且至少從他們的角度來看，握有特權的族群之所以有現在的地位，的確跟運氣好出生在好家庭很有關係。如果弱勢族群似乎都可以從他們的人生背景看到自己身處的弱勢，為什麼他們還會接受握有大量特權的族群的意識形態？接下來，我將一一回應這些問題。

的確，我們很難想像會有人**心甘情願地**相信自己所屬的群體低人一等。這太誇張了。但是，這種質疑搞錯了信念的形成方式；用伯納・威廉斯（Bernard Williams）的話來說，抱持這種質疑的人，誤以為我們的信念內容是**我們**可以**自己決定**的。[17]人們顯然不會理性地決定以負面的觀點去看自己身處的群體，所以如果你相信信念的內容是人們可以自己決定的，你就會懷疑韋伯的主張。

可惜，信念的內容並不全是人們可以自己決定的。即使我想相信自己正在火星上，我也未必就會這樣相信。同理，我也無法決定我的感官接受到什麼資訊。我們大部分的證據，都來自那些權威性的說法。所以路易・阿圖塞才會說，學校教育體系是**意識形態國家機器**（ideological state apparatus）的典型範例。[18]

殖民者為非洲帶來了學校，但大部分都是基督教學校。比利時從一九〇六年開始在剛果辦學校，「但到了一九五五年，政府立案的大部分學校都是教會學校，而且當地政府把天主教的教會

學校視為公立學校」。[19]英國殖民地的狀況也一樣，想在英國統治下賺更多錢，通常就得放棄自己的部落信仰，接受壓迫者的信仰。那些沒改信基督教的成年人，都被排除在經濟體系之外。

譬如，非洲第一所現代西式中學，是蘇格蘭福音會（The Church of Scotland Mission）的新教教會聯盟（Alliance of Protestant Churches）於一九二六年在肯亞創辦的聯盟高中（Alliance High School）。肯亞日後的統治階層知識菁英，從首席大法官、司法部長、總統候選人到各個政府部長，都出身於聯盟高中，就連肯亞的大作家恩古吉・瓦・提安哥（Ngũgĩ wa Thiong'o）也是聯盟高中的校友。研究肯亞教育的恩斯特・史塔布勒（Ernest Stabler）說道：「學校在重視學問、以運動陶冶人格、培養止於至善的領袖氣質的背後，仍以基督教信仰為核心。」[20]他們把基督教課程安排得有如物理課那麼重要。[21]該校傳奇人物凱利・弗朗西斯（Carey Francis）在一九六二年退休後，由勞倫斯・坎貝爾（Laurence Campbell）接任校長，後者在寫給新教職員的信中說：

> 聯盟高中的第一代校友已經成為基督教家庭的一家之主。而我們所做的一切都出於我們對主耶穌的忠誠。這除了表示我們有重要的教會、基督教教義課以及其他「敬虔」活動以外；這些都很重要，但除此之外，我們更應該把課程、運動、校園生活、人際關係、做禮拜等一切活動，都當成對主的服務。我們用這一切來服侍主，讓我們的孩子成為堅強而有智慧的基督徒。[22]

聯盟高中一直是肯亞名聲最顯赫的高中，進入該高中就等於

拿到了人生勝利組的門票。但校方卻對學生說，社會上有些人之所以始終無法翻身，是因為父母沒有放棄原本的「落後信仰」，改信基督。[8]校方的這些作法，的確成功地讓這些學生成為了虔誠的基督徒，讓這些學生把**自己的祖先**貶低為落後的異教徒。歷史證明，權威消息來源一旦拿出各式各樣且堅定的證據，人類通常都會被說服，而且如果人們是在小時候就一路聽這些證據長大，就更容易信以為真。

伯納‧威廉斯認為，我們雖然無法直接控制，但還是可以**間接**控制自己要相信什麼。[23]我可以自願加入某些團體，長期下來逐漸發現我原本相信的某些證據有問題，並學到如何不再被這些證據所騙。我也許出身於邪教家庭，但還是可以自己決定要上大學，自己決定修課了解其他文化，最後發現世界上有很多人的生活與信念，都不是我從小到大聽到、看到的那樣。這種說法有道理，可惜**自發**形成的信念通常都不是在我們的控制之下形成的。當我們聽到權威人士提出證詞，或者一直都看不見反對某種說法的可靠證據時，就會自發地相信那種說法為真。而且，即使我們決定開始間接控制自己的信念，顯然也得經過一番苦鬥才能完成，而且這種事情經常會讓我們遠離家人、捨棄親友，改變整個人生。

光是從人類無法直接控制自己的信念內容，就可以論證得出「弱勢」群體會接受「握有特權的族群」的有問題意識形態信

---

8　原注：我父親曼佛雷德‧史丹利的論文有一部分就是在討論他待過幾周的聯盟高中。父親提過好幾次凱利‧弗朗西斯的故事，這個人晚上喝了酒之後會捶著桌子說：「上帝啊，我們要把基督帶給這些野蠻人。」

念。社會裡的主流敘事掌控在握有特權的族群手中，權威性的證據都染上了握有特權的族群的意識形態。除了這些意識形態之外，弱勢群體根本沒辦法從權威性證據中看到其他版本，所以自然就接受了握有特權的族群的意識形態。

如果這個論證有道理，那麼它在自由民主國家引發的問題，就會比在其他國家更嚴重。自由民主國家需要為所有人提供學校教育和新聞媒體，但握有特權的族群可能會用這套教育和新聞媒體系統，來傳播他們的意識形態。這就是為什麼在自詡為自由民主的國家中，公立學校的授課內容總是會引發重大的政治爭議。掌控公立學校的教材，就等於掌控政治辯論的基本方法，而握有大量特權的族群似乎就是有辦法贏得這場控制權之爭。

———

即使人們偶爾會拒絕接受握有大量特權的族群的意識形態，韋伯的說法依然可能為真。畢竟只有意志力強大的人才有辦法像前文說的那樣，「間接控制」自己的信念內容。人們在拒絕接受握有大量特權的族群的意識形態的過程中，經常會用到克莉絲蒂・達森（Kristie Dotson）所謂的「第三階改變」（third order changes）。[24]第三階改變要求主體「意識到好幾套不同的詮釋學資源，這樣才能在不同狀態下改用適合該狀態的資源」，而這只有在能夠「順利地在好幾套不同詮釋學資源之間切換」的狀況下才辦得到。但是，社會結構往往會妨礙第三階改變，譬如在主流群體主導了公共辯論的時候就很難做到，達森稱這種狀況為**提供詮釋資源時的不正義**（contributory injustice）。

當社會上有各式各樣的資訊來源，在地社群裡面也有各式各樣的人持續討論各種不同觀點的時候，上述的第三階改變乍看之下並不困難。但事實上，即使同時滿足這兩種條件，我們的意識形態還是很難軟化，有時候甚至會讓我們變得更堅持己見。社會學家賴特・米爾斯（C. Wright Mills）就曾說道：「我們都知道，人們喜歡看那些支持他們觀點的媒體，而人們在大都市中通常也只和觀點相似的人來往。至於和他們看法相異的人，他們通常不會認真對待，也不會在重要的問題上與他們認真交鋒。人們通常覺得吵這種架很沒禮貌。」[25]第三階改變的確就像達森說的那樣「並不容易」，即使你身處的社會表面上相當開放也一樣。[26]

　　不正義的社會通常都具有一些助長不正義的結構因素。美國作家理查・萊特（Richard Wright）在一九四四年的小說《黑男孩》（*Black Boy*）的第一部分〈南方之夜〉（Southern Night）中，就生動地描寫了公立學校如何阻礙了弱勢族群用其他的方式去看他們自己：

> 我當時夢想著去北方寫小說……但這樣的夢想是怎麼來的？我為什麼會覺得自己可以離開家園，闖出一番別人會認可的事業？我知道這塊土地上的黑人生來就帶著標記，不能真正擁有夢想。但我還是覺得必須去個什麼地方、做點什麼事，讓自己真正活著。於是，我在心中築起一個夢，一個整個南方教育體系都刻意扼殺的夢。我有了一件密西西比州砸下幾百萬美元讓我絕對不要擁有的感覺；我發現了一個整部《黑人歧視法》（Jim Crow laws）設法阻止我意識到的東西；我出於衝動做了一件首都裡的南方參議員極力阻止黑人去做的

事；我開始做一場國家視為錯誤、學校視為禁忌的夢。當時，同學們覺得我錯了，卻說不清楚到底錯在哪裡。於是我發現外面的世界越來越精采，但我也變得越來越擔憂、越來越緊張。我的同學和老師開始對我說「你幹嘛問那麼多問題？」或者「拜託閉嘴啦」。但我的內心卻開始渴望某種覺醒，渴望用一種我過去認為絕對不會成功，也絕對不能做，一做就會被判死刑的方式活下去。在死寂的南方夜裡，我的生命突然切進了一條錯誤的軌道，我心中的火車頭在我不知道的時候轟隆轟隆地衝下了陡坡，無視身邊閃耀的一切紅燈，無視響徹整個夜空的汽笛、警鈴與尖叫聲。[27]

理查・萊特說他在南方長大的時候，整個學校教育與媒體系統都充斥著認為黑人低人一等的迷思，而且大部分的南方黑人都相信這種迷思。許多結構性障礙讓這些黑人難以用其他概念來觀看自己。這正是達森所說的「提供詮釋資源時的不正義」；握有大量特權的族群利用學校體系傳播意識形態，讓弱勢族群相信優勢族群比較優越，同時也讓弱勢族群之後更難接受到新的意識形態。

大量證據顯示，弱勢族群的確很容易像韋伯說的那樣，接受握有特權的族群的有問題的意識形態。史丹佛大學心理學家克勞德・史提爾的一系列實驗也證實了此事，之後更開啟了一大堆相關的實證研究。像是有關**刻板印象威脅**（stereotype threat）的研究就指出，弱勢族群會因為擔心落入負面刻板印象，而明顯影響到他們的表現。這種研究與自我肯定理論的研究彼此獨立，但把兩者加在一起，就可以用科學方式解釋，為什麼握有大量特權的族

群與弱勢族群都會抱持有問題的意識形態。

克勞德・史提爾和約書亞・阿榮森（Joshua Aronson）認為刻板印象威脅源自以下現象：「因為社會上有很多人對你所屬的族群具有負面刻板印象，你一碰到類似狀況時，就會立刻擔心別人可能會用刻板印象來評斷或對待你，或者立刻擔心你自己會坐實這種刻板印象。」[28]史提爾的假說是，當社會的刻板印象認為某個族群不擅長做某件事，該族群的成員在執行相關的困難任務，並想起那個負面刻板印象時，就更容易接受那個刻板印象。史提爾與阿榮森在一九九五年論文中，說明他們讓大學學生在兩種不同環境下進行困難的GRE語文測驗。[9]實驗者對實驗組的學生說，這些題目是要測試他們的「閱讀與語文推理能力」，而對對照組的學生則說，這些題目只是要找出「有哪些心理因素跟解決語文問題相關」。實驗發現，黑人學生在實驗組中的表現遜於白人學生的幅度，明顯地大於對照組。

史提爾與阿榮森認為，由於刻板印象「不會隨時間消逝，日後就可能讓這些學生出於保護心態，進而否定自己在學校與相關知識領域的成就。也就是說，刻板印象可能會讓人們定義，或者重新定義自我，使人無法用學校的成就來評估自己的能力與自我認同」。[29]簡而言之，刻板印象威脅這種無可否認的心理現象，讓研究者以基於自然科學的方式解釋了為什麼弱勢族群會接受握有特權的族群的有問題的意識形態。社會用美國黑人比較笨這一

---

9　譯注：GRE測驗（Graduate Record Examinations）是由GRE委員會委託美國教育測驗服務社（Educational Testing Service，簡稱ETS）舉辦的世界性測驗。考試內容包含分析寫作、語文、計量測驗，其成績為美國各大學研究所或研究機構的申請入學參考條件之一。

理由，來限制黑人的生涯發展。但史提爾與阿榮森發現的機制指出，除了上述這種阻礙之外，黑人本身也會基於身分保護認知，去相信這種阻礙職涯發展的偏見。

————

到目前為止，我已經指出弱勢族群的確可能像韋伯說的那樣，很容易接受握有特權的族群的意識形態，但卻還完全沒探討背後的**機制**。所以我還需要再解釋兩件事。首先，我必須解釋握有大量特權的族群如何控制媒體與公立教育。其次，我也必須解釋為什麼弱勢群體會接受媒體與公立學校所說的主流敘事。

許多理論家已經提出了一些機制去解釋，握有大量特權的族群如何控制媒體與公立教育。我們先從媒體開始說起。諾姆·喬姆斯基與愛德華·赫曼（Edward Herman）提出了一種「宣傳模式」（propaganda model），試圖在不預設陰謀論的狀況下，解釋為什麼大眾媒體上的「新聞」最後經常帶著強大利益集團具有的有問題的意識形態。[30]他們用它解釋了政府限制媒體與私人公司的方式，以及幾家媒體寡頭之間如何交互作用、過濾報導出來的資訊。媒體在呈現資訊給受眾的過程中必須經過好幾個環節：聯邦政府、地方政府、媒體企業，以及維繫媒體利潤的贊助商，每一個環節都會檢查資訊的內容。想想我們在電視上看到的每一則廣告，就知道這些環節彼此脣齒相依，讓每個環節中的人很容易聯合起來守護大致趨向一致的利益。此外，每次出現緊急狀態的時候，媒體體系也因為各環節之間的脣齒相依，而能快速地變成宣傳工具。

即使是在現在那些穩固的自由民主國家，還是經常看得到喬姆斯基與赫曼所說的宣傳模式。蓋達組織在二〇〇一年對美國發動恐怖攻擊之後，美國政府就用了大規模的宣傳，讓人民支持美國入侵與恐攻無關的伊拉克。李·阿爾茲（Lee Artz）說，當時許多美國媒體都抱持下面這種共識：

> 美國媒體公司認為政府的說法顯然有道理，而且有新聞價值，因而正面報導並推廣這些觀點，很多時候甚至用浮誇的方式報導政府發言人提出的文案重點。[31]

《CBS新聞》（CBS news）是美國收視率最高、影響力最大的電視新聞節目。在美國準備入侵伊拉克的過程中，該節目的名主播丹·拉瑟發揮渾身解數去推動這場入侵。他在恐攻之後不久的晚間節目《CNN Tonight》接受霍華·庫爾茲（Howard Kurtz）採訪時說：

> 我想在這種時候成為社會中正直的一分子，成為愛國的美國人。我希望觀眾一開始能夠先相信我們的政府、我們的總統、我們的軍隊。

過了一年，他又在二〇〇二年十一月四日的《賴瑞金現場》（Larry King Live）訪問中說：

> 而且你們知道，我相信每個時候都只能有一位三軍統帥，都只能有一位總統。如今，小布希就是我們的總統。無論他要

不要對伊拉克開戰，我們全國都會一起執行。而我這位美國公民……更會支持他做出的所有決定。[32]

他認為，當領導人宣布國家陷入危機的時候，媒體的角色不是去檢查領導人有沒有說錯，而是相信領導人的說法，並且用宣傳讓民眾團結起來去支持這位「總司令」做出的決定，無論他的決定背後是否潛藏其他動機。

卡爾‧施密特主張，自由主義法律觀讓所有可預見的狀況具備正當性的，但碰到他所說的「例外狀態」（the exception）都得讓位。[33]「我們最多只能把極大的危機，譬如威脅到國家的生死存亡之類的狀況叫做例外狀態；不能說只有滿足某些現實條件，或者只有符合某些設定好的規則，才算是例外狀態」。[34]在例外狀態下，社會無法用符合自由主義的方式來做決策。施密特以一種近乎神秘兮兮的方式說，宣布進入例外狀態的「決斷論者特質」是絕對君主制的特質，不是「自然統合人民意志」的結果。[35]在例外狀態下，人民沒有足夠時間根據充足的資訊來投票。

媒體在自由民主國家的主要角色，就是檢查國家是否真的陷入了例外狀態，因為真正的例外狀態雖然注定正當卻非常罕見，而且從本質上就注定能夠懸置自由民主的各種原則。某些政治理論家認為，當自由民主國家陷入生死關頭，新聞媒體支持服從權威雖然顯然違反民主，卻依然是可以接受的。但在思考這件事之前，自由民主國家的媒體得先負責檢查國家是否真的如政治或經濟菁英所**聲稱**的那樣，陷入了例外狀態。如果媒體連這項核心職責都不履行，就真的很難說它是自由民主國家的媒體。

戰爭和緊急狀態顯然是例外狀態。因此自由民主國家很喜歡

把事情描述成緊急狀態，尤其在想要推動的政策違反了自由民主原則時特別愛用。譬如我在本書引言中提到，密西根州在二〇一一年的《第四號公共法案》，也就是《地方政府與學區財政負責法案》（The Local Government and School District Financial Accountability Act）中，就說當地進入了緊急狀態。鑒於法案違反了自由民主原則，它的確得聲稱進入了緊急狀態。我們會懷疑，財政上的理由未必足以推翻民主，但許多理論家都同意，戰爭時期可以暫時擱置民主規範。所以美國就把反毒說成「向毒品宣戰」（war on drugs），暗示過程中會以緊急狀態為藉口違反民主規範。[10] 總之，政治人物只要想繞過民主審議，都很愛把當下的狀況說成緊急狀態。

當自由民主國家的政治人物非常想推行某些政策，就會說當下狀況已陷入例外狀態。他們會用很多與例外狀態相關的詞彙，譬如讓「緊急狀態管理人」掌管密西根州財政，說得好像那些以黑人為主要人口的城市已經被龍捲風和洪水侵襲一樣；譬如「向毒品宣戰」，說得好像毒品是來自外國的敵人一樣。民主社會的媒體，就是要防止政治人物濫用這些詞彙來訴諸例外狀態。[11]

在美國入侵伊拉克那時，丹·拉瑟是全美最為人尊重的新聞主播之一。在當時，他對戰爭的態度也不是特例。比爾·莫耶斯

---

10 原注：感謝洛莉·格魯恩（Lori Gruen）在柴郡懲教所的政治哲學討論會上的學生安德烈·皮爾斯（Andre Pierce）。皮爾斯指出，人們經常用例外狀態的語言去描述其實沒那麼「例外」的政策。舉例來說，國家不能用吸毒和酗酒為由，中止人身保護令或暫停選舉。既然如此，為什麼我們把反毒戰爭叫做「戰爭」？自由民主國家不會對自己的公民發動戰爭吧？

（Bill Moyers）的紀錄片《買下戰爭》（*Buying the War*）裡面就摘錄了歐普拉・溫芙蕾（Oprah Winfrey）聲稱伊拉克人民希望美國來解放該國的片段，而這顯然是在做戰爭宣傳。歐普拉說完之後，一位大惑不解的觀眾有禮貌地提出了質疑，歐普拉則回應道：「我沒有在散布宣傳，我只是在陳述事實。」她請全場的聽眾安靜下來，接著明確地說，一切聲稱伊拉克民眾不希望美國入侵的說法都實在太不通情理，然後引發聽眾哄堂大笑。媒體的這種態度，解釋了小布希政府的假資訊為什麼最後能普遍散播，讓美國人強力支持這場戰爭。譬如《華盛頓郵報》在二〇〇三年九月所做的民調指出，有近百分之七十的美國人相信薩達姆・海珊（Saddam Hussein）本身涉入了九一一恐攻，而這正是小布希政府在九一一事件發生的幾個月後不斷散布的說法。㊱

　　前國防部長唐納・倫斯斐（Donald Rumsfeld）在埃洛・莫里斯（Errol Morris）二〇一四年的紀錄片《非真實告白》（*The Unknown Known*）中接受採訪。他對莫里斯說：「九一一顯然是由賓拉登手下的蓋達組織在阿富汗直接策劃的。我想美國人對此都相當清楚。」然後，莫里斯拿出我在前述提到的《華盛頓郵報》民調問倫斯斐，後者卻說：「我不記得小布希政府裡有任何人講過這種說法，也不記得有任何人相信過。」於是莫里斯撥放了一段倫斯斐在二〇〇三年擔任國防部長時在白宮發布的記者會錄

---

11　原注：不過，我們又該怎麼解釋詹森時代提出的「對貧窮宣戰」（war on poverty）？政體在面臨存亡威脅時，的確可以說自己陷入了緊急狀態或例外狀態。本書的論證之一，正是關於嚴重的資源不平等會威脅到自由民主的存亡。因此，如果本書的論證健全，「對貧窮宣戰」就是正確的用法。

影。當時，一位記者提到海珊明確否認自己與蓋達組織有任何關係，而倫斯斐反脣相譏道：「是喔，所以林肯也很矮吧。」記者要求倫斯斐直接回應海珊的說法，倫斯斐卻這麼說道：「為什麼要回應他？那只是一個老騙子不斷地重複一樣的謊言，而且還忘記自己幾乎從來沒有說過幾句真話而已。」㊲

　　事實證明，即使是自由民主國家的政治領袖，也毫無疑問地會用某種方式與私人企業共謀欺騙民眾，有時候甚至會不經意地這麼做。而它們的共謀機制也一點都不神秘。

　　二〇〇三年的伊拉克戰爭就是個例子。美國的政治與經濟菁英先是濫用新聞自由，去說服美國大眾相信一些缺乏證據支持的觀點，事後又否認自己與那些假信念有關。鑑於這場戰爭花費數兆美元，害死美伊雙方許多生命，並不符合那近百分之七十美國支持者的利益，我們應該可以說這些美國人是在愛國心的影響下，加上海珊被妖魔化，讓他們相信了有問題的意識形態，才會支持該戰爭。上述列出的證據顯示，握有大量特權的族群確實可以利用媒體與公立學校機制，讓人們相信一些違背大多數人利益的信念。[12]

　　我得晚一點再解釋握有特權的族群或因掌控媒體而獲利的族群，究竟如何像大量討論政府與企業的文獻所說的那樣影響媒體。但這種現象無疑是真實的。

---

12　原注：另一個明顯的例子是美國所謂的死亡稅（death tax），也就是遺產稅。廢除遺產稅其實只會影響到最富有的前百分之二，但依然在美國轟動一時。Graetz and Shapiro, *Death by a Thousand Cuts* 詳述了整件事的來龍去脈。

握有資源的族群可以掌控大眾的主流說法，並不值得驚訝。當握有資源的族群相信這個社會是根據個人的貢獻多寡來分配資源，他們就會相信自己比較優秀，然後這種意識形態就會變成大眾的主流說法。社會心理學有許多重要研究，都是在解釋為什麼人們很容易把權威「專家」的說法奉為圭臬。

　　在社會心理學研究中，可複製的實驗結果並不多。但有一項實驗不但多次複製成功，而且對我們目前討論的問題很重要——它指出，人們其實並不擅長自主決定自己的信念與行為。這個實驗就是耶魯大學社會心理學家史丹利·米爾格蘭（Stanley Milgram）在一九六〇年代所做的著名實驗。米爾格蘭以大量的實驗結果強力地證實，人們即使看見明顯的反證，也會繼續接受權威人士的判斷。也許握有大量特權的族群在把自己的意識形態植入主流說法的過程中，就利用了相關「專家」來建立權威性。米爾格蘭的實驗結果證實，「專家」的說法經常會特別有效。

　　米爾格蘭對實驗設計的描述如下：

　　　這項研究的重點是，當實驗要求對「受害者」施以越來越嚴苛的懲罰時，受試者願意施加多強力的電擊。實驗把電擊設定為學習的一部分，表面上是要研究懲罰對記憶的影響。除了實驗者以外，每一組實驗都由一名被蒙在鼓裡的受試者和一名演員組成。這兩人一開始會各自拿到四點五美元，然後與實驗者閒聊。實驗者告訴他們，科學家目前對於懲罰與記憶之間的關係所知甚少，所以要請其中一位擔任老師，另

一位擔任學生進行實驗。但其實受試者擔任的永遠都是老師，演員擔任的永遠都是學生。接下來，實驗者把學生帶到隔壁房間，綁在「電椅」上。

受試者聽到的任務，是教學生記住名單上的一串配對，測試學生是否成功記住，並在學生答錯時懲罰學生。懲罰的方式是電擊；受試者手上有控制器，只要學生答錯，受試者就得調高電擊的強度，然後施予電擊。學生會照著實驗計畫多次答錯，不久之後就會迫使受試者把電擊強度調到最高。隨著電擊強度提高，學生也會說自己越來越不舒服，越來越堅持要求受試者停止實驗。但在此同時，實驗者會明確地命令受試者無視學生的抗議，繼續進行實驗。實驗者的權威不是完全沒阻力的，而是要對抗被懲罰的學生不斷增強的抗議……

實驗者為這項實驗打造了一個栩栩如真的電擊設備，施加的電壓從十五伏特至四百五十伏特分為三十個等級，並在旁邊以「輕微電擊」到「危險！強烈電擊」的文字來描述電擊強度。[38]為了營造設備的真實性，實驗者會先對受試者測試施加四十五伏特的電擊。

最初的實驗在耶魯大學進行。米爾格蘭在實驗後得出，有百分之六十五的受試者最後對「學生」施加了最高強度的「電擊」。後來，他又在一九六〇年代先後對不同社經族群進行相同實驗，一次次地發現人們服從權威的程度高得驚人：

我們一次次地看到好人在權威的面前卑躬屈膝，麻木不仁地

做出冷酷而惡劣的行動。那些在日常生活中充滿責任感的正派人士，一旦碰上了權威就被掌控了所見所聞，不加批判地接受了實驗者對當時情境的定義，進而做出殘酷的事。[39]

在解釋弱勢族群為什麼會接受握有大量特權的族群的意識形態時，都會碰到一個困難：你得先證實，弱勢族群眼前真的有證據證實其所相信的意識形態是錯的，證實他們看得出這個意識形態導致了社會中許多的不公不義。但米爾格蘭實驗告訴我們，**明明有**一大堆證據擺在受試者眼前，證實電擊是在做壞事，受試者依然對學生施加了電擊。他們明明看到坐在電椅上的演員不斷抗議被電得很痛，甚至心臟很不舒服，絕大部分的受試者依然按下了按鈕。他們之所以無視眼前的證據、按下按鈕，是因為他們不加批判地接受了身旁的科學家說，這項實驗在道德上沒有問題。因此，米爾格蘭實驗也許可以解決我們所討論的主題中的最大難題。也許，弱勢族群之所以往往會接受握有大量特權的族群的意識形態，就是因為人們幾乎都會「不加批判地接受」權威人士的看法，尤其是那些偽科學的專業術語。不相信這種說法的人反而很罕見。米爾格蘭的研究提供了一些證據，證明確實有很多族群都容易被技術主義意識形態所迷惑。

米爾格蘭實驗，以及米爾格蘭的老師所羅門·阿希（Solomon Asch）在更早之前所做的一些規模較小的實驗，都顯示人們相當重視權威人士那些帶有意識形態的信念，尤其在權威人士以科學「專家」之姿出現時更為明顯。但除此之外，社會階層也會在潛移默化之下發揮影響，讓握有特權的族群在知識上有利。譬如，蘇珊娜·西格在她即將出版的著作中提醒，人們比較常跟著「我

群」（in-group）成員的目光，而非「他群」成員的目光。⁴⁰西格指出，有一些與社會階級相關的無意識知覺習慣，會讓我群成員獲得知識優勢：

> 我群成員比較容易追蹤我群成員的目光，而非他群成員的目光；他群成員則是會同時追蹤兩者。你追蹤某人的目光，某種程度上就代表你相信這個人關注的事物值得你知道。因此我們可以提出假說，認為這個現象反映出社會評估價值的模式。這種選擇效應塑造了我們的知識情境。

除此之外，分析哲學的知識論最近找出了另一組原因，它也會讓握有大量特權的族群獲得知識優勢。

————

有問題的意識形態，會讓相信它的弱勢族群難以採取行動去克服自己面臨的不公不義。馬克斯・韋伯指出，歷史上每個握有大量特權的族群都相信，自己是因為做出了貢獻才獲得成功。這些握有大量特權的族群的成員，會用他們手中的媒體與教育體系散播這種意識形態，讓社會的主流論述認為社會的資源是公正地根據每個人做出的貢獻，而非出生時嘴裡的金湯匙來分配的。即使每個人的起跑點明顯不一樣，譬如有人一出生就承繼萬貫家財，有時候人們還是會這麼說。而如同韋伯所言，這正是握有大量特權並且因此坐享不義之財的族群，很自然地會有的想法。事實上，對英國樂透得主進行的研究就暗示，社會中的資源分配事

實上越為任意而不公不義，人們就真的可能會越瘋狂地堅信社會完全根據每個人做出的貢獻來分配資源。

　　如果弱勢族群真如前述所說，很容易接受社會中的主流說法，那麼他們真的就很難對抗那個壓迫他們的體制。主流論述在弱勢族群心中築起了一堵高如登天的牆，讓那些無法翻越的人以為是自己無能或不夠努力，並讓少數成功翻越的人以為是他們自己厲害，然後主流論述就會拿這些成功案例當成棋子，在宣傳中繼續鞏固這種意識形態。這樣的騙局任誰都看不出來。

　　如果說，認定目前的社會符合功績主義的想法，是一種有問題的意識形態信念，那麼這種信念就會比理性的信念更難動搖。因為握有大量特權的族群接受這種迷思之後，有很大的誘因去接納那些克服九九八十一難、終於跨越登天高牆取得成功的弱勢族群，並且把這些努力獲得成功的弱勢者，當成支持主流說法正確無誤的證據。此外，握有大量特權的族群還會發展出一種意識形態，指出大部分弱勢族群之所以無法取得社會資源，都是因為弱勢者的「文化」有問題。

　　握有大量特權的族群的意識形態，顯然會使弱勢族群難以發展。如果弱勢族群要對抗這樣的結構，就得了解到底有哪些東西正在絆他們的腳。也許弱勢族群在對抗壓迫時，並不必須知道任何一項**特定的**命題，甚至未必需要知道自己正在受到壓迫。但如果要對抗那道壓迫他們的力量，他們至少必須知道眼前有一道巨大的障礙阻止了他們成功，而且他們不能繼續在失敗的時候怪罪於自己。主流論述灌輸了他們有問題的意識形態信念，阻止他們獲得在抵抗壓迫之前必須先知道的知識。民主社會的辯論重點之一就是資源如何分配，但弱勢族群卻因為接受了主流論述的意識

形態，以為社會是根據人們的貢獻來公正地分配資源，而難以在相關辯論中發聲。

現在我們知道，在有著嚴重不平等的情況下，主流意識形態通常是相信社會將公正地根據人們做出的貢獻來分配資源。但由於社會的嚴重不平等違反了正義，這種主流意識形態就是有問題的意識形態。無論我們相信「貢獻」真實存在與否，只要分配方式違反正義，資源就不會是根據每個人做出的貢獻來分配的。不過，這種意識形態在反證的面前拒絕被修正，而且會讓社會中的人們無法看見社會現實。更麻煩的是，這種意識形態阻礙我們看見的社會現實，剛好都與民主辯論的核心主題直接相關。因此，這種有問題的意識形態會給民主帶來麻煩。它對民主辯論的影響相當值得詳細探討。我們一旦了解這種意識形態在民主辯論中扮演的角色，就能解釋為什麼它在資源分配不正義的時候會給民主帶來麻煩。

蕾・藍騰提醒我們，**知識權威**與**實踐權威**之間經常有關。[41]用約瑟夫・拉茲（Joseph Raz）舉的例子來說就是，醫生開的處方之所以有實踐權威是因為他擁有相關專業知識，也就是擁有知識權威。藍騰指出，法律權威在發表仇恨言論時經常混合使用知識權威與實踐權威。譬如尤里烏斯・施特萊徹（Julius Streicher）的納粹刊物：

> 在法律上並不具備奴隸法或種族隔離法的實踐權威，在納粹黨的支持下，看起來卻像擁有相關的**知識權威**，而納粹的出版許可讓這些刊物可以偽稱自己是討論猶太人造成巨大威脅的專家。這些納粹的文宣「看起來像是擁有知識權威」的意

思是，它們在這個領域或這個司法管轄範圍中，擁有知識權威所需要的**可信度**。而這會讓在那個司法管轄範圍中看到相關詞彙的人，以為這些文宣的要求與建議具備**實踐權威**。

同理，那些掌握社會資源的人很容易相信自己的做法理所當然；他們會用某種乍看之下的知識權威來支持自己的實踐權威，阻止那些沒有資源的人拿到實際上該擁有的東西。在這種狀況下，那些沒有資源的人在知識上與實踐上都處於劣勢。知識論應該去解釋，為什麼擁有資源的人會用知識上的優勢來掌握實踐權威。如果我們像藍騰說的那樣，思考一下知識在討論中所扮演的角色，就能更了解知識權威與實踐權威之間的複雜關係。

———

我曾在一本書以及與他人合寫的一篇論文中，用更精確的方式辯護過下述主張。這項主張討論的是人們在採取行動時的知識門檻。我們在採取行動時，可能面對許多道門檻，有時候我們滿足了其中的知識門檻，但尚未滿足其它門檻：

**知識行動原則**（Knowledge-Action）：一個人可以對P採取行動，就表示他知道P，反之亦然。[42]

我們能不能對某道命題採取行動，會影響我們與該命題的相關利益。所以知識行動原則關乎，你在某個時間點知不知道P，取決於你當時在做哪些決策。從知識行動原理所推出的這項結論可

以稱為知識的**利益相對性**（interest-relativism），有時候也可以稱為「實用侵入」（pragmatic encroachment）。

下述這個由哲學家安赫爾・皮尼留思（Ángel Pinillos）所做的實驗，讓人們開始討論知識的利益相對性。[43]他把亞利桑那大學的大學生分成兩組，讓七十七人看以下的第一段「校對出包風險低」（Typo-Low）敘述，另外六十七人則看以下的第二段「校對出包風險高」（Typo-High）短文：

**校對出包風險低**：彼得這位優秀的大學生剛剛寫完一篇兩頁長的英文課報告。報告明天就要交了。彼得的拼字能力很好，而且手邊也有一本字典，可以用來檢查報告裡有沒有錯別字。其實拼錯字不會有什麼問題，老師要的只是草稿，不在乎裡面是否夾雜幾個錯字。但彼得還是希望盡善盡美。

**校對出包風險高**：約翰這位優秀的大學生剛剛寫完一篇兩頁長的英文課報告。報告明天就要交了。約翰的拼字能力很好，而且手邊也有一本字典，可以用來檢查報告裡有沒有錯別字。他一旦拼錯字就麻煩了。英文課的老師很龜毛，專注完美近乎苛求，說過只要報告裡有錯字就別想拿A。此外，約翰此時千鈞一髮，他這份報告如果沒有拿A，這門課就拿不到A；如果這門課沒有拿A，他就會失去獎學金；而如果沒有獎學金，他就沒辦法繼續上大學。約翰就讀大學，是他和家人用大量犧牲換來的。所以約翰知道，這篇報告中有沒有錯別字對他極為重要。

受試者看完短文之後，被要求立刻回答以下問題：「你認為

彼得／約翰要校對多少次，才會知道那篇報告沒有錯別字？」然後，他們要將答案填在空格中。皮尼留思發現，兩組受試者填出的數字在統計上有明顯差異；校對出包風險高的那組所填的中位數是兩次，校對出包風險高的那組所填的中位數卻是五次，也就是約翰必須校對五次才能知道報告沒有錯字。歐芙拉・梅西勒斯（Ofra Mayseless）與阿里・克魯蘭斯基（Arie W. Kruglanski）已用社會心理學證據強力指出，我們預期人們在處理攸關重大利益的決策時，會在根據信念做出行動之前蒐集更多證據。[44]而且，如果知識會構成行動的門檻，自然也可想而知，人們在處理攸關重大利益的決策時，必須先蒐集多一點證據，才能知道可以根據某些證據來做決定。

知識的利益相對性會直接影響到人們的政治行動。假設某位員工相信自己上班的公司剝削勞工，正在想要不要根據這項信念去組工會。接下來，我們假設只要該公司老闆的確占了員工便宜，這位員工就能說服同事加入工會；如果老闆沒占員工便宜，這位員工就無法說服同事加入工會。這個時候，這位員工就面臨著要不要冒著丟掉工作的風險去組工會的抉擇，而這會讓他更難發現老闆是否真的在占員工便宜。知識的利益相對性，會讓被壓迫的族群更難採取行動減輕壓迫。

當社會事實上充滿許多違反正義的不平等，知識的利益相對性就會讓聲稱該社會符合功績主義的意識形態，影響到民主辯論。握有大量特權的族群，會因為相信功績主義意識形態，而相信自己理當擁有當下的地位。這套意識形態抗拒理性修正，並讓相信它的人們看不見社會中的不公不義，讓他們認為不需要去做那些違反自己價值觀的事情。握有大量特權的族群的實踐權威，

至少會給他們一套乍看之下的知識權威，而這套乍看之下的知識權威又會回頭強化他們的實踐權威，讓他們因為這套實踐權威而在知識上獲得更多優勢，更不需要承擔風險。

────────

　　克莉絲蒂・達森把「知識的壓迫」（epistemic oppression）定義成「在獲取知識的過程中排除某些群體，或阻止人們獲得能夠貢獻知識的地位，因而使社會的知識少了一大塊」；其中，所謂的「排除」則是指「阻礙主體的知識主體性，使其難以參與既有的知識社群」。[45]如果知識與利益相關，那麼那些經常因為社會處境的關係而必須在討論中爭取對自己非常重要的利益的族群，就承受了達森所謂的知識的壓迫。知識的利益相對性解釋了為什麼沒有資源的人會承受知識的壓迫。這至少部分解釋了自我強化機制是怎麼控制懲罰機制與資訊傳遞方式，而這些機制又如何鞏固權力與既有優勢。

　　知識在什麼時候會與利益相關？對我們的討論而言，答案並不重要。對於這個問題的每一種解釋，最後都會導出很類似的結果，而且都會同樣嚴重地損害相關人士的知識。[13]不同解釋之間的差異只在於（1）利益對知識判準的影響有多大，以及（2）影響從何而來。

────────

13　原注：有些人認為人們的判斷並不會影響兩者之間的關係。但某些優秀的實證研究證實這項關係確實存在，譬如Sripada and Stanley, "Empirical Tests of Interest-Relative Invariantism"以及Pinillos, "Knowledge, Experiments, and Practical Interests"。

利益對知識判準的影響有多大？實證研究得出兩類不同的結果。安赫爾·皮尼留思的研究屬於第一類，指出當事人實際上面臨的風險，會大幅影響當事人在怎樣的狀況下才算擁有知識。但第二類研究的結果則不同；研究者發現，只有在處理重大利益的重要決策上，利害關係與知識判準之間的關係，在統計上才會夠顯著。

　　不過我們目前的目標，是指出弱勢族群在辯論社會是否以正義的方式分配基本資源時，處於知識上的劣勢。這類議題會嚴重影響弱勢族群的利益，而且也是茲事體大的政治議題。因此，即使這類現象只會在涉及重大問題的高風險狀況下發生，我們所說的狀況依然為真。在經過十多年的討論後，幾乎所有人都同意，在決定如何處理重大問題，譬如如何處理社會資源分配這類政治爭議時，的確會發生這種現象。

　　關於我們什麼時候會因為當事人所做的行為，而判定當事人並沒有根據知識來做出某件事，有好幾種不同的解釋。我把重點放在其中三種，這三種都指向同一個結論：那些因為社會處境而必須爭取重要資源的族群，在爭取這些資源的時候，更容易被認為他們的行為並非根據知識。也就是說，這些族群容易受到克莉絲蒂·達森所說的「知識的壓迫」。

　　第一種解釋來自哲學家布萊恩·威特森（Brian Weatherson）。[46]他認為，無論討論的問題是否攸關自身的重大利益，同一個證據都能給人夠好的理由，去以同樣的程度相信一則信念；但我們碰到攸關重大利益的事情時，就會提高「完全相信」某則信念所需的門檻。人們得完全相信某則信念才能依此付諸行動，也需要完全相信某則信念才能把那則信念當成知識。威特森的論文試圖在

不懷疑知識本身純潔性的前提下，解釋「實用侵入」的現象如何發生。那些因為社會處境而必須爭取重大利益的人，需要獲得更多的證據才能完全相信某項信念，而當他們沒有完全相信，就既無法依該信念採取行動，也無法將其視為知識。[14]

如果我們不管這項解釋可能衍伸出的其他問題，那麼這項解釋顯然也表示「知識的壓迫」的確存在。位於高風險狀態的人在爭取資源時，需要更高標準才能完全相信某道信念，因而傷害了他們正確了解事情的能力。如果弱勢族群在討論社會資源分配的時候的確會承擔更高風險，我們就可以合理地說，前述提到的知識的利益相對性會讓他們在這個時候處於知識上的弱勢。

第二種說法，則在不承認知識的利益相對性的情況下，試圖解釋背後的現象。我以前曾將這種解釋稱為「信心動搖」（confidence shaking）。[47]它指出人們在攸關重大利益的議題上，會因為壓力而失去信心，以為自己相信的信念「不足以被視為知識」。[48]不過，既然只有完全相信的信念才算是知識，「信心動搖說」的結論依然如下：因為社會處境而必須爭取重大利益的人在知識上處於劣勢。我過去曾說，這種說法並沒有完全解釋讓人提出「知識的利益相對性」的那些現象。但根據這種說法，某些系統性的知識壓迫顯然還是存在。

第三種說法屬於某種「錯誤理論」（error theory），它也在不承認知識的利益相對性的情況下，試圖解釋背後的現象。[49]我們常

---

14 原注：有人嚴重懷疑這也是一種知識的利益相對性：**主體的利益影響了他是否相信某項信念的標準**。布萊恩・威特森後來在《知識、賭注與利益》（*Knowledge, Bets, and Interests*）中也這麼認為，並提出了一些最強力的支持論證。

說，人在處理重大利益的決策時，很容易產生一廂情願的想法，譬如交戰雙方的軍人經常都相信自己那方會勝利。而當某人做重要決定時，沒有進一步蒐集更多資訊，而是用「本能」來下判斷，我們就很容易認為這個人只是在一廂情願而已。因此，我們很可能誤以為許多人在處理重大利益的決策時並未擁有知識，只是根據一廂情願的想法去做事，因而認為知識與利益之間有相對性。

有一些證據支持這種說法。譬如政治學者馮雅康（Archon Fung）與知識論學者珍妮佛・內格爾（Jennifer Nagel）就主張，前者所謂的「激烈的審議」（hot deliberation）會產生正面的效果。[50]馮雅康認為，「激烈的審議，也就是由利害相關人士參與，影響公權力行使的審議，通常會讓過程更理性」。[51]但這並不表示資源貧乏的人在審議時具有優勢。首先，正如馮雅康所言，「擁有資訊的成本非常高」，[52]很多原因都會讓資源貧乏的人更難取得資訊，即使他們真的會因為涉及自己的重大利益而在討論中更理性，似乎也無法彌補這方面的弱勢。其次，在那些與參與者的利益相關的重要民主審議與公民參與案例裡，資源貧乏者總是非常需要議題所討論的利益，資源豐沛者卻不太需要。因此正如前述所說，即使資源貧乏者事實上比資源豐沛者更理性，資源豐沛者還是很容易誤以為資源貧乏者只是一廂情願而已。[15]最後，最重要的是，激烈的審議會讓人深思熟慮的說法，其實還是預設了自身

---

15 原注：我們在Sripada and Stanley, "Empirical Tests of Interest-Relative Invariantism"中發現，沒有證據支持受試者會用更理性的方式，去判斷參與「激烈審議」的人。這和人們在激烈審議中更為理性的說法並不衝突。也許事實就是，我們往往誤以為別人的判斷都只是一廂情願。

利益與議題大幅相關的人需要滿足更高的門檻，才能算是擁有知識。珍妮佛・內格爾就說過，這表示當各方擁有的證據相同時，自身利益與議題大幅相關的人會比較難認為自己擁有知識。[53]議題與你的重大利益越是相關，你的認知負擔就越大。[16]

———

在米蘭達・弗里克提出的「知識的不正義」中，有一種在前一章出現過，那就是**詮釋的不正義**。[54]當社會系統性地阻礙某個群體去獲得正確描述社會現實所需的資源時，就出現了詮釋的不正義。此外，還有另一種知識的不正義是「聆聽者出於偏見，而低估了發言者言論的可信度」，被弗里克稱為**證言的不正義**（testimonial injustice）。[55]弗里克在整理證言不正義會造成哪些傷害時指出，知識只要涉及「知識信心」（epistemic confidence），「無論影響的是知識的信念條件，還是知識的證成條件」，都可能會碰到證言的不正義。[56]她明確指出這種情況會讓人「真的**失去知識**」。此外，她還探討了持續失去知識信心會造成哪些後果；譬如，我若是一直因為缺乏自信而失去知識，我就會開始懷疑自

---

16 原注：馮雅康說過，利益影響較大時，人們的確會更積極參與。因此，即使參與者中只有某群人的利益與議題較為相關，也可能會克服資源不對稱的障礙，產生有利民主的結果。這是一個經驗命題。我懷疑資源豐富的族群在現實中是否真的會設下障礙，使資源貧乏的族群更難行使民主參與。而且，即使受政策影響較大的人在討論時真的比其他人表現得更好，也不能說是利益影響了他們的**認知**表現。見Fung, "Recipes for Public Spheres," p. 359。

己的能力，而且我的懷疑可能並沒有錯。這樣的過程可能會讓我開始懷疑自己的價值。[17]

無論是知識的利益相對性，還是我討論過的其他解釋，都不直接涉及偏見帶來的問題，因此都不算是知識的不正義。但這些解釋的確指出，在爭取資源時因為其社會處境而必須爭取重大利益的人，往往會在政治場域「失去知識」。它們都點出處於弱勢如何傷害人們理解事情的能力。所有用其他方法解釋「實用侵入」所描述的現象的說法，包括各種脈絡主義的解釋，都指向弱勢者會承受知識傷害，無論傷害是不是偏見造成的。即使根據前述的「錯誤理論」，因為社會處境而必須爭取重大利益的人**其實擁有**知識，只是被其他人**誤判**為**沒有**知識，依然表示這些人在爭取資源的時候會在知識上處於劣勢。

欠缺社會資源的族群所面臨的知識困境，妨礙了他們採取行動。學校告訴他們這個社會符合功績主義；出了社會之後他們又碰到一堆充滿自信的菁英，看起來就像是在說，因為他們比較有自信，所以本來就應該坐擁大量的社會資源。當主流意識形態相信，富人擁有的資源完全是他們努力工作掙來的，弱勢族群在民

---

17 原注：Nagel, "Epistemic Anxiety and Adaptive Invariantism"討論了「認知焦慮」（epistemic anxiety）造成的各種影響。內格爾用這個詞指涉「各種讓人想增加認知活動的傾向或慾望，但也盡量不評判認知焦慮是否等於人們在思考時要求更多證據，或者等於人們用更嚴苛的方式來思考」（見p. 414）。內格爾指出，認知焦慮會產生一些正面效果：在認知焦慮下，人們會用更可靠的方法蒐集證據，這些正面效果可能會蓋過負面效果。當然，如果詮釋的不正義一直存在，人們就失去了蒐集證據的最佳工具，這些正面效果就大打折扣。

主辯論中就變得很不利。菁英族群為了自己而打造出來的意識形態，把弱勢族群面對的不公不義解釋成了合理的事情；而當你缺乏知識，你就無法做出相應的行動。所以，無論弱勢族群是因為什麼原因而缺乏知識，只要上述任何一種讓他們缺乏知識的解釋是正確的，都表示他們會因此難以付諸行動去改變自己的弱勢狀態。只要菁英族群的意識形態繼續用其他方式解釋了為什麼弱勢者處於弱勢，只要掌控監獄與警察的力量可以對弱勢者施以報復，弱勢者可能就會繼續因為處於弱勢而無法獲得某些知識，無法知道社會上的某些不義正在傷害自己，更無法付諸行動翻轉人生。

無論是知識的利益相對性，還是其他解釋同一現象的說法，都點出了「知識的壓迫」為什麼會和**每個人的相對處境**有關。從屬於他人者所發表的看法不僅**一般而言**更難被當成知識，他們在發言時還得考慮自己的身分、家庭等世俗大小事。他們在**某些情況**下，試圖讓自己對**某些命題**的看法成為知識的時候會碰到障礙，而這些狀況不會在握有特權的族群身上發生。這符合「知識的利益相對性」的預測。如同我在前文所說，弱勢族群在對他們而言「相當重要的現實問題」發表意見時，意見會更難被當成知識；[57] 在必須根據某些事實做出重要決策時，也會更難被別人認為他們真的知道那些事實。這種在**特定情況**下會更難知道**特定事實**的現象，就是「知識的壓迫」。[58]

雖然我在其他地方概述過的框架，很適合拿來講述「知識的壓迫」注定與每個人的相對處境有關，但要說明會影響當事人知識的權力、從屬關係及利益，卻不能只是簡單點出當事人在當下狀況的「實際利益」就好。[59] 舉例來說，如果某位女性只要沒有把

晚餐煮成某種特定的樣子就會被打，晚餐的樣子就會嚴重影響到她的利益。不過，這個例子似乎不是很適合拿來說明，為什麼地位較低的人得滿足更高的門檻才算是擁有知識。[60]「利益相對性」的框架讓我們看到，權力與利益如何在人們面對某些重要的實際問題時，阻礙人們獲得相關知識。這種框架提醒我們，認知主體的確有可能會因為處於某些狀態、思考某些問題，而失去相關知識。但我們還得多說很多細節，才能解釋這類現象實際上會造成那些重要影響。

————

無論利益對知識的影響是直接的還是間接的，那些影響都會讓原本已經受壓迫的族群變得更不利，而這對民主而言很重要。當你提出了一項宣稱，我們都會覺得你知道那項宣稱在說什麼。所以我們會覺得「泰隆去參加舞會了，但我不知道泰隆去參加了舞會」這種帶有摩爾悖論（Moore's paradox）的句子很詭異。「宣稱」這種語言行為的特質，就是你在提出宣稱的時候，意味著你知道那句宣稱的意思。因此很多哲學家都接受下述概念：

**知識的宣稱標準**（Knowledge Norm for Assertion）：你一定得知道P，才可以宣稱P。

知識的宣稱標準點出，人不能宣稱自己不知道的東西。宣稱自己不知道的東西，就會被批評。這就是宣稱的本質。所以「泰隆去參加舞會了，但我不知道泰隆去參加了舞會」這句話超級詭

異，它先聲稱了某件事情，隨即立刻否認自己知道那件事情。

不過這項標準並不表示，內容為假、沒有好理由支持或言不由衷的宣稱就不是宣稱。我們在玩遊戲時犯規當然會被罵，但這不表示我們沒有在玩遊戲。

知識的宣稱標準，加上知識的利益相對性或加上**任何對該現象的其他解釋**，都告訴我們，弱勢族群會在民主審議中受到嚴重阻礙。在討論會影響到弱勢族群的政策時，我們會輕乎弱勢族群的主張，以為他們口中的社會不正義只是他們一廂情願的想法，只是用來掩蓋自己的個性缺陷的藉口。社會上普遍接受的功績主義意識形態更加強了這種誤解；它使我們難以理性評估那些可能推翻這種意識形態的社會不正義是否存在，同時也讓我們認為那些聲稱社會不正義的說法都只是一廂情願。[18]近年有許多知識論研究都發現，弱勢族群參與民主政治時，承受了額外的認知過程劣勢。**只要現實環境違反正義，各方就幾乎無法平等地理性討論如何分配社會資源。**

荷西‧梅帝納（José Medina）強調，弗里克提出的「詮釋的不正義」不僅會使弱勢族群看不見自己受到的壓迫，也會讓握有優勢的族群看不見自己就是參與壓迫的共犯。譬如，腦中沒有「白人特權」（white privilege）這一概念的美國人，看不見這個社會以犧牲白人以外的人為代價，賜給他們的好處。我討論的知識不正義與弗里克所說的知識的不正義，雖然在形式上並不相同，但

---

18 原注：當社會現實並不符合功績主義，功績主義意識形態就會類似 Elizabeth Anderson所說的「不因膚色有所歧視」理念那樣，讓人「無法認識到現實」。見Anderson, *The Imperative of Integration*。

問題與梅帝納指出的異曲同工：我所說的知識不正義，不僅會影響被壓迫的族群，也會影響其他族群。只要社會的各族群之間階層分明，政治審議就會和握有特權的族群的重要利益很有關係。舉例來說，握有特權的族群並不想做不正義的事情，但意識形態讓他們以為社會符合功績主義，即使他們真的做了不正義的事情，他們也**看不出來**。如果某些事情的不正義明顯到他們也看得出來，他們則會說那些事情完全符合正義。因此，他們不會認為自己其實和弱勢族群一樣具有認知障礙。被壓迫者因為欠缺自信而難以擁有知識，握有特權的族群則因為過度自信而難以獲得知識。[61]

《高吉亞斯》篇裡面的蘇格拉底說，暴君並不真正擁有權力。蘇格拉底的意思可能是，暴君缺乏實現目標的能力。他指出，我們不會覺得一意孤行的傻瓜，和那些能夠成功實現最深層目標的人一樣有力量。而暴君的狀況就跟一意孤行的傻瓜很像；暴君自顧自地做他認為最好的事，但他之所以會淪為暴君，就是由於欠缺知識，無法完成事實上最好的事。菁英族群也是這樣，有問題的意識形態讓他們沒辦法獲取某些知識，少了這些知識，就無法實現他們最深層的目標。

克莉絲蒂‧達森在一系列的論文中指出，美國的黑人女性主義者從二十世紀初以來，就一直在呼籲人們注意處於弱勢會傷害人們理解世界的能力。她舉的例子是，處於弱勢會降低人們的知識信心。她認為，如果人們都不把你說的話當成可靠的理由來源，都把你「當成隱形人」，你就會開始懷疑自己相信的事物，然後就會像我在前文對「信心動搖」現象的討論那樣，開始認為自己的信念不能算是知識。此外，達森也清楚地整理了黑人女性

主義者發現的，這類問題在整個二十世紀如何妨礙人們做出行動。達森的研究顯示，這個分析哲學知識論在二十一世紀重視的重要主題，黑人女性主義哲學家已經關注了一整個世紀。

我們通常用獨立於政治意義的方式，來探索那些涉及政治的知識、行動、宣稱彼此之間有哪些關係。但它們之間的關係顯示，某些意識形態真的就是會給民主帶來麻煩。因此，知識、行動、宣稱之間的關係，對於研究意識形態的理論非常重要。探討它們彼此之間的關係，可以讓我們找出一條重要道路，解釋為什麼知識就是權力。

人們可能會以為，分析哲學的知識論應該要嚴謹但沒那麼重要，而研究意識形態的理論則應該很重要，但沒那麼嚴謹。不過我們可以看到，有一部分、事實上是很大一部分的分析哲學知識論，其實變成了意識形態理論的實驗場。分析哲學知識論學者用脫離政治的虛構例子去討論知識應該具備哪些抽象結構，反觀，女性主義知識論學者卻像前述提到的那樣，會用現實中的例子來研究相同問題。如果知識論是一門解釋我們什麼時候會正確地形成信念的學科，它就一定會位於意識形態理論的核心。

———

我們討論的重點，是有問題的意識形態如何產生。目前我已經論證的是，這類意識形態源自某些團體認同，而這些團體認同源自某些極度不平等的環境，後來又被教育與媒體體系不斷鞏固。到了下一章，我要討論的則是，為什麼菁英族群真心相信自己自己比較優越，真心認為讓自己獲得優勢的體系是正義的。當

然，並不是所有團體認同都會生出有問題的意識形態；譬如，從真正能算是民主的社會中出現的團體認同，就不會催生出有問題的意識形態。

史蒂芬·達爾沃把尊重分為兩種，一種是「承認尊重」，一種是「評價尊重」。承認尊重是指人們在平等狀態下，「以第二人稱的方式，認可另一個人的觀點具有權威性」。[62]只有認同民主的人才有辦法進行民主審議，而認同民主就得把其他人提出的理由當成理由，得足夠重視其他人所持的觀點。認同民主，並不會讓你拒絕宗教多樣性或文化多樣性；反而是會讓你**無法接受**那些把宗教和文化分成三六九等，認為猶太教徒比天主教徒更高尚的思維。這類思維正是有問題意識形態的根源。

盧梭在《懺悔錄》（*Confessions*）中提過他對一項驚人事實的看法：「我們的思想、感覺、甚至是行動，都無意識地受到……身邊細微變化的影響」。他說，他打算寫一本書，討論如何「預防、扭轉、修正」那些「在推理時導致錯誤」的潛意識慾望。[63]我們可以說，這表示盧梭想寫一本書，討論環境如何「在潛移默化之下影響」我們，討論我們對世界的各種期待交織而成的網，如何讓理性誤入歧途，最後讓我們犯下道德錯誤。盧梭想找出一些方法，讓我們接受一套不會引發道德錯誤的社會模式。他沒有寫完，但我們至少可以幫他補上其中一大部分。如果我們的身分認同，是建立在一種讓我們錯估資源分配的社會腳本上，如果這個社會腳本分配給我們的資源數量，根本通不過理性反思的考驗，那麼這個社會腳本通常就會讓我們產生不通情理的期待。因此，我們在建構自己的身分認同時，應該避開那些把人分成三六九等的觀念，以免自己幫那些不通情理的期待找藉口。這是避免自己

形成錯誤信念，並因而犯下道德錯誤的最好方法。[19]

　　本書的論證認為，民主的先決條件就是盡可能地降低物質不平等。只要存在嚴重的物質不平等，握有大量特權的族群就會產生一種意識形態，認為自己比較優越。人們很容易以為這只會影響到**民主審議**，但其實任何形式的民主都逃不過它的威脅。

　　前文的討論告訴我們，有問題的意識形態，有利於握有大量特權的菁英族群獲得更多物質利益。但其實，菁英族群因為錯誤的意識形態而付出的代價，遠比他們所獲得的物質利益更大。以違反正義的方式獲得優勢的族群，無法相信自己的行為違反正義，所以才會編出一套故事欺騙自己，說自己所做的事有正當性。即使他們似乎想幫助別人，錯誤的意識形態也會讓他們「變得虛偽」。有問題的意識形態，讓菁英族群去支持某些一旦知道背後真正的原因就不會支持的政策。就此而言，有問題的意識形態，威脅了他們的**自主性**。[64]

　　一般認為，自主性的經典概念來自康德；這種概念說明，**做出行動的人**只有在理性思考接受了行動的理由，他的行動才算是自主的。我必須以**我自己的意志**思考，根據我接受的理由來行事，那件事才是我自主做出的。如果這種說法沒錯，那麼菁英族群持有的意識形態，就真的會損害他們的自主性。如果大部分的

---

19　原注：克里斯多福・勒布朗認為，「民主的性格，是理解與處理民主社會中不平等問題的基礎」。見Lebron, The Color of Our Shame, p. 118。我們可以說，這本書提出的看法在政治哲學中的意思是，我們必須發展出一種與種族不平等無法相容的明確民主性格。這種民主性格才能讓人們認同民主，讓人們接納所有同胞一起進入民主審議。有了這種民主性格，才能防止審議淪為「喝采」。

菁英族群都擁抱了錯誤的意識形態，他們就會根據某些有欠思考的動機去做事，而且不會發現自己只要理性反思一下，就不會接受那些動機。他們的行動不是自主的，他們並不是**在反思之後接受**了自己的行動理由，然後才去行動。[20]因此，錯誤的意識形態會阻礙自主行動，即使是菁英族群也逃不過。菁英族群的意識形態剝奪了弱勢族群的物質自由，也損害了對菁英族群同等重要的自由。

―――――

即使不用康德提出的自主性概念來思考，而且不牽扯到審議方面的問題，錯誤的意識形態依然會給民主帶來麻煩。我們的利益經常包含去做對的事情，所以錯誤的意識形態會讓握有大量特權的族群難以實現核心目標。弱勢族群會因為接受了菁英族群的意識形態，而做出傷害自身物質利益的事情。菁英族群則會因為錯誤的意識形態，而違背自己的**道德**利益。不平等會讓每個人的認知都出現問題。

無論是哪種類型的嚴重不平等，都與種族之間的差異是不同的東西。只要每個種族的文化都夠民主，就可以在消除嚴重不平

―――――

20 原注：有些自主行動是下意識的，未必經過理性思考。有時候我們則會在還不清楚理由的時候，自主做出行動。見Stanley, *Know How*。因此，我對自主的觀點跟康德不一樣。我目前還不知道其中有沒有某類行動，譬如某類政治行動，需要滿足康德對自主的看法。也許某些政治行動的確需要符合達爾沃的「第二人稱框架」，也就是行動者必須能夠向別人解釋自己為什麼要這麼做。我對此的看法也差不多。

等的情況下，保留各種族間的差異。我們通常會以為只有接受了某套普世性道德規範的人，才能算得上民主；[65]但我們有沒有辦法在不使用這種啟蒙時代世界觀的情況下變成民主的人，其實並沒有定論。而且從歷史上來看，這種放諸四海皆準的道德規範，似乎很容易因為某些原因而排除掉那些不認同這些規範的人。

十八世紀的德國哲學家約翰·戈特弗里德·馮·赫德（Johann Gottfried von Herder）批判啟蒙運動。以撒·柏林（Isaiah Berlin）在〈赫德與啟蒙〉（Herder and the Enlightenment）中指出，赫德認為人類的身分來自文化、語言與實踐。許多人都知道赫德相信語言與思想有關，語言一旦消亡，某種世界觀就隨之消失。不同的語言與不同的文化，就會孕育出徹底不同的身分。而且，赫德的反啟蒙立場還讓他堅信，「不同的文化與不同的社會中的人，不僅會抱持不同的價值觀，彼此的價值觀還會不可共量（incommensurable）」；[66]既然價值觀不可共量，不同的身分認同也就無法排出高低優劣。因此，赫德對殖民主義深惡痛絕，[21]堅決反對強迫一個族群接受另一個族群的文化與宗教。[67]赫德抱持的價值，是一種可以兼容文化或族群特殊性的民主價值。當然，人們如何在差異中彼此容忍，這樣的大哉問已經超出了本書的討論範圍。

我在第五和第六章已列出了政治意識形態的一些基本知識論概念。而我認為有一種方法可以解決這種拉·波埃西所說的「自

---

21　原注：見Berlin, "Herder and the Enlightenment," p. 375。柏林在該書中引用赫德於一七七四年《關於人類教育的另一種歷史哲學》（*Auch eine Philosophie*）中的一句話：「羅馬人用外來者不知道的習俗，評判了外來者。」

願為奴」問題。[68]在社會存在嚴重不平等，譬如資源分配差異甚大的情況下，因不平等而受益的菁英會獲得某種知識上的優勢，然後這種優勢又會像藍騰說的那樣，變成實踐上的優勢。這些族群會利用知識與實踐上的優勢，來宣稱自己在專業知識無法決定的**價值問題**上，也同樣具備專業。他們會用乍看之下的專業能力和手中的資源，來影響媒體和學校所傳播的觀點，藉此傳達並實現他們所持的意識形態。接下來，我們就用一個實際出現過的例子，來細細探討這種事究竟如何發生。

第七章

# 菁英族群的意識形態

　　在之前幾章，我已經用我偏好的方式解釋了什麼叫意識形態。我引用韋伯的觀點，主張公民社會中的菁英族群總是會用一種有問題的意識形態，把自己手中擁有資源一事說得理所當然。這種有問題的意識形態，是為了用一種乍看之下符合客觀事實，精確地說就是是乍看之下很科學的方法，把實際上違反正義的資源分配方式合理化。再來，我也主張，菁英族群會把這種意識形態灌輸給弱勢族群，藉此進行社會控制，而這會讓弱勢族群相信壓迫自己的社會結構是正當的。然後，我也用了一些常見的心理上的事實與認知上的事實，指出前述做法的確可能生效。

　　菁英族群的意識形態是一種有問題的意識形態，他們用這種方法說服自己說，他們一出生就含著的金湯匙本來就應該屬於他們。我在本章打算做兩件事。首先，我要描述菁英族群的意識形

態有哪些基本特徵，然後我會用一個歷史上的例子，即美國中學系統在一九二〇年代的改組，來解釋菁英族群如何讓自己的權力更穩固。

當代菁英族群的意識形態基礎之一，就是這個社會符合**功績主義**，尤其是出身於富豪或權貴之家的人特別會這麼堅信。當然，現實中的社會並不是根據每個人做出的貢獻來分配資源，而且分配得也很不均，所以我們必須把進一步探討這種有問題的意識形態的結構細節，才能解釋為什麼它會讓某些人相信，這個用不正義的方式分配資源的社會符合功績主義。

我們在第五章討論過南北戰爭之前南方各州的狀況；當時，美國的種族主義者誤以為黑人很懶惰，因此明明南方各州都有奴隸，當地的有錢白人卻因為堅信自己比奴隸優越，而能繼續相信自己身處的社會符合功績主義。這種狀況屬於一種更普遍的現象：

> 具有優勢的人都不喜歡相信自己其實只是運氣比較好而已。他們很容易相信自己本來就應該擁有手中的優勢；他們會說自己「天生」就是菁英，名下的財產及具備的各種特權則是菁英自然而然都會擁有的東西。以此觀之，所謂菁英的品格比其他人優秀，其實是讓菁英族群維持特權、繼續統治他人的一種意識形態，無論這種意識形態是菁英自己製造出來的，還是別人製造出來給他們用的。[①]

亞里斯多德在《政治學》第一冊第七章認為，**主人**跟**奴隸**做的事情本來就截然不同。奴隸適合「煮飯跟做雜務」，這些都是

奴隸的「特長」（science）。更廣義地說，奴隸天生就知道怎麼服侍他人。至於那些在屋裡「不為小事操煩」的人，則讓其他人處理家務，「自己投身哲學或政治」。亞里斯多德的這種思維，顯現出來就是菁英族群意識形態的第二種信念特徵，這種信念無論出現在哪個國家地區，都不斷鞏固當地既有的階級差異。

古希臘人承認，他們可以從實作技能看出一個人的智力。但亞里斯多德在《政治學》中的討論卻顯示，在奴隸從事的勞動中，有一些本來就與智力無關，我們可以將其稱為**體力勞動**或**雜活**。[1]亞里斯多德幫社會分工找到一個本質上的理由；某些人天生就適合領導，某些人天生就適合做粗活。

這種辯護階級差異的典型說法，是一種有問題的意識形態信念；它認為理論與實踐之間，甚至是理論的應用方法與**實作的技巧**之間，有本質上的差異。柏拉圖和亞里斯多德都清楚陳述了這種階級菁英主義意識形態背後的基礎：社會中至少有一群人無法進行理論思考，只能從事體力勞動。這種思維讓學校在教導弱勢族群的時候，著重手作技能與職業技能，同時又灌輸他們菁英族群的意識形態。②

義大利哲學家安東尼奧・葛蘭西（Antonio Gramsci）在《霸權、知識分子與國家》（*Hegemony, Intellectuals, and the State*）中寫道：

> 「知識分子」這個詞最多可以包含多少人？有沒有什麼統

---

1　原注：照理來說，奴隸不具備希臘人尊重的工藝技藝（techne），所以這裡的技能應該不是指這種比較高級的能力。

一的標準，既可以平等地描述知識分子所做的各種不同活動，又可以找出這些活動與其他人做的活動之間的本質差別？這種時候，我認為最常見的錯誤方法，就是試圖在知識分子所做的活動中尋找一些特質，說它們本質上就屬於心智活動，而不去看這些活動，以及進行這些活動的知識分子與社會之間的整體關係。真要說起來，勞工或無產階級的特徵根本就不是從事體力勞動或實務工作，而是在某些特定條件與特定社會關係中勞動。首先，根本就沒有什麼勞動完全不需要用腦。其次，即使是最呆板、無聊的勞動，也需要最基本的技術能力，也就是最基本的隨機應變創意。因此我們可以說，其實每個人都是知識分子，只是並非每個人都去做我們認為知識分子在做的事而已。

我們在區分知識分子與非知識分子的時候，其實只是在區分各種職業在社會中的角色。只是在說，思考對某些職業比較重要，身體能力則對另一些職業比較重要而已。這也表示，只有「知識分子」這個詞有意義，「非知識分子」則沒有，因為它根本不存在。而且，各種活動運用心智與體力的比例也未必都一樣，所謂的思考活動其實可以分為許多不同程度。人類所做的事情裡沒有任何事是可以完全不需要思考，所謂的「工匠人」（Homo faber）和「智人」（Homo sapiens）並非兩種不同的人。

在這邊，葛蘭西要說的是，實作技巧與知識性思考之間並沒有明確的分野。所謂的體力勞動者、臨時粗工之類的概念都只是誤導，沒有人工作時永遠**只用**肌肉而不用腦。

葛蘭西認為，「根本就沒有什麼勞動完全不需要用腦」，而且所謂的體力勞動其實是一種社會角色，而非亞里斯多德試圖闡述的那些天生特質。他在著名的《獄中札記》（*Prison Notebooks*）中，更是用類似的方式解構了「知識分子」這個概念。葛蘭西很清楚知識分子與其他人之間並沒有本質性的差異，知識分子只是具有特定的「社會功能」，也就是「規劃社會霸權與國家統治」而已。[③]他承認自己「大幅延伸了知識分子的定義」；而且他也在著作中提到，社會上所謂的知識分子其實包含了許多不同的社會角色，這些角色從低到高，從小學老師到大學教授，分為許多不同「等第」。此外正如我們之前所見，如果「知識分子」是指那些被自己的工作成果所侷限，而無法用所擁有的知識做出聰明決策的人，那麼「世界上的確沒有非知識分子，它根本不存在」。

　　派翠夏·希爾·柯林斯用索傑納·特魯斯的演講〈所以我不是女人嗎？〉，來讓我們反思知識分子這個概念。我們一般都認為知識分子是讀了很多書、可能有大學學位、文字書寫流暢的人。但索傑納·特魯斯既不會讀也不會寫，我們卻在本書第五章看到，特魯斯「指出了女人這個概念既不是自然的，也沒有真正反映現實。這個概念是由意識形態或文化建構出來的」。[④]在演講中，特魯斯對於「女人」這個概念與弱小和女性氣質之間的關係進行了意識形態批判，她的批判歷久彌新。通常我們會覺得這種批判都是知識分子在做的，但特魯斯指出「女人」這個概念中內藏矛盾的演講，在這類分析中卻是最重要的一項。如果我們在看了特魯斯的例子之後，還是堅持知識分子必須要能讀寫，我們就得承認「知識分子」這個概念是社會建構的產物，很難自圓其說，而且有時候會讓我們看不見意識形態用「知識分子」這個概

念搞出了哪些麻煩。

————

　　當人們透過常識反思，發現社會區分擁有大量資源的人和沒有資源的人的方式其實非常空洞、毫不正義之後，那些有問題的意識形態就會開始找別人來背書，而它們經常去找科學家。像是卡利勒‧穆罕默德就說過，十九世紀到二十世紀初，有一些社會科學家想用科學的方法來證實黑人就是比較暴力、比較容易犯罪。⑤不過，如果說到勞動分類的刻板印象，就更不只有美國人有，而是古今中外皆然。全世界的人都很容易以為「創業家」之類的人擅長動腦、創新，其他人則只擅長做粗活，因此人們總是很愛找科學研究來證實這種偏見。譬如，認知神經科學中的「程序性知識」（procedural knowledge）與「陳述性知識」（declarative knowledge）的分野，就是在這樣的狀況下提出的。

　　接下來，我要引用我跟約翰霍普金斯大學神經科學家約翰‧卡考爾（John Krakauer）最近在《紐約時報》上合寫的一篇文章〈四肢發達者擁有的知識也許比你想的更多〉（Is the 'Dumb Jock' Really a Nerd?），裡面會涉及神經科學家對程序性知識與陳述性知識的看法。有一名叫做H‧M‧的人的顳葉內側受了傷，無論學到什麼都會很快忘掉。心理學家布蘭達‧米爾納（Brenda Milner）在一九六二年做了一項前所未有的實驗：她遮住H‧M‧的手，然後叫H‧M‧看著鏡子，接著根據鏡中的影像，拿鉛筆描五角星圖案的邊。H‧M‧的腦有損傷，每次畫完之後，隔天就忘了，但連續三天下來，他卻描得越來越好。學界公認這項研究的結果既迷人

又重要，但它究竟告訴我們什麼？

主流的解釋是，H·M·記不住**事實性的知識**，但可以習得並改進**動作的技巧**。譬如，著名的神經科學家蘇珊·科金（Suzanne Corkin）受訪時就說：

> 亨利清楚記得過去的事，譬如華爾街金融危機、珍珠港事變等，但記不住新的事情。即使是他不斷重看的電視節目，也只能記住其中一點點細節。但他可以習得動作的技巧，並把那些動作做得越來越好。這個案例讓我們了解有意識記憶與無意識記憶之間的差異，打網球、騎腳踏車、彈鋼琴的技巧都是無意識記憶，大腦用條件反射的方式記住了這些我們稱為直覺的記憶，然後操縱我們的肌肉。

科金認為，H·M·「習得動作的技巧，並把那些動作做得越來越好」，就像「打網球和騎腳踏車」一樣。它把**打網球的能力**當成一種典型的動作技巧，而非當事人在運用知識。

在那篇刊登於《紐約時報》上的文章，我和卡考爾說明，這種把程序性知識與陳述性知識看成兩種知識的方法之所以具有吸引力，有一部分就是因為它找到了一種基於自然科學的基礎，讓人們可以把腦袋活和體力活區分開來。而我們在《人類神經科學前線》（*Frontiers of Human Neuroscience*）期刊上的論文裡主張，程序性知識與陳述性知識之間的差異，無論如何都不等於腦袋活與體力活之間的區別。我們指出，其實H·M·無法習得體力勞動者需要的任何技能：

我們可以從一九六〇年代以降，對其他顳葉內側損傷患者所做的其他實驗看出，最初對H·M·做的實驗結果究竟能告訴我們什麼。這些對顳葉內側損傷患者所做的實驗，在方法上大部分都跟米爾納一開始做的實驗一樣。這些實驗都是測量患者的運動表現，通常都是時間或精確度，並發現患者雖然未必能夠清楚記得實驗中做過什麼任務，在實驗中卻能越來越快或越來越精確地完成任務。但看看這些研究就會發現，如果失憶症患者沒有**每天重新收到指示**，其實顯然根本無法完成任何任務。

舒米塔·羅伊（Shumita Roy）與諾曼·帕克（Norman W. Park）發現，只要沒有人在旁邊不斷重新教學，顳葉內側損的傷患就根本連簡單的新工具都學不會怎麼使用。[6]這表示，人們之所以會毫不批判地以錯誤的方式詮釋程序性知識與陳述性知識之間的差別，有可能就是希望用基於自然科學的理由，去支持思考者與實作者真的是兩種不同的人。這種思維正是菁英階級意識形態的核心，而且也是研究經費的來源。

無論是古希臘，還是像美國這種二十世紀西方民主國家，菁英族群的有問題意識形態都會滲透教育體系，讓教育把活動分成要動腦的與不用動腦的，以此幫每個學生找到適性的位置。約翰·杜威在〈勞動與閒暇〉（Labor and Leisure）中抱怨道：「把為了有用的勞動做準備的教育，和為了閒暇生活所做的教育對立起來，可能是教育史上最根深蒂固的誤解。」他接著說道：

把通識教育和專業或產業訓練分開的做法，最早可以追溯到

古希臘時代。它顯然基於階級畫分，把人分成必須為生活而勞動的，和不需要勞動的兩種人。而通識教育是為後者設計的，它的概念在本質上就高於幫前一種人設計的奴僕教育。這種觀念反映了社會中某個階級是自由的，另一個階級則必須服從於他人。

杜威認為這種區分只是出於誤解，但「認為文化教育或通識教育和產業訓練之間毫無共通之處（至少沒有直接關係）的看法，以及認為應該教大眾實用技能，而非讓大眾提升或解放思想的看法，還是都非常普遍」。[7]杜威寫這篇文章的時候，美國的中學體系正在徹底大改組。因此他不是談抽象原則，而是在說，菁英族群的有問題意識形態信念如何引導了當時的中學教育改組，讓學校繼續相信勞工階級只適合做不重要的雜活，注定屈居人下。

———

史丹佛大學社會學教授愛德華・羅斯（Edward Alsworth Ross）在一九〇一年的著作《社會控制》（*Social Control*）中，細細論證了教育體系為什麼是菁英族群控制社會的理想機制。他認為「菁英，或那些思想與天賦出眾的人，本來就該領導社會」，而且在「人口密集、出現利益衝突、各方又必須在困難的問題上妥協的時候，不追隨高人的領導實在既愚蠢又危險」。[8]菁英族群必須「把願望、品味、道德意見廣傳給大眾」。[9]

羅斯在書中用好幾章的篇幅，列出幾項菁英族群可以在民主

社會中控制大眾的機制。該書第十四章討論的是教育，指出「用教育體系來建立社會秩序，是歷史悠久的有用方案」。[⑩]他認為「先把兒童還沒定型的思維固定下來，之後就可能以此打造出巨大結構、產生實際影響」。對他而言，教育是「改變馬具，馴服小馬」的方法，[⑪]而最有效的社會控制方法，就是「用某個巨大的社會機構，讓每位兒童免費上學」。[⑫]

羅斯這本書是在講菁英如何透過控制社會規範來統治社會，而主要的控制機制就是教育。在整個二十世紀，自由民主國家中都一直有人持這種看法。無論大家如何說菁英不該把自己的意識形態灌輸給弱勢團體，那些在自由民主國家中自認為菁英的人都顯然不這麼認為。羅斯的教育理論在當時絕非小眾，而且對美國教育政策產生了深遠的影響。

一九○九年，日後成為美國第二十八任總統的伍德羅・威爾遜（Woodrow Wilson）在對美國高中教師協會（High School Teachers Association）的演講〈通識教育的意義〉（The Meaning of Liberal Education）中，討論了教育的目的。我們可以從中看出羅斯與當時其他像他這樣的人的看法，留下了什麼影響：

> 回頭想想就知道，我們其實想在現代社會中做兩種不同的事。我們希望社會中的某個階級接受通識教育，並希望另一個人數必然多出很多的階級放棄接受通識教育的權利，乖乖地去做那些困難的體力勞動。

羅斯與威爾森之所以把美國社會分成菁英與其追隨者，就是因為他們相信**理論思考**與**實作技巧**是兩種不同的能力。但正如之

前所見，這種區分並沒有自然科學基礎。「通識教育」（liberal education，字面上即自由的教育）在概念上就預設了只有一小部分的美國人適合做理論思考，大部分則適合學習實用技能。威爾森就寫道：

> 技職教育是什麼？就是讓那些一點也不傑出的人專注地做構成生活的一小部分之事。就是不要給他們大原則，而是要他們以訓練有素的眼睛完美地操作肌肉，利用對於特定物理關係與複雜機械關係的了解，完成某些精巧、困難的體力勞動。就是要在學校裡嚴格訓練學徒，讓他們熟練特定的工作流程。美國產業的弱勢之一，就是沒有培養出這樣的人，因為我們把標準訂得太高了，希望讓他們額外學會其他東西，結果卻兩邊都搞砸。他們既沒有學好通識能力，也沒變成能帶來幫助的專家。這不是說我們不該對他們抱有期待，而是無論我們多麼期望都注定失望。用教育經費去教那些明知不可能成功的東西，絕對是不愛國的。大多數人都得去當挑水工或樵夫。世界上千篇一律的工作永遠都做不完，如果國家沒有一大批訓練有素的技工去把這些工作做好，國家就會在現代文明的競賽中落於人後。美國在教導人們製造東西的時候想得不夠周密。我們有很多原料，卻沒有好好教人怎麼把原料變成產品。我們好高騖遠，什麼都想做，結果全都沒做好。

威爾森對「通識教育」的看法，就屬於羅斯在《社會控制》中明確主張的「用教育來控制社會」。這種觀念奠基的意識形態

就是菁英比較優越，譬如白人菁英比其他人優越。[2]正如前文所說，美國那些反對自由主義的意識形態，會根據腦袋活與體力活之間的天生差異來幫自己的做法辯護，但這種差異其實並不為真。他們相信只有少數人可以明智地進行決策，其他人都只能學習實作技能，並且必須學同一套觀點的美國歷史。

愛德華·羅斯有個學生叫大衛·史奈登（David Snedden）。史丹佛大學教授大衛·拉伯里（David Labaree）在一篇論文裡，整理了史奈登對二十世紀美國教育政策的巨大影響，並認為史奈登與史丹佛之間「最重要的聯繫」就是羅斯。[13]史奈登在一九〇〇年對史丹佛校友的演講中，就點出了應該用教育來控制社會、增進效率，而這後來變成了美國大眾教育的指導原則。下述兩段都是拉伯里在論文中引述的說法：

> 我特別在意的是教育對社會地位的影響，因為即使訓練領導人的工作大部分都是由大學來負責，我們依然需要重視那些在隊伍中聽命行事，而非領導的人。
>
> 當代文明的特質給了我們最有力的理由，去要求公立學校不能只教導文化裡最經典的部分，而是應該加強訓練實用的

---

2　原注：威爾森也在提到漢普頓大學（Hampton Institute）這所維吉尼亞州的傳統黑人大學時明確表示，他的確認為美國黑人只適合學實務技能：「我們當然應該結合技職訓練和通識教育，應該盡可能在結合書本和實作的時候維持效率。不過我想到維吉尼亞州的漢普頓大學，它們有通識教育，但把它當成次要的。如果你要給予通識教育，就必須犧牲一些技職訓練；同樣地，如果你要給予足夠的技職訓練，就必須犧牲一些通識教育。」

技能，去因應世界中各式各樣的工作，提高每個人的工作效率。

　　史奈登對教育的願景清楚地呈現在威爾森一九〇九年的演講之中。他們把社會上的人分成不同的類別，最基本的分類就是少數人是菁英領袖，大多數人都是追隨者。[⑭]菁英能夠根據理論知識，做出聰明、有創意的決策。剩下的大量追隨者則學習史奈登心目中不太需要用腦的實作技能。這場演講讓史奈登立刻成為教育改革界的名嘴。[3]

　　當時，有很多人都認同史奈登這種把教育當成提高社會效率、控制社會的工具的看法。愛荷華大學的教育學名教授歐文・金（Irving King）在一九一三年出版了《為了提高社會效率的教育》（*Education for Social Efficiency*）。他在第一章〈教育的社會起源與功能〉的其中一節「學校是一種社會分工」中提到，「我們可以把正規教育機構的發展……視為社會從原始發展到文明的過程中所需的其中一種勞動分工。在整個社會不斷向前進步的複雜

---

3　原注：「史奈登反對所有人都用同樣的學習方法、上同樣的課。他提出一種概念，把文明看成『標準化零件』組合而成的產物，可以用『高品質生產』來製造。史奈登用了團隊合作這個很誘人的譬喻來說服讀者，他說學校『主要的任務，就是讓每個人擁有自己的能力，掌握人生這場遊戲中可以掌握的部份，然後和家庭、國家等各種不同隊伍的夥伴分工合作，各盡其才攜手創造成功』。他認為社會可以用『機能分工』、『專業服務』的方法，組合成他所說的『大社群』（great community）。每位勞工各自掌握獨特技能，為團隊貢獻自己的獨特能力，各自以獨特的能力共同維持社會穩定。」見Kliebard, *Schooled to Work*, p. 123。

過程中，學校這種機構以及教師這種職業，都必然越來越多」。[15]
歐文‧金不認為教育是「把成人社會的經驗盡量傳授給每個孩
子」的方法，反倒強調「總是想著要**訓練**、**管教**孩子」才是所謂
的教育。[16]他樂觀地說：「我們才剛剛開始了解教育的潛力。教育
能做的比目前能做的更多，而且可以用科學的方法來提高孩子的
效率。」他反對「老派的個人主義教育觀」，認為那是過時的前
工業社會遺物。[17]

　　歐文‧金提倡的是一種新的教育模式，它的基礎來自喬爾‧
斯普林（Joel Spring）所說的「社會化的課堂教學」。[18]他認為「社
會在組織成集團時效率最高」。但他的老師杜威並不同意。斯普
林對杜威與歐文‧金的觀點差異的簡述如下：

> 在美國學校逐漸採用社會化教育之時，人們也繼續把它當成
> 一種向未來的美國公民灌輸團結與社群意識的方法。但杜威
> 在著作中對社會整合（social unity）的看法，與後人的其他論
> 述有一項重大差異。杜威想用社會活動來取代呆版的教學氣
> 氛，讓學生在彼此了解之後，能夠團結起來。但日後那些討
> 論如何建立組織，以及如何在教室中創造合作精神的方法，
> 則是想用集體社會壓力來製造團結。後者注定會讓個人在群
> 體中失去自己的身分。[19]

　　杜威是個審議民主派。他認為社會化的課堂教學，是為了讓
學生獲得民主、平等尊重、共同決策的文化。歐文‧金想要的，
則是讓人服從權威，讓整體去支配部分。前者想要一種典型的民
主，後者則想建立柏拉圖的理想國。

———————

　　我在第一章說過，班雅明‧康斯坦認為盧梭所說的自由很危險，很容易被威權主義濫用。他在一八一九年所寫的的〈古人的自由與現代人的自由〉（The Liberty of Ancients and the Liberty of the Moderns）一文中指出，「當社會權力與集體主權在幾百年後演變為現代的模樣，那些最強大的天才就會出於對自由的純然熱愛，製造出各種暴政，並幫自己的行為找一堆藉口」。[4]他擔心專制領袖會用盧梭提出的自由概念，也就是自己服從自己制定的法律，來高壓統治人民：

　　　　若要以全民的名義行事，你就無論願意還不願意，都得服從某個人或某幾個人的命令。這表示，若要把自己交給全民，就必然會把自己交給某些特定人士；但這並非把自己交給全民，反而是把自己交給那些打著全民之名來做事的人。在完全交出自己的時候，你不會進入一個完全平等的狀態，因為有些人會從其他人的犧牲中獲利。

　　歐文‧金和史奈登試圖以民主之名進行的社會控制，完全就是康斯坦在前述中說的這樣。
　　杜威和盧梭一樣，對自由的看法都偏向「積極」自由，但他

---

4　原注：以撒‧柏林在〈自由的兩種概念〉第七節引述了康斯坦以相同方式批評過盧梭。事實上，柏林該文的重點，也就是自由可能會被威權政權所濫用一事，康斯坦也說得很清楚，而柏林本人也認同。

與盧梭不同之處是，他認為積極自由與集體審議有關。杜威認為，我們可以在為了共同目標進行集體審議的過程中，打造出民主精神與共同體意識。我們知道，康斯坦與柏林都非常擔心自由這種包含許多不同意義的概念會衍伸出其他問題。說不定就連杜威這麼深刻的民主理論家，也在誤導之下把自由的概念和沒有個人空間的威權主義混為一談。[5]

　　史奈登在哥倫比亞大學師範學院寫完碩士論文之後就在那裡任教，後來在一九〇九年成為麻州首位教育委員。他在一九一二年任命克拉倫斯・達爾文・金斯里（Clarence Darwin Kingsley）為高中理事會的代理人。[20]金斯里在全國各地傳播史奈登的教育理論，而且後來當上位高權重的全國教育協會中等教育改造委員會（National Education Association's Commission on the Reorganization of Secondary Education）的主席之後，也依然看重史奈登的理論。這個委員會的任務是改造美國的中學教育體系，底下設了十六個小組，分別處理各學科的事務，但最重要的任務是拓畫美國二十世紀的中學教育藍圖。這張藍圖完全依照史奈登的觀點，後來成了二十世紀美國教育史上最有影響力的文件之一，拉伯里稱其奠定了日後所有美國中學教育的「基礎原理」。[6]

---

5　原注：正如前述，盧梭很清楚審議可能會以這種方式誤入歧途。

6　原注：喬爾・斯普林稱其為「綜合高中的經典宣言」。見Spring, *Education and the Rise of the Corporate State*。愛德華・克魯格（Edward Krug）發現，美國政府的教育主管部門（Department of Superintendence）在一九二八年「發表了一份影響力報告。根據各高中校長的答覆，在全美國1128間規模各異的高中裡，有689間已在過去五年內按照這項基本原則進行改組」。又見Krug, *The Shaping of the American High School*, p. 398。

當時，教育界最有名的人們花了三年草擬了這份叫做《中等教育基本原則》（*The Cardinal Principles of Secondary Education*）的報告，該報告顯然反映出羅斯心中的柏拉圖世界觀：統治者與被統治者之間的差異是一種自然產生的勞動分工。[7]不過只要仔細一想，就會發現這種想法很明顯有著《理想國》的影子。柏拉圖反對民主，而《中等教育基本原則》雖然完全使用民主的語言寫成，但我們若仔細一讀，就會發現不太對勁。它的第二節叫做〈民主國家的教育目標〉，一開頭就寫道「美國的教育應該符合明確的民主概念」。這份報告明確寫出了民主這個概念的意思：它說民主是一種制度，「目的是組織社會，讓每個成員都能夠在為了促進其他同胞與整體社會的福祉而設計的活動中，發展自己大部分的人格」。

　　《中等教育基本原則》的作者們在指出明確的民主概念很重要，並在定義民主的概念之後，得出了一些結論。他們認為，民主的理念在於「必須維持人類活動的高效率，並在考慮各種活動重要性的過程中重視活動的效率……每個人都應該去做那些最能夠發展自己的人格、發揮最高效率的職業，並以相同方式選擇要用怎樣的方式服務社會」。

---

7　原注：譬如，黛安·拉維奇（Diane Ravitch）就說：「進步主義的教育者已經習慣用學校在社會中扮演的功能來思考學校，認為學校的影響必須通過社會效率的考驗。用社會效率來評估教育，就表示要評估每個科目、每門課程、每項研究對社會有沒有用。讓永遠上不了大學的孩子學歷史、科學、文學、數學、外語有什麼意義呢？讓他們浪費時間學這些既『沒用』又不切實際的知識，對社會有什麼好處呢？」見Ravitch, "From History to Social Studies," pp. 125–26。

這段話顯然怪怪的。它認為民主的定義是國家用教育幫助每個人找到天生適合的職業。也就是說，民主是一種提高社會**效率**的東西。但這聽起來實在不太像是民主。民主是為了維護個人自由。「自由」有很多不同的定義，但沒有任何一種定義會要求個人為了提高社會效率，而犧牲自己的意志去滿足社會的需求。[8]歷史上沒有任何支持民主的政治哲學家會說，民主需要個人去從事**最能讓他提高社會效率**的職業。我在引言中也說過，民主重視的是**價值**，不是**效率**。

　　柏拉圖在《理想國》中反對民主的原因之一，就是民主太重視自由，而犧牲了一部分的效率。但《中等教育基本原則》卻把民主描述成一種盡量提高**效率**，而非盡量保障**自由**的制度。它所描述的民主，其實是《理想國》第二卷所說的民主的反面。

　　幾百年來，政治哲學家用很多種彼此衝突的方式講述什麼是民主。民主政治理論包含很多不同的政治制度，但都符合一些基本規則。最基本的規則，就是**民主不把效率當成社會的唯一價值**。我們哲學家都同意，柏拉圖提倡的政治制度不是民主。結果，《中等教育基本原則》卻把民主定義成《理想國》第二卷裡面寫的那種制度。它把一個不民主也不自由的教育制度，用民主的語言包裝成民主的樣子。

　　在整個二十世紀的美國論述中，我們很容易找到這種把菁英

---

8　原注：《中等教育基本原則》在文字上的確站在個人主義這邊。但也請記住弗德里希・海耶克（Friedrich Hayek）的一句名言：「自由主義是被濫用得最嚴重的政治詞彙。除了敵人會以誇張荒謬的方式，把這個詞扭曲到幾乎完全認不出原貌以外，其他人也會用它來描述好幾種在傳統上與它完全站在對立面的社會觀點。」見Hayek, "Individualism," p. 3。

為了促進社會效率而控制社會的作法，重新定義為「民主」的說詞。H・H・高達德（H. H. Goddard）在一九二二年的論文〈智力程度〉（The Levels of Intelligence）中就寫道：

> 智力相對較低者的人數，遠遠超過人們平常的想像……如果我們不承認有很多人的智力較低，並正確地回應這種現象，民主便會遭受重大威脅……
>
> 那些高智力的人必須負責規劃，必須管理大部分的人……我們必須用明智的方法了解每個人的心智能力……然後以此決定如何對待智力較差的人。[21]

民主制度的主要價值是自主與平等。一個由少數人幫大多數人做決定的制度，是民主的反面。正如前文所說，柏拉圖在《理想國》第二卷中提到的社會就是這樣，而政治哲學認為這種社會是民主社會的經典對立面。但高達德卻直接把「民主」當成了這種制度，還呼籲大家為了維護「民主」去限制一般大眾的自主性。

伊麗莎白・凱迪・斯坦頓（Elizabeth Cady Stanton）曾在美國眾議院司法委員會面前說道：

> 我們之所以要為每一個靈魂打開大門，讓他們接觸到人類的一切使命與愉悅，主要就是為了促進他們各自的發展。人們只要獲得了資源，就能夠減輕生命中總是會出現的孤獨。我問過俄國的虛無主義者克魯泡特金親王（Prince Kropotkin）是怎麼在沒有書籍、筆墨、紙張的情況下度過漫長的牢獄生

活。他說：「喔，我思考了很多我很感興趣的問題。在想把事情搞清楚的過程中，時間就過去了。等到我不再想思考那些難題，我就背誦之前學過的優美散文和詩歌。這讓我越來越了解自己，越來越了解自己擁有的資源。我有一個自己的世界、一個廣闊的帝國，全俄國沒有任何獄卒或沙皇能闖得進來。」這就是自由接觸各種思想和大量文化的價值所在。當你有了這些，即使獨自關在囚室之中接觸不到任何人，依然能擁有安適和陽光。女性也經常遇到一樣的狀況，難道她們不該擁有通識教育帶來的一切安慰嗎？

這是她在一八九二年的演講〈自我的孤絕〉（The Solitude of Self）。在演講中，她呼籲通識教育應該面向所有的人，而其言談揭露了現代性的曙光以及對女性的影響：

把當代已開發社會的女性，當成過去用紡車與編織針工作的女性一樣，繼續限制她們只能做某些工作，是對的嗎？不！不！不會疲累的機器已經取代了男人和女人的勞動：紡車和織布機已經過時了，如今的女性可以拿起鋼筆、畫筆、畫架、鑿子，女性的願望與抱負也與過去徹底不同。

《中等教育基本原則》的作者群認為自己代表新時代的最高理想，首開先例用科學方法與理性來規劃教育。但在研究了三年之後，這些新時代的裁判官卻認為女性教育應該是這樣：

家政應該是女高中生的學習重點，它無論對女孩本身還是對

其他直接受益於女孩的人而言都很重要。目前我們不夠重視
這部分的教育，而且那些畢業後想就職以及想進高等教育的
女孩更是學得太少。畢業後就職的女孩大部分都只會在職場
待幾年，然後就一輩子進入家庭。對她們來說，高中是訓練
成為家庭主婦這項終身職業的唯一機會，也是最有可能讓她
們懂得對這項職業負責的時候。

　　中世紀教會體制下的教育受到父權意識形態支配，但二十世
紀的美國高中教育也一樣。兩者的差異是，二十世紀的美國高中
教育是一群學者提出的，他們自認遵循一門新的客觀教育科學，
而這門科學試圖以提高效率的名義來控制社會。

————

　　一九一六年，全國教育協會的中等教育社會學科委員會
（The National Education Association's Committee on Social Studies in
Secondary Education）發布了一份報告，講述歷史教育以及他們認
為對社會更有用的社會學科教育之間的衝突。這項報告留下的影
響相當複雜，但這些複雜影響可以讓我們更了解至今有哪些因子
影響了美國的公共系統。
　　我們從這份報告可以看出，人們當時對於公立學校提供的公
民教育的本質與目的，看法相當分歧。杜威認為，民主社會的成
員應該要不斷嘗試落實民主理念，所以必須能在過程中不斷反省
理念所面臨的困境。杜威的看法影響了許多人，譬如十二年級的
推薦選修課〈民主的問題〉。在全國教育協會的報告中，〈民主

的問題〉是一堂相當基進的課,常用的課本《美國文化問題導論》(*An Introduction to Problems of American Culture*)是由哈洛・魯格(Harold Rugg)所寫。這本書中有一個單元叫〈公共輿論與美國人的生活〉,專門解釋每個人的意識形態是怎麼來的,[22]譬如為什麼工廠老闆的兒子長大後會反對工會。這本書比後來的標準課本更具政治性。

不過,那些想用社會控制來提高社會效率的人也影響了這份報告。其實這份報告主要就是以社會效率的語言寫成的,它試圖在規劃社會課程的過程中,灌輸學生某種特定的意識形態。它主張「民主國家的一般公民應該要重視國家利益」,這樣才能提高「國家效率」,藉此促進「國家團結」。它警告「國際主義」、「人性的共通點比差異更重要」、「國際社會」這類說法相當危險。隆納德・伊凡斯(Ronald W. Evans)認為,這份報告的目標大抵就是要用社會學科來灌輸學生觀念,「用歷史課讓學生崇敬歐洲中心主義以及美國理念;用社會培訓課程提高社會效率並使學生服從公民社群;用剛出現的實驗性課程〈民主的問題〉讓學生支持進步的社會改革」。[23]

從二十世紀以來,社會學科就一直有兩種不同的面貌。有些人認為它是一種教人思考哪些東西妨礙社會進步的課,有些人則認為它是藉由宣傳美國例外論(American exceptionalism)這種民族主義,去統合大家的意識形態,讓人能夠有效控制社會大眾。但人們卻很少注意到,那些想用社會學科來控制社會的教育學者,以提高效率的科學語言掩蓋了自己真正的目標。[9]

一九七五年,菲利斯・希拉夫萊(Phyllis Schlafly)帶著藏也藏不住的熱血,創立了一個反對《平等權利修正案》(Equal

Rights Amendment）的組織「老鷹論壇」（The Eagle Forum）。
該組織的網站在二〇〇五年評論了全國教育協會在一九五一年
為社會學科教師撰寫的《美國公民手冊》（*The American Citizens Handbook*）：

> 這本手冊是一本寫給公民的備忘錄，目的是讓達到投票年齡的年輕人更有公民意識。裡面有討論公民身分的文章、「美國民主史上的英雄男女」小傳、「美國民主史上的偉大文件」，以及我國法律制度的敘述。
>
> 它在〈公民的黃金寶藏〉一節中，列出許多適合孩子背誦的名言錦句，並在開頭寫道：「共同生活、共同工作的人應該擁有相同的想法。我們應該留下一些像遺產那樣的東西，讓宗教理想、愛國情操、美麗與智慧，去引導鼓勵他們活出人生。」該節選錄了許多《舊約》與《新約》的段落，包括〈十誡〉、〈主禱文〉、〈愛的黃金律〉。
>
> 這本書大剌剌地在地理資訊、家戶預算表格、複利圖旁邊，擺上〈童軍諾言〉、愛國歌曲、振奮人心的詩歌，毫不掩飾地宣揚那些過時的道德情操和愛國主義。[24]

沒有人討論過，那些反對民主的專制主義者為了想要藉由控制大眾來提高社會效率，而把社會學科的其中一個面貌打造成這

---

9　原注：喬爾・斯普林把這些變化簡述如下：「二十世紀的公立學校是為了滿足企業國家的需要而設計的，所以它會維護統治菁英與科技機械的利益。」見Spring, *Education and the Rise of the Corporate State*, p. 1。

副模樣。也許我們永遠不會知道，這究竟是因為研究相關領域的人彼此秘而不宣，還是因為他們太過天真。㉕

後來到了一九九四年，由美國聯邦政府出資、加州大學洛杉磯分校歷史學家執筆的《美國歷史課程標準》（*National Standards for United States History*），再次讓許多人辯論社會學科的本質究竟為何。國家人文學術基金會（National Endowment for the Humanities）一九八六至一九九三年主席，同時也是政治人物理查‧錢尼（Richard Cheney）的妻子琳恩‧錢尼（Lynne Cheney），在一九九四年十月二十日的《華爾街日報》專欄中發表了一篇〈歷史的終結〉（The End of History），強烈抨擊《美國歷史課程標準》的自我審查。琳恩以加州大學洛杉磯分校更早之前的撰寫另一份報告《歷史的教訓》（*Lessons from History*）來跟《美國歷史課程標準》對比，並認為：

> 《歷史的教訓》告訴學生，財富無論是在美國還是在其他國家，有時候都對文化有益。它請學生思考在一八一五至一八五〇年的這段歷史中，「城市的興起與工業資本家的財富積累，如何使新古典主義建築繁花盛開；如何帶來戲院與音樂學院；如何建立第一批公立高中與歷史社團；如何催生『通訊革命』，加速書籍與報紙出版，使城市人與外界的連結更緊密。」……《歷史的教訓》點出我們的政治體系與代議制度，讓個人充分發揮了自己的偉大潛力。

琳恩譴責《美國歷史課程標準》強調「多元觀點」，而且過度受到「非裔美國人」和「美國原住民」等「各種政治團體」所

影響。在她提出批評之後，《美國歷史課程標準》徹底重寫。[10]

　　在現實生活中，人們對美國史的觀點應該有很多種，每一種都有很多合理的證據能讓它成立。非裔美國人、印地安人，以及女性，他們的經歷跟白人男性都非常不同。但琳恩卻在《華爾街日報》的文章上清楚表明，她認為美國公立學校裡實施的大眾教育完全不是為了傳遞事實。她認為，美國史的課程應該要傳達一種統一的觀點，不該有「多元觀點」。這種統一的觀點應該傳達資本主義的價值系統，應該反映出那些具有大量優勢者的觀點，而不是女性、非裔美國人、印地安人這些弱勢族群的觀點。而正如我們所見，美國大眾教育的目的，自古以來真的都是琳恩・錢尼說的這樣。

　　現在，我們看到了菁英族群意識形態的一些特徵。我研究這個例子，是為了證明韋伯對社會的看法的確很有道理，譬如在資源分配大幅不平等的社會中，菁英族群的確可以把有問題的意識形態灌輸給弱勢族群，藉此控制這個社會。

　　美國教育系統的歷史是一則寓言故事，它告訴我們菁英族群如何利用知識優勢與實踐優勢，宣稱自己的價值判斷比別人專業。C・L・R・詹姆斯提醒我們，古雅典民主城邦的公民很清楚專家的地位會帶來什麼危險。[26]他們明白，要避免這些危險，「就要掌握希臘方法的核心，不要把事情都交給這些專家決定，而是

---

10　原注：琳恩的怒火還有後續。二〇〇三年，教育部印了三十萬份厚達七十三頁的家長指南《幫助你的孩子學歷史》（*Helping Your Child Learn History*）。裡面只不過是**提到**了《美國歷史課程標準》而已，當時還沒進入政府的琳恩卻叫辦公室聯絡教育部，然後教育就銷毀了這三十萬本指南，讓大家找不到《美國歷史課程標準》存在過的證據。

要相信廣大人民的智力和正義感，相信大部分的一般老百姓」。

　　民主國家當然需要專家，氣候變遷的問題就是好教訓。但我們不能讓專家來決定社會的價值。這件事沒有簡單的解決方法。不過要如何實踐這項原則，就遠遠不是本書能夠處理的問題了。

# 結論

　　本書是為了警告我們，不要隨便以為理想已經實現。社會中巨大的不平等，很容易讓我們看不見有哪些事物在妨礙我們實現自由民主的理念。而我已經論證過，事物的本質總是會讓我們難以看見這些障礙。因不平等而受益的人，很容易在證據顯示理想尚未實現的時候，誤以為理想已經實現。他們會用既得的優勢地位打造宣傳工具，阻礙我們檢查理想與現實之間的距離，而由此而生的學校教育和媒體系統，更會讓弱勢族群難以看見兩者間的鴻溝。如果教授哲學的人不把這些鴻溝納入哲學教學的核心，就是在助長這些鴻溝。

　　不過也可能會有人以為，這本書是在說社會運動並未有效揭發，或有效反對社會上的各種不平等與不正義。但這完全不是我的意思。我其實希望讓人們更了解為什麼應該尊重社會運動的貢

獻。每個熟讀美國歷史的人都知道，要讓歷史的弧線轉向正義有多困難。看看現實中非裔美國人一路以來的窘境就知道，弧線的轉向小到幾乎看不出來。

此外我們也不能以為，只要把民主的概念逐漸化為法律與慣例，就能夠實現正義。除此之外，我們還需要人們的行動；需要精心設計的訴求；需要喚醒個人、族群、社會的意識；需要新文化與新藝術；需要挑戰既有的美學觀；需要經年累月的勞動、鮮血、死亡、痛苦、夢想，以及直接採取集體行動。以上全都缺一不可。

我們還必須知道，前述事實顯示，平等的進展對某些族群來說有多麼微不足道。從建國先賢派屈克・亨利（Patrick Henry）[1]到馬丁・路德・金恩，美國歷史上的每一位社群組織者、呼籲者、反叛者、社運人士、革命家都知道，有問題的意識形態主宰了社會上的話語，主宰了正規的社會習俗，塑造了公民社會的規範。我們遲早得去推翻這些意識形態。

在過去，人們總是認為基進的社會運動是在擾亂社會秩序。事過境遷之後，卻發現社會運動其實只是在強權面前，以合乎道德的方式說出真相。譬如，大多數美國人都敬佩馬丁・路德・金恩，即使是那些仍與當年鄙視金恩之人抱持同樣意識形態的人們也不例外。也許這表示這些運動者成功了。但有鑑於不平等仍舊存在於美國社會之中，也許更合理的解釋是，這些人的成功被另

---

1　譯注：派屈克・亨利（1736-1799），美國獨立革命時期領導人物，以一七七五年在第二次維吉尼亞代表會議上的演講〈不自由，毋寧死〉（Give me liberty, or give me death!）為人所知。

一種說詞所收編，讓人們誤以為政府已經越來越正義，社會已經越來越公平，越來越把每個人當人看。很多時候，人們只是知道了過去的社會運動在道德上正確而已，社會中的實際狀況並沒有隨之改變。

我們必須時時警惕，人們很容易用所謂社會運動的成功，來掩飾事實上的失敗。擁抱社會運動的道德高度，可以輕易使人不再仔細推敲自己宣稱的政治理念與社會大眾的實際狀況之間差得多遠。譬如，民權運動的成功似乎就讓人們停止去做我在本書中所做的批判。也許這是因為有人刻意用民權運動者的氣節與勇敢，來掩蓋不平等仍舊存在的現實。[1]有些人提醒我們不平等還沒有消失，其他人卻經常不去重視這些警訊，以為這些警訊是在貶低民權運動者為了爭取一個「不看膚色」（colorblind）的社會而做的各種奮勇抗戰。但一旦分析過什麼是宣傳，瞭解了宣傳與有問題的意識形態之間的關係，我們就會更知道自己可能踏入怎樣的陷阱。正如薇絲拉・韋弗（Vesla Weaver）與蜜雪兒・亞歷山大（Michelle Alexander）所言，人們會用一九六〇年代那場逼政府承認是種族造成了不平等的美國民權運動，來掩飾現實中依然存在的種族不平等。社會運動的英雄故事永遠都可能被收編，永遠都可能讓人誤以為英雄們對抗的問題現在已經解決。

所有社會運動與政治運動都是為了努力開創新的認知空間，讓人接受新的意識形態、新的假設、新的敘事。也許其中最重要的，就是推翻專制的民主革命。我在這本書中試圖解釋為什麼自由民主的成功會被扭曲，為什麼明明人們想用自由民主的理念取代特權階級的統治，菁英族群的意識形態卻能很快地將這些理念收編。此外，我也簡述了人們究竟是用怎樣的機制去顛覆民主理

念。我不覺得光靠這本書就能阻止這些事情發生，我只希望這本
書能幫上一點忙。

# 謝辭

我的母親莎拉・史丹利（Sara Stanley）在刑事法庭做了幾十年的書記官。她讓我從小到大一直知道美國司法系統的公正性與種族歧視問題。此外，她也總是「站在我這邊」，即使是在覺得我處理問題的方式並不明智的時候也義無反顧。我人格中有許多強項都得歸功於她，這些強項在我遇到困難的時候幫了我許多忙。

本書延續曼佛雷德・史丹利（Manfred Stanley）和瑪莉・史丹利（Mary Stanley）的研究。瑪莉對我，以及對本書都產生巨大影響。她找了許多對這項研究有幫助的書，默默地幫助我，而且花了好幾個周末跟我密集地討論稿件，並協助我寫下某些關鍵段落。她對本書厥功甚偉。

我的兄弟馬可士・史丹利（Marcus Stanley）在本書撰寫過程中，提出了最聰明敏銳的問題與評論，並且讀過、評論過本書書

稿大部分的版本。他不斷提出批判意見，讓我把主張寫得越來越詳盡清楚，而且直到最後他還是不夠滿意。我的妻子潔莉・桑德（Njeri Thande）也讀過並評論過本書許多版本的手稿，她的意見讓本書更臻完善。至於我的兒子埃米爾（Emile），則讓我在寫書的過程中一直保持清醒。

我深深感謝女性主義哲學家與研究種族問題的哲學家；他們過去幾十年孜孜不倦地研究，還因為不去追尋「真正的」哲學而不斷被辱罵，但本書的理論基礎都奠基在他們的研究成果之上。尤其蕾・藍騰（Rae Langton）的著作對我個人而言特別重要，讓我能在語言哲學、知識論、社會與政治哲學之間建起橋梁。

諾姆・喬姆斯基（Noam Chomsky）和愛德華・赫曼（Edward Herman）對宣傳的看法跟我有一些差異。但他們的著作以及喬姆斯基的許多作品，尤其是喬姆斯基對政治哲學的看法，是本書的靈感來源。我很感謝他在許多作品中對這個領域提出的洞見，也很感激他為年輕學者們提供的榜樣。

我想寫這本書已經很多年了。一開始是《紐約時報》的部落格「石頭」（The Stone）讓我動筆；我在二〇一一年六月寫了第一篇文章〈讓人無法說話的方式〉（The Ways of Silencing）討論宣傳，之後的四篇文章中有三篇也都是談這個主題。但之後又隔了一段時間，直到二〇一三年十月，我才真的開始寫這本書。寫作的過程花了整整一年，是我記憶中做過最難的工作。「石頭」的編輯Peter Catapano與Simon Critchley在這四年中幫助我把想法確實地化為文字。尤其是Peter Catapano，這四年來與他相互切磋的火花，讓我把我的意見說得更清楚，改進了我的寫作技術。而在這段時間中，羅格斯大學的研究生也幫助我思考這些問題，尤

其是Gabriel Greenberg幫助最大。Joshua Armstrong、Karen Lewis、Carlotta Pavese也放下一切事務跟我討論想法，Carlotta Pavese還讀了手稿的好幾個章節。

本書全是在耶魯大學寫的，充分利用了這間學校豐富的學術資源。耶魯的同事幫了很大的忙。史蒂芬・達爾沃（Stephen Darwall）一邊當哲學系主任，一邊在本書撰寫的好幾個不同階段，分別抽空讀了至少十幾份的手稿，並給出評論。他從我來到耶魯的第一天起，就一直在教民主的政治哲學，以及這種哲學背後的基礎：道德哲學。他從最初就一直鼓勵我寫出這本書，沒有他堅定的支持，我不可能寫完。他是我第一位要感謝的耶魯同事。

二十五年來我一直和泰瑪・甘德勒（Tamar Gendler）、Zoltan Gendler Szabo討論哲學。甘德勒對「引念」的研究，深深影響了研究意識形態的理論。多年來，我在與她討論的過程中學到許多，更期待往後也能繼續詳細討論。不過當我到了耶魯，甘德勒已經成為學院的副院長，現在又成為文理學院的院長。我在過去的十年內，無論是閱讀她的作品，還是當面與她討論，對她哲學思維的接觸與反思都深深影響了這本書。如今她則用另一種方式，以打造理想的制度氛圍來探索這些問題。至於Zoltan Gendler Szabo的辦公室則在我隔壁，我們在走廊上討論過很多問題。

法學院的同事丹・卡韓（Dan Kahan）讀過本書的兩份完整手稿，並給出評論，他和達爾沃一樣都對本書產生重要影響。此外，我也非常感謝耶魯的克里斯多福・勒布朗（Christopher Lebron）讓我轉而研究社會與政治哲學，而且我總是一邊照顧兩個年紀相仿的兒子，一邊跟他討論最新的想法；他每天都對我的

論述做出大量貢獻，該記的注解多到我根本記不完。丹・葛里科（Dan Greco）是每位哲學家夢寐以求的同事，我在直到交出本書定稿之前，都一直從他那邊獲得建設性的建議。伊蓮・蘭德摩爾（Hélène Landemore）對前期手稿的建議，則是詳細和受用得不可思議。轉到耶魯讓我興奮的原因之一是可以和薇絲拉・韋弗（Vesla Weaver）共事，她在二〇〇七年的論文 "Frontlash" 激發我去思考很多意識形態與宣傳的政治問題，如今我已經實現了共事的夢想，甚至獲得了更多。Casiano Hacker-Cordón 也給了我豐富的資源，包括大量的閱讀材料和必要的討論。Steven Smith 對早期稿件的評論非常有用。與 Seyla Benhabib、Bryan Garston、維莉蒂・哈特（Verity Harte）、Jonathan Kramnick、Daniel Lanpher、Tracey Meares 這些耶魯同事的討論也很有幫助。最後，耶魯的優秀研究生與博士後研究員的貢獻極為重要，丹尼爾・帕南（Daniel Putnam）一直與我密切合作，讀了一份又一份的手稿。Yuan Yuan 讀了幾份後期手稿，點出了不少關鍵錯誤。Matthew Lindauer 和 Sam Schpall 對整份稿件的評論也非常有用。Jessie Munton 不但讀了好幾份手稿，還給了第五章極大的幫助，她自己就在研究刻板印象對知覺的影響，我在和她討論我們各自研究計畫的過程中，把相關問題想得越來越清楚。Emily Kress 給了我許多非常珍貴的古典哲學資料。Jessica Keiser 給了我許多語言哲學的資料，與我一起討論相關問題。Jiewuh Song 讓我用當代政治哲學的脈絡討論我的一個核心論證。總之，能加入耶魯這個絕佳的知識圈實在太棒了。

除了耶魯的同事以外，我在寫書的過程中還大幅仰賴許多人；我很驚訝他們竟然在需要照顧自己的生活，而且跟我沒有學術合作關係的情況下，願意寫文評論。政治哲學家 Peter Levine 是我

的兒時好友;他在二〇一二年聽了我在甘迺迪學院的演講之後,就變成了重要的討論夥伴。他讀了前幾章的好幾版手稿,寫下詳細意見,並在本書撰寫之初,點出重要的研究方向。克莉絲蒂・達森(Kristie Dotson)和凱瑟琳・波金(Kathryn Pogin)都非常仔細地讀過好幾章的許多份手稿,而且總是願意花好幾個小時跟我討論。克莉絲蒂・達森非常慷慨地貢獻出她的時間,而且她的著作顯然大幅影響這本書,尤其是影響了意識形態那兩章。此外,我也很開心能參與她的作品。她這麼聰明的人能加入這個領域,實乃這個領域之福。凱瑟琳・波金還只是研究所一年級的學生,卻極為優秀,我期待她寫完論文找到職位,這樣她在指出錯誤和修正那些沒寫清楚的論證時,我就不會那麼尷尬了。莎莉・哈斯藍爾(Sally Haslanger)、Bryce Huebner、Alex Guerrero、珍妮佛・索爾(Jennifer Saul)、蘇珊娜・西格(Susanna Siegel)都從繁忙的生活中抽出時間幫我,為許多章節寫下重要的意見。我從二〇一二年在麻省理工學院發表演講之後,就一直跟哈斯藍爾密集討論,這些討論大幅改善了我談意識形態的章節;我在過去的一年裡也逐漸發現,她對用個人主義角度來看意識形態的批評是正確的。珍妮佛・索爾讀了第四章好幾個版本的手稿,她的評論讓該章超越了我們原本的期待。這些人的無私付出令人震驚。

哥倫比亞大學的社會心理學家Michael Morris一直以來提供我該領域的許多重要作品與討論。能和一位傑出的文化與社會心理學家交上朋友真是太棒了。過去幾年以來,Gilah Kletenik鍥而不捨地針對我的想法給出反饋,每個人都該有一位像他在哲學上這麼有天賦的導師。凱特・曼恩(Kate Manne)、琳恩・泰瑞歐(Lynne Tirrell)、大衛・李文斯頓・史密斯(David Livingstone Smith)、蕾

貝卡・庫克拉（Rebecca Kukla）也給了我很有用的意見與支持。

我在讀研究所時，和約書亞・柯恩（Joshua Cohen）一起上過政治哲學課。我最初的社會與政治哲學的文章不是刊登在學術期刊上，而是《紐約時報》上。我把第一篇稿子寄給他時，他非常鼓勵我，從此更是不可思議地慷慨、花時間跟我討論。他還邀我在史丹佛大學的政治理論課演講，我講了本書第四章的內容，獲得Ken Taylor的回應。Ken Taylor的評論與聽眾的支持都讓我深深感激。

一九九五至二〇〇〇年，我在康乃爾大學擔任助理教授，那裡的研究生很優秀。我很幸運可以和Allen Wood、Karen Jones一起審查Chris Sturr研究意識形態的學位論文。在那幾年，我經常與蘇珊娜・西格、Lisa Rivera一起討論意識形態的問題。從那時開始，我就一直在思考這個主題，而我也是因為這樣才開始研究知識論。為此，深深感謝Chris Sturr、Wood、Jones。

麥可・羅森（Michael Rosen）的《論自願為奴》（*On Voluntary Servitude*）這本書，幫助我整理出對於意識形態的想法。麥可・羅森也慷慨提出意見，而且還在緊要關頭找了幾位研究政治理論的研究生：Emma Saunders-Hastings、Tae-Yeoun Keum、Bernardo Zacka、Jacob Roundtree一起討論本書的前期手稿，讓我如虎添翼。我很感謝政治哲學界的同行一直都給了我許多幫助。Alex Guerrero幫助我探索新領域。梅爾文・羅傑斯（Melvin Rogers）和Tamsin Shaw經常在臉書上，回答我這個政治哲學新手在文本與概念上的疑惑。梅爾文・羅傑斯的作品是閱讀杜博依斯的珍貴指南，而且對本書也產生重大影響。我在本書寫作後期認識了Robert Gooding-Williams，和他花了很長時間討論杜博依斯，他讓我把自己的詮

釋說得更清楚，並給了我其他相關討論素材。David Goldberg自從聽到我在韋恩州立大學Gail Stine講座的演講後就幫了我很多，給了許多關於美國政治理論的理論與資料。羅格斯大學的教育歷史學家Ben Justice對最後一章的幫助非常重要。與卡利勒・穆罕默德（Khalil Muhammad）討論技術主義意識形態非常有幫助。

洛莉・格魯恩（Lori Gruen）自始至終都在鼓勵我，為好幾版手稿提出建議，並經常與我討論政治哲學，無論是在內容上的實質幫助，還是在我研究方向上的鼓勵，都數之不盡。她還找來她在康乃狄克州維安等級最高的男子監獄「柴郡懲教所」的政治哲學課上教過的學生，舉辦了兩場討論會。第二場研討會裡有一段「作者與書評會面」，討論讀者拿到的手稿。Craig Gore、James Davis、David Haywood、Clyde Meikle、John Moye、安德烈・皮爾斯（Andre Pierce）、Jason Torello都簡短地給出了有用的意見，這些意見與隨後的討論大幅影響了本書的最終版本。從他們的角度討論學校以及監獄和學校系統的相似之處，讓我決定在最後一章討論美國教育體系。

我在很多地方討論過本書內容，譬如馬里蘭大學、柏林洪堡大學、柏林自由大學、語意學在歐洲研討會、韋恩州立大學、南伊利諾大學，感謝這些地方的人給我的意見。其中我要特別感謝一位聽眾：我第一次討論這些內容，是在二〇一四年一月受馬里蘭大學PHLINC研討會之邀做專題演講，當時的論文對宣傳的定義有誤，素未謀面的Georges Rey在提問階段堅持提出反對意見。感謝Georges Rey，他說的才對。不過他也有點煩人，所以我一直沒告訴他。希望他現在會看到。

二〇一四年一月，我和薇絲拉・韋弗在《紐約時報》共同發

表了一篇探討大規模監禁的文章。我用哲學解釋帶有種族歧視的大規模監禁對民主造成的傷害，但引用的全部都是**白人**哲學家。哲學家Tommy Curry和John Drabinski寫了一篇很棒的短文 ”Race, Racism, and Thinking with Philosophy” 來回應，指出我們的文章立場「很矛盾。明明是徹底要讓讀者去注意黑人經驗、看到制度性的種族歧視、聽到受害者的聲音；卻在最能夠發聲的哲學性時刻，完全只用白人思想家的作品」。我非常感謝Tommy Curry和John Drabinski，他們讓我從以前讀過的所謂政治哲學經典，轉向黑人作者寫的社會與政治哲學作品。這個領域我從小就不陌生，我知道它有多麼多采多姿，又有多少思想後來被白人默默地收錄在自己的作品中。我試圖用這本書撥亂反正。我的政治哲學不僅來自羅爾斯，也來自杜博依斯。我保證不會再犯同樣的錯，也希望這本書有做到。

普林斯頓大學出版社的蕾·藍騰和湯米·謝爾比（Tommie Shelby）都花了大半個夏天，細細評論本書的手稿。他們顯然是全普林斯頓最優秀的讀者，我很幸運能獲得他們的建議。本書因他們而大幅進步。

Robert Demke是一流的文字編輯，他細心地讀稿，耐心地回應我修改後的稿件。

Rob Tempio是一位很棒的責任編輯。沒有他的持續鼓勵，我就沒有勇氣寫這本書。

我在寫謝辭的時候才發現，有很多作者的作品我該讀卻沒去讀，我應該在討論這個主題時提到他們。請容我對此先致上歉意。在本書討論的主題上，我漏掉了太多傑出的聲音。

# 注釋

## 前言

1　Stanley, *The Technological Conscience*.

2　Kenyatta, *Facing Mt. Kenya*, p. 22.

3　Stanley, *The Technological Conscience*, p. 98.

4　Muhammad, *The Condemnation of Blackness*.

5　Collins, *Black Feminist Thought*, p. 255.

6　Wynter, "No Humans Involved."

7　https://www.youtube.com/watch?v = vbhAllAdmzE.

8　Hart, *High Price*.

9　Williamson, *Knowledge and Its Limits*.

10　Stanley, *Knowledge and Practical Interests*.

11　Gendler, "Alief in Action (and Reaction)."

## 引言　宣傳造成的麻煩

1　Klemperer, *Language of the Third Reich*.

2　同上，p. 2。

3  Scanlon, "The Diversity of Objections to Inequality."

4  這些引用柏拉圖的句子都來自Cooper, *Plato*。

5  Plato, *The Republic*, 550c in Cooper, *Plato*.

6  Plato, *The Republic*, 557a in Cooper, *Plato*.

7  Plato, *The Republic*, 562b-c, in Cooper, *Plato*.

8  Plato, *The Republic*, 557b in Cooper, *Plato*.

9  Plato, *The Republic*, 563b in Cooper, *Plato*.

10  Anderson, "Outlaws," pp. 108–9.

11  辯護民主的經濟理論的作品，請參見Downs, *An Economic Theory of Democracy*。

12  更多請見Frank, *What's the Matter with Kansas?*以及Graetz and Shapiro, *Death by a Thousand Cuts*等作品。

13  Hayek, "Individualism," p. 15.

14  Estlund, *Democratic Authority*; Landemore, *Democratic Reason*.

15  同上，p. 26。

16  同上，p. 29。

17  同上，p. 43。

18  同上，p. 87。

19  http://www.blackyouthproject.com/2014/03/conversations-we-are-not-having-a-black-youth-project-economic-justice-series-a-social-movement-not-self-improvement/.

20  http://www.gallup.com/poll/1687/race-relations.aspx # 3.

21  http://publicreligion.org/newsroom/2012/04/millennial-values-survey-2012/.

22  Callahan, *Education and the Cult of Efficiency*, p. 2.

23  Burnham, *The Managerial Revolution*.

24  同上，p. 169–70。

25  見http://billmoyers.com/2014/04/25/lawrence-lessig-has-a-moon shot-plan-to-halt-our-slide-toward-plutocracy /。二〇一四年Reason-Rupe的一項民調指出，百分之七十五的美國人認為「政治人物因選舉獻金而腐敗」。又見 http://reason.com/poll/2014/04/03/americans-say-75-percent-of-politicians。

26  http://clarusrg.com/content/july-27–2012.

27  Hoggan, *Climate Cover-Up*, p. 186.

28  Plato, *The Republic*, 374c in Cooper, *Plato*.

29  Irwin, *Classical Thought*, p. 110.

30  Plato, *The Republic*, 375e in Cooper, *Plato*.

31  Plato, *The Republic*, 376b-c in Cooper, *Plato*.

32  http://www.demos.org/publication/detroit-bankruptcy.

33  http://www.theguardian.com/environment/true-north/2014/jun/25/detroits-water-war-a-tap-shut-off-that-could-impact-300000-people.

34  Streeck, "The Crises of Democratic Capitalism."

35  Gilens and Page, "Testing Theories of American Politics."

## 第一章　政治思想史上的宣傳

1  Rousseau, *The Social Contract*, bk.4, chap.1.

2  Mills, "Ideal Theory as Ideology."

3  Mills, *The Racial Contract*, p. 123.

4  Pareto, *The Rise and Fall of the Elites*, pp. 86–87.

5  Schmitt, *The Concept of the Political*, p. 30.

6  Plato, *The Republic*, 564a in Cooper, *Plato*.

7  Rousseau, *The Social Contract*, bk.1, chap.7.

8  同上，bk.1, chap.8。

9  同上，bk.4, chap.1。

10  同上。

11  同上，bk.4, chap.2。

12  同上。

13  Darwall, *Honor, History & Relationship*, p. 17.

14  同上，P. 15。

15  Constant, *Principles of Politics*, p. 180.

16  感謝Vanessa Wills提供的參考資料。

## 第二章　宣傳的定義

1  《民主的危機》（*The Crisis of Democracy*），http://www.trilateral.org/download/doc/crisis_of_democracy.pdf。

2  同上，p. 63–64。

3  同上p. 75。

4  同上，p. 98。

5  Plato, *The Republic*, 565e in Cooper, *Plato*.

6  Klemperer, *Language of the Third Reich*, p. 38.

7  同上，p. 162。

8  Rosen, *On Voluntary Servitude*, p. 52對「宣傳」的描述就是這樣。

9  Klemperer, *Language of the Third Reich*, p. 163.

10  Rosen, *On Voluntary Servitude*, p. 78.

11  Lippmann, *The Phantom Public*, pp. 37–38.

12  Klemperer, *Language of the Third Reich*, p. 210.

13  同上，p. 211。

14  Chomsky and Herman, *Manufacturing Consent*.

15  感謝史蒂芬‧達爾沃對這項定義的重要幫助。他認為這種寫法比我一開始寫的版本更具體。

16  Kant, *The Metaphysics of Morals*, part 2, chap.2, sec. 1.

17  就我所知，把宣傳會造成的道德問題概述得最好的，莫過於Marlin, *Propaganda and the Ethics of Persuasion*, chap.4。

18  Hart, *High Price*, chap.12

19  Hoggan, *Climate Cover-Up*, p. 42.

20  同上，p. 156。

21  這個例子是我有一次在柴郡懲教所（康乃狄克州維安等級最高的監獄）舉行討論會時，由Andre Pierce提出的。

22  感謝史蒂芬‧達爾沃提供的例子。

23  Du Bois, *Black Reconstruction in America: 1860–1880*, p. 714.

24  Du Bois, "Criteria of Negro Art."

25  感謝Daniel James提供的參考資料。

26  Monson, *Saying Something*, pp. 116–77.

27  Shelby, "Justice, Deviance, and the Dark Ghetto," p. 128.

28  Rothschild, *Economic Sentiments*, chap.1.

29  Coates, "The Case for Reparations."

30  http://votingrights.news21.com/article/election-fraud/.

31  Haslanger, "Oppressions."

32  同上，p. 334。

33  同上。

34  White的"You Just Believe That Because"把這些問題討論得非常好。

35　Tarski, "The Concept of Truth in Formalized Languages."

## 第三章　自由民主國家中的宣傳

1　該文刊於二〇一三年一月三十一日的《紐約時報》哲學部落格「石頭」（The Stone）。我哥哥因為職業的關係不能署名為該文作者。見http://opinionator.blogs.nytimes.com/2013/01/31/philosopher-kings-and-fiscal-cliffs/#more-13955。

2　這整段摘錄自前注提到的《紐約時報》文章。

3　http://www.iie.com/publications/papers/20140205default-report.pdf.

4　Aristotle, *The Politics*, bk. 3, chap. 1.

5　同上，bk. 3, chap. 9。

6　同上，bk. 1, chap. 2。

7　Rawls, *Political Liberalism*, p. 443.

8　Estlund, *Democratic Authority*; and Landemore, *Democratic Reason*.

9　Plato, *The Republic*, 561c-d, in Cooper, *Plato*.

10　參見Constant, *Principles of Politics*, pp. 310–11。

11　Du Bois, *The Souls of Black Folk*, p. 27.

12　Darwall, *The Second Person Standpoint*, 56–57.

13　http://www.nytimes.com/2014/04/07/us/politics/killing-on-bus-recalls-superpredator-threat-of-90s.html?_r=0.

14　Du Bois, *The Souls of Black Folk*, p. 89.

15　Stebbing, *Thinking to Some Purpose*, p. 42.

16　Darwall, "Being With," p. 118.

17　亦可參見Anderson, "What Is the Point of Equality?," p. 289。

18　Paul, *Transformative Experience*.

19　Krause, *Civil Passions*, pp. 162–65.

20　摘自Rawls, *Political Liberalism*的2005年版。

21　Rawls, *Political Liberalism*, p. 49.

22　同上，pp. 446–47。

23　http://opinionator.blogs.nytimes.com/2013/10/20/questions-for-free-market-moralists/?_r=0.

24　Darwall, "The Second Personal Stance," p. 44.

25　Rawls, *Political Liberalism*, p. 243.

26　Rogers, "The People, Rhetoric, and Affect."

27　Darwall, *The Second Person Standpoint*, p. 24

28　Williams, "The Woman's Part in a Man's Business," pp. 544–45.

29　Darwall,"Being With"以更豐富的方式討論了康德對理性意志與自主性的看法，我也相當認同。

30　Du Bois, *The Souls of Black Folk*, p. 3.

31　Plato, *The Republic*, 565c in Cooper, *Plato*.

32　Plato, *The Republic*, 565d in Cooper, *Plato*.

33　Gilens, *Why Americans Hate Welfare*, p. 95.

34　同上，pp. 97–98。

## 第四章　語言的操控機制

1　Langton, "Speech Acts and Unspeakable Acts."

2　Langton, *Sexual Solipsism*, p. 105.

3　Stalnaker, "On the Representation of Context," p. 98.

4　Roberts, "Information Structure."

5　Langton and West, "Scorekeeping."

6　Maitra, "Subordinating Speech," note 38.

7　Potts, *The Logic of Conventional Implicatures*, p. 24.

8　Murray, "Varieties of Update."

9　Langton and West, "Scorekeeping."

10　Murray, "Varieties of Update."

11　Von Fintel and Gillies, "Must . . . Stay . . . Strong."

12　Leslie, "Generics: Cognition and Acquisition."

13　Leslie, "Carving Up the Social World with Generics."

14　Leslie, "The Original Sin of Cognition."

15　Leslie, "The Original Sin of Cognition."

16　感謝Jennifer Saul跟我討論這件事。

17　Camp, "Slurring Perspectives," p. 335.

18　Smith, *Less Than Human*.

19　感謝Zoltan Gendler Szabo提出這點。

20　Mendelberg, *The Race Card*, p. 32.

21　同上，p. 194。

22 同上，p. 193。

23 http://www.nahj.org/nahjnews/articles/2006/March/immigra tioncoverage. shtml.

24 http://www.courts.ca.gov/opinions/documents/S202512.PDF.

25 感謝Calvin Miaw在史丹佛的政治理論工作坊讀到本章的早期手稿之後，提醒我這件事。

26 摘自拉爾夫・魏伍得在《紐約時報》部落格「石頭」（The Stone）上的文章”The Meaning of Same-Sex Marriage”，http://opinionator.blogs. nytimes.com/2012/05/24/marriage-meaning-and-equality/?_php=true &_ type=blogs&_r=0。

27 Dan Kahan, "Social Influence."

28 Walzer, *Spheres of Justice*, p. 9.

29 http://www.slate.com/articles/news_and_politics/history/2013/12/linda_ taylor_welfare_queen_ronald_reagan_made_her_a_notorious_american_villain. html.

30 亦可參見派翠夏・希爾・柯林斯對「靠領取福利過活的母親」這個形象的討論。見*Black Feminist Thought*, pp. 78ff。

31 Gilens, *Why Americans Hate Welfare*, p. 12.

32 感謝丹尼爾・帕南和我討論這件事。

33 Fricker, *Epistemic Injustice*.

34 同上，p. 45。

35 http://msnbcmedia.msn.com/i/msnbc/sections/news/snowden_cyber_ offensive2_nbc_document.pdf.

36 https://firstlook.org/theintercept/document/2014/02/24/art-deception- training-new-generation-online-covert-operations/.

37 Anderson and Pildes, "Expressive Theories of Law."

38 同上，p. 1559。

39 摘自哈斯藍爾2013年的美國心理學會主席演講大綱：Haslanger, "Social Meaning and Philosophical Method."

40 Hayakawa, "General Semantics and Propaganda," p. 201.

41 Habermas, "What Is Universal Pragmatics?," pp. 84–85.

42 同上，p. 85。

43 Dewey, *The Public and Its Problems*, pp. 148–49.

44　同上，p. 146。

45　Christensen, *Putting Logic in Its Place*, pp. 145–46.

46　感謝克瓦米・安東尼・阿皮亞2013年在American Philosophical Association Carus的演講，也感謝與他的討論，以及與Daniel Greco的討論。

## 第五章　社會中的意識形態

1　見Rosen, *On Voluntary Servitude*, pp. 69–80，該段摘自p. 73。

2　同上，p. 78.

3　感謝Jonathan Kramnick和我討論這件事。

4　Tucker, *The Marx-Engels Reader*, p. 173.

5　尤其見Gendler, "Alief in Action (and Reaction)"。

6　同上，pp. 565–66。

7　Williamson, *Knowledge and Its Limits*.

8　Sosa, "How to Defeat Opposition to Moore"; Sosa, "How Must Knowledge Be Modally Related to What Is Known?"; and Williamson, *Knowledge and Its Limits*.

9　Williamson, *Knowledge and Its Limits*, p. 147.

10　譬如，可參見哈斯藍爾在"Ideology, Generics, and Common Ground," pp. 461–65對「structures, schemas, and resources」這一段落的討論，以及她在*Resisting Reality*中的每篇文章。

11　Haslanger, "Oppressions."

12　Haslanger, "Mom, but Crop Tops Are Cute!," p.411.

13　見Lebron, The Color of Our Shame, p. 57。亦可參見"Alief in Action (and Reaction)," sec. 4討論「norm-discordance」的段落，她討論了社會現實不符合我們心中理念時會發生什麼事。

14　Stebbing, *Thinking to Some Purpose*, p. 33.

15　摘自塔納哈希・科茨（Ta-Nehisi Coates）在二〇一四年六月號的《大西洋》（*The Atlantic*）雜誌上的文章〈為賠償辯護〉（The Case for Reparations）。

16　Murdoch, "The Idea of Perfection," pp. 16–17.

17　同上，p. 31。

18　同上，p. 32。

19　同上，p. 18。

20  Fricker, *Epistemic Injustice*, p. 151.

21  這裡我不去討論獨角獸存不存在這個棘手的問題。參見Kripke, *Naming and Necessity*, p. 24。

22  Frege, *The Foundations of Arithmetic*, sec. 88.

23  Tappenden, "Extending Knowledge and 'Fruitful Concepts' "在這部分寫得極佳，使用的資訊也很棒。

24  Stanley, *The Technological Conscience*, p. 6.

25  Collins, *Black Feminist Thought*, pp. 253ff.

26  Senghor, *On African Socialism*, pp. 73–74.

27  亦可參見Gendler, "Alief in Action (and Reaction)."

28  Eberhardt et al., "Seeing Black," p. 877.

29  Goff et al., "Not Yet Human."

30  同上，p. 296。

31  同上，p. 304。

32  Siegel, "Epistemic Evaluability and Perceptual Farce."

33  論證參見Siegel, *The Rationality of Perception*。

34  Jessie Munton在即將出版的耶魯大學學位論文中為此寫了一個很有說服力的論證。

35  這裡同樣可以參見Cohen and Rogers, "Power and Reason"中反對審議的第三個理由。

36  Gendler, "Alief in Action (and Reaction)," p. 578.

## 第六章　政治意識形態

1  Weber, *On Law in Economy and Society*, p. 335.

2  同上，p. 336。

3  同上。

4  Sherman and Cohen, "The Psychology of Self-Defense," p. 186.

5  同上，p .203。

6  Page et al., "Democracy and the Policy Preferences."

7  同上。

8  Powdthavee and Oswald, "Does Money Make People Right-Wing and Inegalitarian?"

9  感謝史蒂芬・達爾沃提供的例子。

10  Hastorf and Cantril, "They Saw a Game."

11  Kunda, "The Case for Motivated Reasoning."

12  Kahan et al., "They Saw a Protest."

13  同上，p. 27。

14  Kahan, "Neutral Principles, Motivated Cognition, and Some Problems."

15  Rawls, *Political Liberalism*, p. 36.

16  Weber, *On Law in Economy and Society*, p. 336.

17  參見 Williams, "Deciding to Believe"等文獻。

18  Althusser, "Ideology and Ideological State Apparatus."

19  Cowan et al., *Education and Nation-Building in Africa*, p. 12.

20  Stabler, *The Schools of Kenya*, p. 104.

21  同上，p. 107。

22  同上，p. 112。

23  Williams, "Deciding to Believe."

24  Dotson, "A Cautionary Tale," p. 34.

25  Mills, *The Power Elite*.

26  Dotson, "A Cautionary Tale," p. 35.

27  Wright, *Black Boy*, pp. 168–69.

28  Steele and Aronson, "Stereotype Threat and the Intellectual Test Performance."

29  Fricker, *Epistemic Injustice*, p. 54f也有討論這件事。

30  Chomsky and Herman, *Manufacturing Consent*.

31  Artz, "Political Legitimacy, Cultural Leadership, and Public Action."

32  摘自Jenson, "The Problem with Patriotism"。

33  Schmitt, *Political Theology*.

34  同上，p. 6。

35  同上，p. 49。

36  http://usatoday30.usatoday.com/news/washington/2003-09-06-poll-iraq_x.htm.

37  http://www.thedailybeast.com/articles/2014/04/02/exclusive-watch-donald-rumsfeld-lie-about-saddam-hussein-s-9–11-involvement-in-the-unknown-known.html.

38  Milgram, "Some Conditions of Obedience and Disobedience," pp. 103–4.

39  同上，p. 120。

40  Siegel, *The Rationality of Perception*.

41  Langton, "The Authority of Hate Speech."

42  Hawthorne and Stanley, "Knowledge and Action"把這項原則描述得更精確。

43  Pinillos, "Knowledge, Experiments, and Practical Interests."

44  Mayseless and Kruglanski, "What Makes You So Sure?"

45  Dotson, "A Cautionary Tale."

46  Weatherson, "Can We Do without Pragmatic Encroachment?"

47  Stanley, *Knowledge and Practical Interests*, pp. 6–7.

48  同上,p. 6。

49  這和Nagel, "Epistemic Anxiety and Adaptive Invariantism"的看法大致相似。

50  Fung, "Recipes for Public Spheres," p. 345; Nagel, "Epistemic Anxiety and Adaptive Invariantism."

51  Fung, "Recipes for Public Spheres," p. 348.

52  同上,p. 340。

53  Nagel, "Epistemic Anxiety and Adaptive Invariantism."

54  Fricker, *Epistemic Injustice*.

55  同上,p. 1。

56  同上,p. 49。

57  Stanley, *Knowledge and Practical Interests*, chap.5.

58  感謝凱特‧曼恩和我討論這件事。

59  Stanley, *Knowledge and Practical Interests*.

60  感謝凱特‧曼恩提供的例子。

61  感謝凱瑟琳‧波金跟我討論這件事。

62  Darwall, "Responsibility within Relations," p. 106.

63  見Rousseau, *Confessions*, pp. 380–81。感謝麥可‧羅森讓我注意到這段文字。

64  這部分是洛莉‧格魯恩在柴郡懲教所的政治哲學討論會上的學生David Haywood向我詳述的。

65  史蒂芬‧達爾沃就從康德的原理中導出了第二人稱尊重(second-personal respect)的概念。參見Darwall, "Kant on Respect, Dignity, and the Duty of Respect"。

66  Berlin, "Herder and the Enlightenment," p. 368.

67  同上,p. 376。

68  Etienne de la Boétie, *Discourse on Voluntary Servitude*.

## 第七章　菁英族群的意識形態

1　Mills, *The Power Elite*, p. 14.

2　Bernard Mandeville在1725年的"An Essay on Charity and Charity Schools"中主張，這種灌輸是必要的。

3　Gramsci, *Prison Notebooks*, vol.4, sec. 49, p. 201.

4　Collins, *Black Feminist Thought*, p. 15.

5　Muhammad, *The Condemnation of Blackness*.

6　Roy and Park, "Dissociating the Memory Systems."

7　Dewey, "Labor and Leisure," p. 257.

8　Ross, *Social Control*, p. 83, 84.

9　同上，p. 328。

10　同上，p. 164。

11　同上，p. 166。

12　同上，p. 167。

13　Labaree, "How Dewey Lost."

14　見Krug, *The Shaping of the American High School*。Krug花了很長的篇幅討論史奈登與其影響。

15　King, *Education for Social Efficiency*, p. 7.

16　同上，pp. 9, 10。

17　同上，p. 14。

18　Spring, *Education and the Rise of the Corporate State*, p. 58.

19　同上，pp. 60–61。

20　Labaree, "How Dewey Lost." p. 172.

21　摘自Bendix, *Work and Authority in Industry*, p. 305。

22　Rugg, *An Introduction to Problems of American Culture*.

23　Evans, The Social Studies Wars, p. 44.

24　http://www.eagleforum.org/educate/2005/aug05/book.html.

25　這類思想可參見Adler, *The Paideia Proposal*等著作。

26　James, "Every Cook Can Govern."

## 結論

1　Weaver, "Frontlash."

# 參考書目

Ackerman, Bruce. *Social Justice in the Liberal State*. New Haven: Yale University Press, 1980.

Adler, Mortimer. *The Paideia Proposal: An Educational Manifesto*. New York: MacMillan, 1982.

Althusser, Louis. "Ideology and Ideological State Apparatus." Translated by Ben Brewster. In *Lenin and Philosophy, and Other Essays*, pp. 121–76. New York: Monthly Review Press, 1971.

Anderson, Elizabeth. *The Imperative of Integration*. Princeton: Princeton University Press, 2010.

——. "Outlaws." *Good Society* 23, no. 1 (2014): 103–13.

——. "What Is the Point of Equality?" *Ethics* 109, no. 2 (1999): 287–337.

Anderson, Elizabeth, and Richard Pildes. "Expressive Theories of Law: A General Restatement." *University of Pennsylvania Law Review* 148 (2000): 1503.

Anderson, Luvell, and Ernest Lepore. "Slurring Words." *Nous* 47, no. 1 (2013): 25–48.

Artz, Lee. "Political Legitimacy, Cultural Leadership, and Public Action." In Artz and

Kamalipour, *Bring 'Em On*, pp. 7–21.

Artz, Lee, and Yahya Kamalipour, eds. *Bring 'Em On: Media and Politics in the Iraq War*. New York: Rowman and Littlefield, 2005.

Bendix, Reinhard. *Work and Authority in Industry*. New York: Harper and Row, 1956.

Berlin, Isaiah. "Herder and the Enlightenment." In *The Proper Study of Mankind*, pp. 359–435. New York: Farrar, Straus, and Giroux, 1997.

――. "Two Concepts of Liberty." In *The Proper Study of Mankind*. New York: Farrar, Straus, and Giroux, 1997.

Bourdieu, Pierre, and Jean-Claude Passeron. *Reproduction in Education, Society and Culture*. London: Sage, 1977.

Burnham, James. *The Managerial Revolution*. 4th ed. Bloomington: Indiana University Press, 1966.

Callahan, Raymond E. *Education and the Cult of Efficiency: A Study of the Social Forces That Have Shaped the Administration of the Public Schools*. Chicago: University of Chicago Press, 1962.

Camp, Elizabeth. "Slurring Perspectives." *Analytic Philosophy* 54, no. 3 (September 2013): 330–49.

Chomsky, Noam, and Edward Herman. *Manufacturing Consent: The Political Economy of the Mass Media*. New York: Pantheon, 1988.

Christensen, David. *Putting Logic in Its Place*. Oxford: Clarendon Press, 2004.

Cicero. *On Duties*. Translated by Andrew Peabody. Boston: Little, Brown, 1887.

Coates, Ta-nahesi. "The Case for Reparations." *Atlantic*, June 2014.

Cohen, Joshua, and Joel Rogers. "Power and Reason." In Fung and Wright, *Deepening Democracy*.

Collins, Patricia Hill. *Black Feminist Thought: Knowledge, Consciousness, and the Politics of Empowerment*. New York: Routledge, 2000.

Constant, Benjamin. *Principles of Politics Applicable to All Representative Governments*. In *Constant: Political Writings*, pp. 171–305. Cambridge: Cambridge University Press, 1988.

Cooper, John, ed. *Plato: Complete Works*. Indianapolis: Hackett, 1977.

Cowan, L. Gray, J. O'Connell, and D. Scanlon, eds. *Education and Nation-Building in Africa*. New York: Praeger, 1965.

Darwall, Stephen. "Accountability and the Second Person." In *The Second Person Standpoint*, pp. 65–90.

———. "Being With." In *Honor, History & Relationship*, pp. 110–30.

———. *Honor, History & Relationship: Essays in Second-Personal Ethics II*. Oxford: Oxford University Press, 2013.

———. "Kant on Respect, Dignity, and the Duty of Respect." In *Honor, History & Relationship*, pp. 247–70.

———. "Morality and Autonomy in Kant." In *The Second Person Standpoint*, pp. 213–42.

———. "Responsibility within Relations." In *Honor, History & Relationship*, pp. 91–109.

———. "The Second Personal Stance and Second Personal Reasons." In *The Second Person Standpoint*, pp. 39–61.

———. *The Second Person Standpoint: Morality, Respect, and Accountability*. Cambridge, Mass.: Harvard University Press, 2006.

Delany, Martin Robison Delany. *The Condition, Elevation, Emigration, and Destiny of the Colored People of the United States*. New York: Arno Press, 1968.

Dewey, John. "Labor and Leisure." In *Democracy and Education*, pp. 250–61. New York: MacMillan, 1916.

———. *The Public and Its Problems*. Athens: Swallow Press, 1954. First published in 1927.

Dotson, Kristie. "A Cautionary Tale: On Limiting Epistemic Oppression." *Frontiers* 33, no. 1 (2012): 24–47.

Downs, Anthony. *An Economic Theory of Democracy*. New York: Harper Press, 1957.

Du Bois, W.E.B. *Black Reconstruction in America: 1860–1880*. New York: Free Press, 1992. First published in 1935.

———. "Criteria of Negro Art" (1926).

———. *The Souls of Black Folk*. New York: Dover, 1994. First published in 1903.

Eberhardt, Jennifer, Philip Goff, Valarie Purdie, and Paul Davies. "Seeing Black: Race, Crime, and Visual Processing." *Journal of Personality and Social Psychology* 87, no. 6 (2004): 876–93.

Edelman, Murray. *Politics of Symbolic Action*. Chicago: Markham, 1971.

Estlund, David M. *Democratic Authority: A Philosophical Framework*. Princeton:

Princeton University Press, 2008.

Evans, Ronald W. *The Social Studies Wars: What Should We Teach the Children?* New York: Teachers College Press, 2004.

Ferrari, G.R.F. *City and Soul in Plato's Republic.* Chicago: University of Chicago Press, 2005.

Fintel, Kai Von, and Thony Gillies. "Must . . . Stay . . . Strong." *Natural Language Semantics* 18, no. 4 (2010): 351–83.

Frank, Thomas. *What's the Matter with Kansas? How Conservatives Won the Heart of America.* New York: Henry Holt, 2004.

Frege, Gottlob. *The Foundations of Arithmetic.* 1884.

Fricker, Miranda. *Epistemic Injustice: Power & the Ethics of Knowing.* Oxford: Oxford University Press, 2007.

Fung, Archon. "Recipes for Public Spheres: Eight Institutional Design Choices and Their Consequences." *Journal of Political Philosophy* 11, no. 3 (2003): 338–67.

Fung, Archon, and Erik Olin Wright. *Deepening Democracy: Institutional Innovations in Empowered Participatory Government.* London: Verso, 2003.

Garsten, Bryan. *Saving Persuasion: A Defense of Rhetoric and Judgment.* Cambridge, Mass.: Harvard University Press, 2006.

Gazdar, Gerald. *Pragmatics: Implicature, Presupposition, and Logical Form.* New York: Academic Press, 1979.

Gelman, Andrew, Boris Shor, Joseph Bafumi, and David Park. "Rich State, Poor State, Red State, Blue State: What's the Matter with Connecticut?" *Quarterly Journal of Political Science* 2 (1987): 345–67.

Gendler, Tamar. "Alief and Belief." *Journal of Philosophy* (2008): 634–63.

———. "Alief in Action (and Reaction)." *Mind & Language* 23, no. 5 (2008): 552–85.

———. "On the Epistemic Costs of Implicit Racism." *Philosophical Studies* 156, no. 1 (2011): 33–63.

Gilens, Martin. *Why Americans Hate Welfare: Race, Media, and the Politics of Antipoverty Policy.* Chicago: University of Chicago Press, 1999.

Gilens, Martin, and Benjamin Page. "Testing Theories of American Politics: Elites, Interest Groups, and Average Citizens." *Perspectives on Politics* 12, no. 3 (2014): 564–81.

Goff, Phillip, Jennifer Eberhardt, Melissa Williams, and Matthew Christian Jackson.

"Not Yet Human: Implicit Knowledge, Historical Dehumanization, and Contemporary Consequences." *Journal of Personality and Social Psychology* 94, no. 2 (2008): 292–306.

Graetz, Michael, and Ian Shapiro. *Death by a Thousand Cuts: The Fight over Taxing Inherited Wealth*. Princeton: Princeton University Press, 2005.

Gramsci, Antonio. *Prison Notebooks*. New York: Columbia University Press, 1992.

Gutmann, Amy, and Dennis Thompson. *Democracy and Disagreement*. Cambridge, Mass.: Belknap Press of Harvard University Press, 1996.

Habermas, Jurgen. "What Is Universal Pragmatics?" In *On the Pragmatics of Communication*, edited by Maeve Cooke, pp. 21–103 Cambridge, Mass.: MIT Press, 1998.

Hart, Carl. *High Price*. New York: HarperCollins, 2013.

Haslanger, Sally. "Ideology, Generics, and Common Ground." In *Resisting Reality*, pp. 446–75.

———. "Mom, but Crop Tops Are Cute! Social Knowledge, Social Structure, and Ideology Critique." In *Resisting Reality*, pp. 406–27.

———. "Oppressions." In *Resisting Reality*, pp. 311–37.

———. *Resisting Reality: Social Construction and Social Critique*. Oxford: Oxford University Press, 2012.

———. "Social Meaning and Philosophical Method." APA Presidential Address of 2013.

Hastorf, Albert H., and Hadley Cantril. "They Saw a Game: A Case Study." *Journal of Abnormal & Social Psychology* 129 (1954). Hawthorne, John, and Jason Stanley. "Knowledge and Action." *Journal of Philosophy* 105, no. 10 (2008): 571–90.

Hayakawa, S. I. "General Semantics and Propaganda." *Public Opinion Quarterly* 3, no. 2 (1939): 197–208.

Hayek, Friedrich. "Individualism: True and False." In *Individualism and the Economic Order*, pp. 1–32. Chicago: Chicago University Press, 1948.

Heim, Irene. "The Semantics of Definite and Indefinite Noun Phrases." PhD diss., University of Massachusetts at Amherst, 1982.

Hoggan, James. *Climate Cover-Up*. Vancouver: Greystone, 2009.

Irwin, Terence. *Classical Thought*. Oxford: Oxford University Press, 1989.

James, C.L.R. "Every Cook Can Govern: A Study of Democracy in Ancient Greece." *Correspondence* 2, no. 12 (1956).

Jensen, Robert. "The Problem with Patriotism: Steps toward the Redemption of American Journalism and Democracy." In Artz and Kamalipour, *Bring 'Em On*, pp. 67–83.

Kahan, Dan. "Neutral Principles, Motivated Cognition, and Some Problems for Constitutional Law." *Harvard Law Review* (2011).

———. "Social Influence, Social Meaning, and Deterrence." *Virginia Law Review* 83, no. 2 (March 1997): 349–95.

Kahan, Dan, D. Hoffman, D. Braman, D. Evans, and J. Rachlinski. "They Saw a Protest: Cognitive Illiberalism and the Speech-Conduct Distinction." *Stanford Law Review* 64 (2012).

Kelly, Thomas. "Following the Argument Where It Leads." *Philosophical Studies* 154, no. 1 (2011): 105–24.

Kenyatta, Jomo. *Facing Mt. Kenya*. New York: Vintage, 1965.

King, Irving. *Education for Social Efficiency: A Study in the Social Relations of Education*. New York: D. Appleton, 1913.

Klemperer, Victor. *I Will Bear Witness: A Diary of the Nazi Years, 1933–1941*. New York: Random House, 1998.

———. *Language of the Third Reich: LTI, Linguii Tertii Imperii*. Translated by Martin Brady. London: Continuum, 2006. First published in German in 1947.

Kliebard, Herbert M. *Schooled to Work: Vocationalism and the American Curriculum*. New York: Teacher's College Press, 1999.

Krause, Sharon. *Civil Passions: Moral Sentiment and Democratic Deliberation*. Princeton: Princeton University Press, 1998.

Kripke, Saul. *Naming and Necessity*. Cambridge, Mass.: Harvard University Press, 1980.

Krug, Edward. *The Shaping of the American High School, 1880–1920*. 2nd ed. Madison: University of Wisconsin Press, 1969.

Kunda, Ziva. "The Case for Motivated Reasoning." *Psychological Bulletin* 108, no. 3 (1990): 480–98.

Labaree, David F. "How Dewey Lost: The Victory of David S. Snedden and the Social Efficiency in the Reform of American Education." In *Pragmatism and*

*Modernities*, edited by D. Trohler, T. Schlag, and F. Osterwalder, pp. 163–88. Rotterdam: Sense Publishers, 2010.

La Boetie, Etienne de. *Discourse on Voluntary Servitude*. Translated by James Atkinson and David Sices. Indianapolis: Hackett Publishing, 2012.

Landemore, Helene. *Democratic Reason: Politics, Intelligence, and the Rule of the Many*. Princeton: Princeton University Press, 2012.

Langton, Rae. "The Authority of Hate Speech." Forthcoming.

———. *Sexual Solipsism*. Oxford: Oxford University Press, 2009.

———. "Speech Acts and Unspeakable Acts." *Philosophy and Public Affairs* 22, no. 4 (1993): 293–330.

Langton, Rae, and Caroline West. "Scorekeeping in a Pornographic Language Game." *Australasian Journal of Philosophy* 77 (1999): 303–19.

Lebron, Christopher. *The Color of Our Shame: Race and Justice in Our Time*. Oxford: Oxford University Press, 2013.

Leiter, Brian. "The Hermeneutics of Suspicion: Recovering Marx, Nietzsche, and Freud." In *The Future for Philosophy*, ed. Brian Leiter. Oxford: Clarendon Press, 2004.

Leslie, Sarah-Jane. "Carving Up the Social World with Generics." In *Oxford Studies in Experimental Philosophy*, vol. 1, edited by Joshua Knobe, Tania Lombrozo, and Shaun Nichols. Oxford: Oxford University Press, 2015.

———. "Generics: Cognition and Acquisition." *Philosophical Review* 117, no. 1 (2008).

———. "The Original Sin of Cognition: Fear, Prejudice, and Generalization." *Journal of Philosophy*. Forthcoming.

Lippmann, Walter. *The Phantom Public*. New Brunswick, N.J.: Transaction, 2009. First published in 1927.

———. *Public Opinion*. Sioux Falls: Greenbook, 2010. First published in 1922.

Locke, Alain. "Art or Propaganda?" (1928).

Madison, James. "Federalist 10." In *The Federalist Papers*.

Maitra, Ishani. "Subordinating Speech." In *Speech and Harm: Controversies over Free Speech*, edited by Ishani Maitra and Kate McGowan, pp. 94–120. Oxford: Oxford University Press, 2012.

Mannheim, Karl. "A Few Concrete Examples concerning the Sociological Nature of

Human Valuations." In *Essays on Sociology and Social Psychology*, edited by Paul Keckemeti, pp. 231–42. London: Routledge and Kegan Paul, 1953.

Mansbridge, Jane, J. Bohman, S. Chambers, D. Estlund, A. Follesdal, A. Fung, C. Lafont, B. Manin, and J. L. Marti. "The Place of Self-Interest and the Role of Power in Deliberative Democracy." *Journal of Political Philosophy* 18, no. 1 (2010): 64–100.

Marlin, Randal. *Propaganda and the Ethics of Persuasion*. Ontario: Broadview, 2002.

Mayseless, O., and A. W. Kruglanski. "What Makes You So Sure? Effects of Epistemic Motivations on Judgmental Confidence." *Organizational Behavior and Human Decision Processes* 39 (1987): 162–83.

McGowan, Mary Kate. "Conversational Exercitives: Something Else We Do with Our Words." *Linguistics and Philosophy* 27 (2004): 93–111.

——. "Oppressive Speech." *Australasian Journal of Philosophy* 87, no. 3 (2009): 389–407.

Medina, Jose. "Hermeneutical Injustice and Polyphonic Contextualism: Social Silences and Shared Hermeneutical Responsibilities." *Social Epistemology* 26, no. 2 (2012): 201–20.

Meiklejohn, Alexander. *Political Freedom*. New York: Harper and Row, 1960.

Mendelberg, Tali. *The Race Card*. Princeton: Princeton University Press, 2001.

Milgram, Stanley. "Some Conditions of Obedience and Disobedience to Authority." In *The Individual in a Social World*, pp. 102–23. Reading, Mass.: Addison-Wesley. Originally published in 1965.

Mills, Charles. "Ideal Theory as Ideology." *Hypatia* 20, no. 3 (2005): 165–84.

——. *The Racial Contract*. Ithaca: Cornell University Press, 1997.

Mills, Claudia. "Politics and Manipulation." *Social Theory and Practice* 21, no. 1 (1995): 97–112.

Mills, C. Wright. *The Power Elite*. Oxford: Oxford University Press, 1956.

Monson, Ingrid. *Saying Something: Jazz Improvisation and Interaction*. Chicago: University of Chicago Press, 1997.

Muhammad, Khalil. *The Condemnation of Blackness*. Cambridge, Mass.: Harvard University Press, 2010.

Murdoch, Iris. "The Idea of Perfection." In *The Sovereignty of Good*, pp. 1–44. New York: Routledge and Kegan Paul, 1970.

Murray, Sarah. "Varieties of Update." *Semantics and Pragmatics* 7, no. 2 (2014): 1–53.

Nagel, Jennifer. "Epistemic Anxiety and Adaptive Invariantism." *Philosophical Perspectives* 24 (2010): 407–35.

Page, Benjamin, Larry Bartels, and Jason Seawright. "Democracy and the Policy Preferences of Wealthy Americans." *Perspectives on Politics* 11, no. 1 (2013): 51–73.

Pareto, Vilfredo. *The Rise and Fall of the Elites: An Application of Theoretical Sociology.* Totowa, N.J.: Bedminster Press, 1901.

Paul, L. A. *Transformative Experience.* Oxford: Oxford University Press, 2015.

Payne, K. "Prejudice and Perception: The Role of Automatic and Controlled Processes in Misperceiving a Weapon." *Journal of Personality and Social Psychology* 81, no. 2 (2001): 181–92.

Pinillos, Angel. "Knowledge, Experiments, and Practical Interests." In *New Essays on Knowledge Ascriptions,* edited by Jessica Brown and Mikkel Gerken. Oxford: Oxford University Press, 2014.

Pogin, Kathryn. "Conceptualizing the Atonement." Unpublished ms.

Potts, Christopher. *The Logic of Conventional Implicatures.* Oxford Studies in Theoretical Linguistics. Oxford: Oxford University Press, 2005.

Powdthavee, Nattavudh, and Andrew Oswald. "Does Money Make People Right-Wing and Inegalitarian?" University of Warwick Working Paper. February 2014.

Ravitch, Diane. "From History to Social Studies." In *The Schools We Deserve*, pp. 112–32. New York: Basic Books, 1985.

Rawls, John. *Political Liberalism.* Expanded ed. New York: Columbia University Press, 2005. The first edition was published in 1993.

Roberts, Craige. "Information Structure: Towards an Integrated Formal Theory of Pragmatics." *Semantics and Pragmatics* 12, no. 5 (2012): 1–69.

Rogers, Melvin. "David Walker and the Political Power of the Appeal." *Political Theory.* Forthcoming.

——. "The People, Rhetoric, and Affect: On the Political Force of Du Bois's *The Souls of Black Folk.*" *American Political Science Review* 106, no. 1 (2012): 188–203.

Rosen, Michael. *On Voluntary Servitude.* Cambridge, Mass.: Harvard University

Press, 1996.

Rosenberg, Shawn, ed. *Deliberation, Participation and Democracy: Can the People Decide?* London: Palgrave Macmillan, 2007.

Ross, Edward Alsworth. *Social Control.* New York: MacMillan, 1901.

Ross, Sheryl Tuttle. "Understanding Propaganda: The Epistemic Merit Model and Its Application to Art." *Journal of Aesthetic Education* 36, no. 1 (Spring, 2002): 16–30.

Rothschild, Emma. *Economic Sentiments: Adam Smith, Condorcet, and the Enlightenment.* Cambridge, Mass.: Harvard University Press, 2001.

Rousseau, Jean-Jacques. *The Social Contract.* South Bend, Ind.: Gateway, 1954.

Roy, S., and N. W. Park. "Dissociating the Memory Systems Mediating Complex Tool Knowledge and Skills." *Neuropsychologia* 48 (2010): 3026–36.

Rugg, Harold. *An Introduction to Problems of American Culture.* Boston: Ginn, 1931.

Russell, Gillian, and John Doris. "Knowledge by Indifference." *Australasian Journal of Philosophy* 86, no. 3 (2008): 429–37.

Saul, Jennifer. *Lying, Misleading, and What Is Said.* Oxford: Oxford University Press, 2012.

Scanlon, T. M. *The Difficulty of Tolerance: Essays in Political Philosophy.* Cambridge: Cambridge University Press, 2003.

——. "The Diversity of Objections to Inequality." In *The Difficulty of Tolerance,* pp. 202–18.

——. "Freedom of Expression and Categories of Expression." In *The Difficulty of Tolerance,* pp. 84–112.

Schmitt, Carl. *The Concept of the Political.* Chicago: University of Chicago Press, 1996.

——. *Political Theology: Four Chapters on the Concept of Sovereignty.* Chicago: University of Chicago Press, 2005.

Senghor, Leopold Sedar. *On African Socialism.* Translated by Mercer Cook. New York: Praeger, 1964.

Shelby, Tommie. "Ideology, Racism, and Critical Social Theory." *Philosophical Forum* 34, no. 2 (2003): 153–88.

——. "Justice, Deviance, and the Dark Ghetto." *Philosophy and Public Affairs* 35, no. 2 (2007): 126–55.

Sherman, David, and Geoffrey Cohen. "The Psychology of Self-Defense: Self-Affirmation Theory." *Advances in Experimental Social Psychology* 38 (2006): 183–242.

Siegel, Susanna. "Epistemic Evaluability and Perceptual Farce." Afterword to *Cognitive Effects on Perception: New Philosophical Perspectives*, edited by J. Zeimbekis and A. Raftopoulos. Oxford: Oxford University Press, 2014.

———. *The Rationality of Perception*. Forthcoming.

Smith, David Livingstone. *Less Than Human: Why We Demean, Enslave, and Exterminate Others*. New York: St. Martin's, 2011.

Sobieraj, Sarah. *Soundbitten: The Perils of Media-Centered Political Activism*. New York: New York University Press, 2011.

Sosa, Ernest. "How Must Knowledge Be Modally Related to What Is Known?" *Philosophical Topics* 26, nos. 1–2 (1999): 373–84.

———. "How to Defeat Opposition to Moore." *Philosophical Perspectives* 13 (1999): 141–54.

Spring, Joel. *Education and the Rise of the Corporate State*. Boston: Beacon, 1972.

Sripada, Chandra, and Jason Stanley. "Empirical Tests of Interest-Relative Invariantism." *Episteme* 9, no. 1 (2012): 3–26.

Stabler, Ernest. *The Schools of Kenya: Education since Uhuru*. Middletown: Wesleyan University Press, 1969.

Stalnaker, Robert. "On the Representation of Context." In *Context and Content*, pp. 96–113. Oxford: Oxford University Press, 1999.

Stanley, Jason. *Know How*. Oxford: Oxford University Press, 2011.

———. *Knowledge and Practical Interests*. Oxford: Oxford University Press, 2005.

Stanley, Jason, and John Krakauer. "Motor Skill Depends upon Knowledge of Facts." *Frontiers of Human Neuroscience* 29 (2013).

Stanley, Manfred. "The Mystery of the Commons: On the Indispensability of Civic Rhetoric." *Social Research* 50, no. 4 (1983): 851–83.

———. *The Technological Conscience: Survival and Dignity in an Age of Expertise*. Chicago: University of Chicago Press, 1978.

Stebbing, Susan. *Thinking to Some Purpose*. New York: Penguin, 1939.

Steele, Claude, and Joshua Aronson. "Stereotype Threat and the Intellectual Test Performance of African Americans." *Journal of Personality and Social Psychology*

69, no. 5 (1995): 797–811.

Streeck, Wolfgang. "The Crises of Democratic Capitalism." *New Left Review* (2011).

Tappenden, Jamie. "Extending Knowledge and 'Fruitful Concepts': Fregean Themes in the Philosophy of Mathematics." *Nous* 29, no. 4 (2005): 427–67.

Tarski, Alfred. "The Concept of Truth in Formalized Languages." In *Logic, Semantics, Metamathematics*, pp. 152–268.

Tedin, K. L. "Political Ideology and the Vote." *Research in Micro-Politics* 2 (1987): 63–94.

Tirrell, Lynne. "Genocidal Language Games." In *Speech and Harm: Controversies over Free Speech*, edited by Ishani Maitra and Mary Kate McGowan, pp. 174–221. Oxford: Oxford University Press, 2012.

Tonry, M., and M. Melewski. "The Malign Effects of Drug and Crime Control Policies on Black Americans." *Crime and Justice* 37, no. 1 (2008): 1–44.

Tucker, Robert, ed. *The Marx-Engels Reader*. 2nd ed. New York: Norton, 1978.

Veltman, Frank. "Defaults in Update Semantics." *Journal of Philosophical Logic* 25, no. 3 (1996): 221–61.

Walzer, Michael. *Spheres of Justice*. New York Basic Books, 1983.

Weatherson, Brian. "Can We Do without Pragmatic Encroachment?" *Philosophical Perspectives* 19 (2005): 417–43.

——. "David Lewis." *Stanford Encyclopedia of Philosophy*. Edited by Edward N. Zalta. Fall 2014 ed. http://plato.stanford.edu/archives/fall2014/entries/david-lewis/.

——. "Knowledge, Bets, and Interests." In *Knowledge Ascriptions*, edited by Jessica Brown and Mikkel Gerken, pp. 75–103. Oxford: Oxford University Press, 2012.

Weaver, Vesla. "Frontlash: Race and the Development of Punitive Crime Policies." *Studies in American Political Development* 21 (2007): 230–65.

Weber, Max. *On Law in Economy and Society*. New York: Clarion, 1967.

White, Roger. "You Just Believe That Because . . ." *Philosophical Perspectives* 24, no. 1 (2010): 573–615.

Williams, Bernard. "The Analogy of City and Soul in Plato's Republic." In *Plato*, edited by Gail Fine. Oxford: Oxford University Press, 1999.

——. "Deciding to Believe." In *Language, Belief, and Metaphysics*, edited by H. E.

Kiefer and M. K. Muntiz. Albany, N.Y.: State University of New York Press, 1970.

Williams, Fannie Barrier. "The Woman's Part in a Man's Business." *Voice of the Negro* (November 1904): 543–47.

Williamson, Timothy. *Knowledge and Its Limits*. Oxford: Oxford University Press, 2000.

Wittgenstein, Ludwig. *On Certainty*. Edited by G.E.M. Anscombe and G. H. von Wright. New York: Harper and Row, 1969.

Wright, Richard. *Black Boy*. New York: Harper, 2006.

Wynter, Sylvia. " 'No Humans Involved': An Open Letter to My Colleagues." *Knowledge on Trial* 1 (1994): 3–11.

修辭的陷阱：
為何政治包裝讓民主社會無法正確理解世界？
How Propaganda Works

| | | |
|---|---|---|
| 作　　　者 | 傑森・史丹利（Jason Stanley） |
| 譯　　　者 | 劉維人 |
| 審　　　訂 | 賴天恆 |

| | |
|---|---|
| 總　編　輯 | 富察 |
| 主　　　編 | 洪源鴻 |
| 責 任 編 輯 | 柯雅云 |
| 行 銷 企 劃 | 蔡慧華 |
| 封 面 設 計 | 木木lin |
| 內 頁 排 版 | 宸遠彩藝 |

| | |
|---|---|
| 社　　　長 | 郭重興 |
| 發 行 人 暨 出 版 總 監 | 曾大福 |
| 出　　　版 | 八旗文化 |
| 發　　　行 | 遠足文化事業股份有限公司 |
| | 231 新北市新店區民權路108之2號9樓 |
| 電　　　話 | 02-2218-1417 |
| 傳　　　真 | 02-8667-1065 |
| 客 服 專 線 | 0800-221-029 |
| 信　　　箱 | gusa0601@gmail.com |
| Facebook | facebook.com/gusapublishing |
| 部 落 格 | gusapublishing.blogspot.com |
| 法 律 顧 問 | 華洋法律事務所／蘇文生律師 |
| 印　　　刷 | 前進彩藝有限公司 |

| | |
|---|---|
| 出　　　版 | 2021年07月（初版1刷） |
| | 2021年09月（初版3刷） |
| I S B N | 9789860763102（平裝） |
| | 9789860763096（ePub） |
| | 9789860763089（PDF） |

國家圖書館出版品預行編目(CIP)資料

修辭的陷阱：為何政治包裝讓民主社會無法正確理解世界？
傑森・史丹利（Jason Stanley）著／劉維人譯
一版／新北市／八旗文化／遠足文化事業股份有限公司／2021.07
譯自：How Propaganda Works
ISBN 978-986-0763-10-2(平裝)

1.政治學　　2.宣傳

570　　　　　　　　　　　　　　　　　110008598